AF240606

PAUL LE BOULANGER

HISTOIRE
DU
LAOS
FRANÇAIS

Avec 16 gravures et 4 cartes

PRÉFACE DE J. BOSC
Résident Supérieur au Laos

PARIS
LIBRAIRIE PLON

M. CM. XXX

Il a été tiré de cet ouvrage

Dans le format in-8° jésus, 800 exemplaires hors commerce.

HISTOIRE DU LAOS FRANÇAIS

TEMPLE DE SISAKET, A VIENTIANE

PAUL LE BOULANGER

HISTOIRE
DU LAOS FRANÇAIS

ESSAI D'UNE ÉTUDE CHRONOLOGIQUE
DES PRINCIPAUTÉS LAOTIENNES

Préface de J. BOSC
Résident supérieur au Laos

Avec 16 gravures et 4 cartes

Illustrations de Mme ALIX HAVA DES HAUTSCHAMPS

PARIS
LIBRAIRIE PLON
LES PETITS-FILS DE PLON ET NOURRIT
IMPRIMEURS-ÉDITEURS — 8, RUE GARANCIÈRE, 6°

Tous droits réservés

PRÉFACE

Tout ce que nous savons de l'origine des peuples de race thaï, de leur évolution politique et sociale, a fait l'objet de laborieuses recherches et d'études fragmentaires exposées dans les ouvrages dont le lecteur trouvera la liste à la fin de ce volume.

Cette somme de connaissances est relativement restreinte et l'histoire des populations laotiennes reste encore assez obscure et peu connue si on la compare à celle des autres races qui habitent la péninsule indochinoise. On possède une abondante documentation sur les Annamites, les Chams, les Kmers, sur leurs migrations et leurs conquêtes, leurs arts et leurs industries, les monuments qu'ils ont élevés à travers les âges. Mais nous sommes beaucoup moins renseignés à l'endroit des peuplades que la tradition représente comme venues, les unes, des pro-

vinces méridionales de la Chine, les autres, des archipels malayo-polynésiens et qui fixèrent, à une date indéterminée, leur habitat dans les territoires que nous appelons aujourd'hui le Laos français et le Laos siamois.

Les explorations de Mouhot, de Francis Garnier, de Doudart de Lagrée et de la mission Pavie, les travaux de l'École française d'Extrême-Orient, ceux d'éminents indianistes et sinologues ont largement déblayé un sol que recouvrait une épaisse végétation de légendes et de traditions fabuleuses et fourni de précieuses données sur les principaux événements dont le Laos fut le théâtre depuis le temps où finit l'époque mythique, c'est-à-dire depuis la seconde moitié du quatorzième siècle.

Toutefois, aucune œuvre d'ensemble n'avait encore été entreprise pour établir l'enchaînement des faits et la suite des événements à partir de la période où les races thaïs sortent de la légende pour entrer dans l'histoire. Beaucoup de travaux épars et d'une haute valeur sur la langue, la religion, les mœurs et l'état social des tribus laotiennes, sur les bouleversements et les crises politiques qui troublèrent si profondément ces populations presque toujours déchirées par des *luttes dynastiques ou en guerre avec les tribus voisines; mais pas de raccords entre ces événements essentiels; le lien qui les unit est souvent brisé; un voile crépusculaire, quand ce n'est pas la pleine nuit, enveloppe, pour maintes périodes, la vie nationale des principautés laotiennes et la chronologie de leurs souverains.*

En un mot, pas d'exposé complet et précis de l'histoire du pays sur lequel s'exerce, depuis 1893, le protectorat de la France.

Ces lacunes viennent d'être heureusement comblées par l'ouvrage que M. Le Boulanger fait paraître sur le Laos d'autrefois et sur les causes qui provoquèrent à la fin du siècle dernier, notre intervention dans le bassin supérieur du Mékong. Son travail voit le jour au moment le plus opportun, à l'heure où le Laos s'ouvre aux initiatives de la colonisation, à l'heure où, grâce aux premiers travaux d'intérêt général exécutés pour sa mise en valeur, il s'achemine selon un rythme accéléré vers un brillant avenir.

Dans un ordre d'idées tout différent, cette étude ne pouvait également paraître à une date mieux choisie pour aider à trancher la fameuse question, objet d'interminables controverses et toujours d'actualité : Le Laos est-il un pays de

*protectorat ou un territoire de souveraineté fran-
çaise, c'est-à-dire une colonie proprement dite?*

*Le livre de M. Le Boulanger donne du pro-
blème une solution très nette du moins en ce
qui touche le royaume de Luang-Prabang. L'auteur apporte à l'appui de sa démonstration des
arguments péremptoires qui n'autorisent plus
la discussion sur le statut politique de notre possession du Haut-Mékong.*

*Au double point de vue de l'histoire et de la
simple équité, le Luang-Prabang est incontestablement un territoire de protectorat gouverné par
un souverain qui jouit de son titre et de ses
attributions en vertu de droits imprescriptibles,
affirmés par une coutume et des traditions six
fois séculaires. Prétendre, suivant l'opinion de
ceux qui soutiennent une théorie inverse, que
ce souverain a été investi, par le seul effet de
notre volonté, des privilèges de la royauté pour des
raisons d'opportunité politique, qu'avant notre
intervention, il n'était qu'un chef régional n'ayant
rien de commun avec un prince revêtu de la
majesté royale, c'est défendre une thèse contraire
aux réalités historiques et, soit dit en passant,
contraire aux intérêts de la France dans cette
partie reculée de notre domaine asiatique.*

L'ouvrage de M. Le Boulanger fixe désormais ce point d'histoire et doit mettre fin à un débat qui n'a que trop duré et dont la continuité n'aurait d'autres résultats que de faire naître des froissements et des malentendus de nature à nous aliéner les sentiments d'une des populations de l'Indochine qui nous sont le plus loyalement attachées.

Loin de négliger les travaux des historiens qui l'ont précédé dans l'étude d'un passé encore nébuleux, l'auteur les cite fréquemment soit pour appuyer leur doctrine ou leurs sentiments à l'aide des dernières découvertes de l'archéologie et de l'épigraphie, soit pour redresser des erreurs de date ou situer à leur vraie place des événements dont l'époque restait encore incertaine.

Mais M. Le Boulanger ne s'est pas contenté de puiser sa documentation dans les nombreux ouvrages déjà parus sur le Laos; il s'est efforcé de la compléter en mettant à profit avec une patiente ferveur, les manuscrits laotiens de la Bibliothèque royale de Luang-Prabang, les Annales du Palais impérial de Hué, les archives de l'ancien royaume de Bassac et les collections de la « Vajiravudh Library » de Bangkok.

C'est donc un livre sincère et de bonne foi

que l'auteur présente au public. Il sera consulté avec fruit par tous ceux qui s'intéressent à l'expansion de notre influence en Extrême-Orient; il fournira de précieux matériaux à nos futurs administrateurs à qui incombe la tâche de poursuivre au Laos l'œuvre d'Auguste Pavie et de ses vaillants compagnons, de ces apôtres de la civilisation française qui nous ont assuré la conquête pacifique du pays et le loyalisme fidèle de ses habitants.

Le Laos s'apprête à élever dans sa capitale un monument à la mémoire d'Auguste Pavie, mémoire glorieuse, qui avec celle des Francis Garnier, des Doudart de Lagrée, des Lamy, des de Foucauld, est une des plus pures de notre épopée coloniale.

L'ouvrage de M. Le Boulanger vient à propos pour rendre un vivant et pieux hommage au fondateur du Laos français.

J. Bosc,

Résident supérieur du Laos.

AVERTISSEMENT

La présente étude n'a pas la prétention de
dissiper l'épais brouillard qui voile et qui voi-
lera longtemps le passé du Lan-Xang, aussi
longtemps que les chroniques laotiennes n'auront pu être dépouillées de leurs légendes et
de leurs invraisemblances chaotiques. Elle
tend simplement à relier entre eux les principaux événements de jadis et de naguère,
relevés par de laborieux chercheurs sur des
documents plus ou moins obscurs et consignés
jusqu'à présent en de trop rares ouvrages fort
disparates.

A tous ceux dont l'assistance, à des titres
divers, m'a permis de poursuivre et d'achever,
parmi de multiples traverses, mon audacieuse
entreprise, j'exprime ici ma plus vive gratitude :

Au prince PHETSARATH, pour l'inestimable

documentation et la véritable collaboration qu'il m'a fournies avec le plus affectueux empressement ;

A MM. Jules Bosc et Louis Finot pour leurs enseignements, leurs conseils et leurs bienveillants encouragements ;

A MM. Georges Cœdès et Paul Vitry, pour leurs informations précieuses.

Qu'on excuse les erreurs de cette modeste compilation. Depuis le grand Pavie qui donna, par la « Conquête des cœurs », ce monde à la France, c'est le premier essai d'une chronologie des principautés laotiennes.

P. L. B.

HISTOIRE
DU LAOS FRANÇAIS

> Coin de terre privilégié, où les mœurs
> ont gardé une simplicité exquise, si rare
> chez les Asiatiques, dont la caractéristique
> dominante est la duplicité. Mon affection
> est allée tout naturellement à cette popu-
> lation laotienne, si douce, si paisible et si
> confiante, que la gaieté n'abandonne
> jamais, même dans les pires malheurs.
>
> Capitaine CUPET, *Mission Pavie*
> (t. III, p. 220).

CHAPITRE PREMIER
APERÇU GÉOGRAPHIQUE

Les territoires situés dans le bassin du fleuve Mékong, et désignés dans la Fédération indochinoise française sous le nom de Laos, sont compris entre le 22º 30 et le 13º 15 de latitude nord ; ils s'étendent en longitude depuis le 97º 45 (rive droite du Mékong) jusqu'au 106º est de Paris.

Leurs limites politiques sont : Au nord-est le Tonkin, au nord le Yunnan chinois, au nord-ouest l'État anglo-birman, à l'ouest le Siam, au sud le Cambodge, à l'est l'Annam.

Superficie. — Il n'est actuellement possible de donner qu'une superficie approximative de la colonie ; tout chiffre énoncé risque d'être inexact ; en effet, aucune triangulation complète n'a encore été effectuée ; le Laos, dernier venu dans la famille indochinoise, sans frontières maritimes, sans débouchés ni outillage économique, est encore isolé du reste de l'Union et fort mal connu hors de la grande vallée du Mékong. Les travaux des officiers du Service géographique de l'Indochine et les levés d'itinéraire des administrateurs chefs de province sont néanmoins à peu près d'accord pour évaluer à environ 250 000 kilomètres carrés la superficie du Laos, soit à peu près la moitié de celle de la France.

Population. — C'est le plus vaste des cinq pays de l'Indochine française ; c'est aussi le moins peuplé. La population doit, d'après des renseignements recueillis sur place, osciller entre un million et 1 200 000 habitants, chiffre sensiblement supérieur à celui qui figure dans les documents officiels qui l'évaluent seulement à 800 000. Ceux de race laotienne proprement dite forment la majorité de l'ensemble ; ils peuplent les plaines arrosées par le Mékong et ses affluents et les plateaux de faible altitude. Les montagnes sont habitées par des races très diverses appartenant à des types ethniques apparentés les uns aux Chinois, les autres au rameau thibétain, d'autres enfin englobés sous la dénomination générique de « Khas » et qui sont disséminés sur le versant occidental de la Chaîne annamitique, les contreforts du plateau du Trân-Ninh et dans la haute vallée du Mékong.

La très faible densité de la population s'explique par les invasions siamoises et chinoises au cours du dix-neuvième siècle. Les « Hos », pillards venus du Yunnan, ont massacré les habitants après avoir brûlé les villages et obligé ceux qui avaient échappé à la famine ou au supplice à s'établir dans une autre région. Les Siamois ont procédé d'une manière plus méthodique, ils ont dépeuplé le pays en faisant passer sur la rive droite du Mékong les habitants, les bestiaux, les éléphants pour les emmener, souvent, jusque dans la vallée de la Ménam.

Le Haut-Laos. — Le Haut-Laos, ramification du plateau du Thibet, « est un fouillis inextricable de montagnes sauvages et boisées au milieu desquelles les sentiers serpentent comme de gigantesques montagnes russes » (1). L'aspect du pays est farouche ; ces hautes chaînes, coupées çà et là par de profondes vallées où coulent des torrents souvent invisibles, sont couvertes d'immenses forêts impénétrables et « le voyageur n'aperçoit que de hautes herbes ou des arbres gigantesques, enchevêtrés de lianes, puis, tout à coup, par une brèche dans le feuillage, il découvre les cascades d'une rivière : c'est le seul bruit qui interrompt le silence impressionnant de ces grands bois » (2).

Adossée aux puissants massifs du Yunnan, cette région tourmentée fut de tout temps le refuge naturel des populations chassées de l'Inde ou de la Chine par la famine, les grandes invasions ou les discordes religieuses, et son orographie explique dans une large mesure la multiplicité des États minuscules qui s'y constituèrent au cours des âges. Ses défilés abrupts s'irradient et s'apaisent en quelque sorte dans les vallées de la Ménam, du Mékong et du fleuve Rouge et sa principale arête s'épanouit

____

(1) Dr Lefèvre, « Le Haut-Laos » (*Bulletin de la Société de Géographie commerciale*, 1898).
(2) L. de Reinach, *Le Laos*, 1911.

et s'achève en un vaste plateau dit du Tran-Ninh dont les mamelons plantés de pins s'effondrent soudain d'est en ouest.

Au sud-est, toutefois, le Tran-Ninh s'accole, « comme une excroissance », à une longue artère connue sous le nom de Chaîne annamitique et qui forme une ligne de démarcation très nette entre le Laos et l'Annam. Cette chaîne court, parallèlement à la côte, dans une direction nord-ouest-sud-est et ses sommets descendent jusqu'au Mékong par étages successifs formant d'abord des plateaux ou des plis de terrains couverts d'épaisses forêts (en laotien : *dông*) puis des ondulations plus faibles où existe la forêt clairière (en laotien : *khok*), enfin de vastes rizières aboutissant au fleuve.

Le Mékong. — Ce grand fleuve frontière qui sépare politiquement, sur 800 kilomètres, l'Indochine française du royaume de Siam, donne avec ses affluents la vie au Laos « comme le Nil constitue l'Égypte ». Il le fertilise par ses alluvions, nourrit l'indigène de son poisson, assure le transport de ses radeaux et de ses pirogues du nord au sud. Mais cette voie liquide où la nature semble avoir pris plaisir à accumuler les obstacles, coupée de rapides nombreux et barrée de chutes, ne peut être considérée comme utilisable sur toute son étendue pour une navigation régulière.

Alimenté par la fonte des neiges du Thibet, le Mékong pénètre au Laos par un défilé capricieux, s'épanouit un instant dans les alluvions d'un ancien bassin lacustre pour se resserrer à nouveau vers Luang-Prabang ; de grandioses décors encadrés par la ligne bleue des lointains sommets lui font comme un manteau de verdure aux plis harmonieux et profonds ; son lit est encaissé, parsemé de roches et de rapides jusqu'en amont de Vientiane où il atteint une largeur moyenne de 900 mètres ; d'énormes blocs calcaires égrenés en chapelets ou plaqués en falaises alternent avec les plages gracieuses, et de-ci de-là des hameaux s'accrochent aux flancs des coteaux, éclairés au soleil comme d'une flamme par la flèche dorée d'une pagode...

Après avoir décrit un crochet vers le sud, il coule paisible vers Savannakhet, entre des berges basses, tantôt sablonneuses, tantôt recouvertes d'une végétation vigoureuse ; sa largeur est de 1 500 mètres et ses eaux sont assez profondes pour permettre dans ce bief, pendant toute l'année, la navigation à vapeur. En aval de Savannakhet s'étend brusquement toute une succession de rapides étagés sur une

longueur d'environ 160 kilomètres, ce sont les
« Khemmarat »; le courant, extrêmement violent, forme des remous et des tourbillons; un
chenal irrégulier serpente au milieu du lit
rocheux, « les eaux jaunissantes se brisent
contre les rochers avec un épouvantable fracas ;
les hommes ont fui les rives ; les grands arbres
de la forêt se penchent des deux côtés sur
l'abîme, où souvent leur poids les entraîne ;
quelques pêcheurs audacieux se sont fait un
gîte dans les anfractuosités des roches ; ces
malheureux ont à peine le temps de fuir aux
premières pluies tant est grande la rapidité
avec laquelle montent les eaux du fleuve » (1).

Au sortir des rapides le Mékong s'élargit
(2 kilomètres), parsemé d'îlots de verdure, et
redevient navigable jusqu'à Không, ancienne
capitale du Bas-Laos ; ses rives se redressent,
de nombreux villages s'élèvent au milieu de
plaines riches et fertiles ; il atteint jusqu'à
8 ou 10 kilomètres de largeur et donne naissance à un important groupe d'îles dont celle
de Khône, célèbre par ses chutes qui forment
pour la navigation un arrêt absolu. Une voie
ferrée a été établie par l'administration française à travers l'île pour servir de trait d'union

(1) DE CARNÉ, *Voyage en Indochine et dans l'Empire chinois.*

entre le bief de Không et celui de Kratié (Cambodge).

Le Laos finit à Khône-Sud où commence le bief maritime du Mékong qui appartient au Cambodge et à la Cochinchine.

Ce grand fleuve reçoit sur sa gauche de multiples affluents dont les principaux (Nam-Ou, Nam-Ngum, Nam-Ka-Dinh, Sé-Bang-Fai, Sé-Bang-Hiên) descendent des pentes occidentales de la Chaîne annamitique ; les affluents de la rive droite sont peu nombreux et peu importants (Nam-Moun). Tous, comme le Mékong, ont un régime soumis aux variations des saisons, conditionnées elles-mêmes, dans la zone tropicale où le Laos est situé tout entier, par les moussons, alternativement sèche et pluvieuse.

CHAPITRE II

APERÇU ETHNOGRAPHIQUE
HYPOTHÈSES PRÉHISTORIQUES

Le Laos est une expression géographique qui ne correspond à aucune réalité ethnographique. Sans doute, depuis trente ans, il a pris place dans l'Union indochinoise française, il possède une vie administrative qui lui est propre, un statut politique, d'ailleurs imprécis, qui ne ressemble à celui d'aucun autre pays. Mais si l'on veut retracer les grands traits de son histoire, ou plus exactement étudier la succession des migrations de peuples qui aboutirent à la poussière de races qui l'habitent aujourd'hui, il faut faire abstraction de ses limites politiques actuelles et le situer dans l'ensemble de la péninsule indochinoise. Son fleuve frontière, en effet, n'a jamais constitué une barrière véritable à l'ouest, car le bassin du Mékong n'est séparé de celui de la Ménam que par de faibles ondulations. Aussi le Laotien de la rive gauche et le Siamois de la rive droite se ressemblent-ils comme des frères.

Le grand obstacle est à l'est. Il est constitué par la Chaîne annamitique qui a divisé la presqu'île indochinoise, au point de vue des races, des religions et des civilisations, en deux versants bien distincts : le versant oriental, qui est le domaine des Annamites, peuple de civilisation mongole, et le versant occidental qu'occupent le Laos, le Cambodge, le Siam et la Birmanie, « arrière-garde résignée des peuples de civilisation indo-européenne » (1).

Entre ces deux zones ethniques « l'antithèse est plus frappante qu'entre le Monde germanique et le Monde latin. L'une, la zone chinoise, contient le monde jaune, impénétrable dont le passé fabuleux impose au peuple d'Annam écrasé dans ses plaines côtières le prestige sacré de ses « caractères » qui sont pour lui ce que le pali et le sanscrit sont aux races d'origine hindoue, ce que sont le latin et le grec aux peuples européens. L'autre, la zone indienne, a bercé la lente évolution des peuples les plus doux de la terre et favorisé l'éclosion de la prodigieuse civilisation hindoue » (2).

(1) Cf. R. MEYER, *Notice ethnographique.*
(2) *Ibid.*

Il ne faudrait pas toutefois conclure de ces prémisses que la Chaîne annamitique a constitué de tout temps une barrière infranchissable et que ces deux mondes si dissemblables n'ont jamais eu de communication entre eux. Ils en eurent au contraire d'assez fréquentes et de très violentes qui expliquent en partie cette sorte de tour de Babel que forme aujourd'hui le bassin du Mékong.

« L'Indochine, a judicieusement écrit J. Moura dans son *Royaume du Cambodge*, a été anciennement le champ clos où sont venues s'essayer et se combattre les civilisations de l'Inde, de la Chine et sans doute aussi celles des peuples du centre de l'Asie. Ces migrations mongoles et thibétaines doivent être antérieures à l'ère chrétienne et correspondre à l'époque où des luttes intestines désolèrent ces contrées et déterminèrent le débordement des peuples du Nord vers l'Occident, l'Orient, et vraisemblablement aussi vers le Sud. En résumé, on peut dire que l'Indochine a été autrefois le théâtre des luttes politiques, le pays de la confusion des idées religieuses et du mélange des races. Les difficultés que l'on rencontre dans toutes les études, dans la recherche de la solution des problèmes relatifs à cette contrée, n'ont pas d'autre cause. »

Quelle fut la race véritablement autochtone,
au Laos? Nul ne saurait le dire ; tout au plus
peut-on émettre l'hypothèse que les premiers
habitants durent s'y établir à une époque où
l'Indochine actuelle n'existait pas encore, géo-
logiquement parlant, et où une partie plus ou
moins considérable des terres asiatiques était
recouverte par les eaux. Les intéressantes collections recueillies dans le Luang-Prabang par
Massie et Lefèvre-Pontalis, au cours de leurs
explorations pour le compte des missions
Pavie, nous montrent des instruments et des
armes de l'âge de la pierre polie et de l'âge du
bronze ; « il existait donc à cette époque préhistorique dans le bassin du Mékong septentrional des êtres humains ayant le même genre
de vie, le même outillage et les mêmes procédés de travail que nos ancêtres de la vieille
Gaule (1). » Seulement cette période dut se
prolonger dans la péninsule beaucoup plus
longtemps qu'en Europe, si l'on en croit
les « Annales impériales de l'Annam » suivant lesquelles, au deuxième siècle avant
l'ère chrétienne, le bronze était encore en
usage dans l'Indochine septentrionale dont les
habitants étaient obligés de s'adresser à la

____

(1) Cf. L. DE REINACH, *op. cit.*

Chine pour avoir des instruments agricoles en fer.

Ces populations primitives auraient, d'après les découvertes des géologues indochinois et les savantes études du docteur Verneau (1), présenté les caractères que l'on retrouve encore « dans les îles de la Malaisie, depuis Sumatra jusqu'au centre de Bornéo, parmi les tribus qui constituent le groupe des Indonésiens ». Elles sont aujourd'hui connues sous le nom de *Kha* dans les pays laotiens, de *Moï* en Annam et de *Pnong* au Cambodge ; parmi ces Khas, « il existe incontestablement des types divers ; chez les uns on reconnaît sans peine l'influence du sang mongolique qui a modifié à différents degrés les caractères de la race primitive. Mais si on élimine ces métis plus ou moins imprégnés de sang jaune, on reste en présence d'individus dolichocéphales, hypsicéphales, à tête pentagonale... rappelant de très près la vieille race qui vivait jadis sur les frontières de la Chine. Il devient donc de plus en plus vraisemblable que les Indonésiens et les Khas descendent d'une même souche cantonnée

(1) Cf. R. Verneau, *Les récentes découvertes préhistoriques de l'Indochine* (comptes rendus de l'Académie des Sciences, 1924). — H. Mansuy, *Contribution à l'étude de la préhistoire de l'Indochine*, 1923-1925. — E. Patte, *Notes sur le préhistorique indochinois*, 1925.

jadis dans le nord de la péninsule indochinoise » (1).

De l'état de ses connaissances sur le néoli-
thique indochinois en 1925, H. Mansuy conclut : « Ces Indonésiens forment un ensemble
d'une remarquable homogénéité toutes les fois
qu'ils ne sont pas imprégnés du sang des races
mongoliques vraies au milieu desquelles ils
sont disséminés... Par leur morphologie cra-
nienne, par leur face courte, ils se rattachent
aux dolichocéphales disharmoniques de la fin
du pleistocène, au type de Cro-Magnon... La
réelle similarité des hommes de la dernière
phase du pleistocène en Europe et du groupe
indonésien aujourd'hui répandu en Extrême-
Orient et en Malaisie permet d'envisager cette
hypothèse. On sait que les Indonésiens actuels
ont précédé aussi bien dans le sud-ouest du
continent asiatique qu'en Indonésie l'arrivée
des populations de caractère mongolique :
Chinois, Thaïs, Muongs, Mans, Annamites,
Malais, etc., et que partout où ces populations jaunes ont pénétré et se sont fixées les
Indonésiens ont été dépossédés de la plus

____

(1) R. Verneau, *Les crânes humains du gisement préhistorique de Pho-Binh-Gia. — L'Antropologie*, p. 558-559. Cité
par H. Mansuy dans les *Mémoires du Service géologique de
l'Indochine*. Vol. XII, fascicule II, 1925, vi, p. 9.

grande partie des territoires qu'ils occupaient primitivement et refoulés dans les régions reculées, peu accessibles, où ils vivent encore aujourd'hui ; ces faits classiques, d'ordre ethnique, démographique et géographique, concordent avec les résultats des premières recherches méthodiques d'anthopologie préhistorique en Asie sud-orientale. »

Il est donc présumable que les premiers habitants du Laos ne disposaient que d'un outillage et d'un armement très rudimentaires, qu'ils vivaient dans l'indépendance la plus absolue, que leur évolution fut excessivement lente et qu'ils subirent « le contact, l'empreinte, puis le joug de voisins plus intelligents, mieux armés, ayant une organisation sociale plus large, moins individuelle ». — De là des croisements, des métamorphoses, des transformations, un enchevêtrement d'individus qui donna par la suite naissance à des sous-races intermédiaires, à des groupes distincts dont il est difficile aujourd'hui de déterminer le caractère ou même le nombre, — et dont les représentants actuels, accrochés aux flancs des montagnes, « réalisent devant nos yeux le type traditionnel du sauvage » avec leur peau basanée, leur nez droit, leurs yeux non bridés, leurs huttes, leurs flèches, leurs dialectes « évidemment apparentés aux idiomes malayo-polynésiens (1) ».

Et quels furent les premiers envahisseurs? En l'absence de tout vestige susceptible d'être situé à une époque antérieure au début de l'ère chrétienne la réponse est encore plus malaisée que pour les premiers occupants. Des ruines informes (ou dont le plus souvent il est impossible de déterminer l'usage comme les « jarres » du Tran-Ninh), des statues écroulées, quelques fragments de stèles enfouis dans la brousse épaisse, tels sont les uniques documents qui jusqu'à ce jour se sont offerts à la sagacité de rares chercheurs, séduits et troublés par le mystère même qui les enveloppait. En vain l'imagination, parfois pittoresque, de quelques Français parmi les premiers qui parcoururent le pays à la suite d'Auguste Pavie s'est-elle efforcée d'utiliser le folklore laotien pour établir une sorte de classification chronologique des races qui peuplèrent successivement le bassin du Mékong avant la formation des groupements politiques historiquement reconstitués ; on ne saurait, sans risques de graves faux pas, les suivre dans

(1) Cf. E. CHASSIGNEUX, *Géographie physique*, premier chapitre de l' « Indochine » publié en 1929 sous la direction de G. Maspero.

leurs hasardeuses hypothèses dont les travaux ultérieurs d'historiens plus avertis ont démontré toute la fragilité (1).

(1) Voici toutefois, à titre de curiosité, le résumé de celle formée par le docteur Lefèvre dans le savoureux Appendice de son *Voyage au Laos* (Paris, Plon, 1898) :

1º Les premiers habitants de la péninsule, les vrais aborigènes étaient les Khas, gens presque sauvages, sans monuments et pour ainsi dire sans écriture, qui ont été refoulés dans les montagnes par les envahisseurs successifs de leur territoire ;

2º Les Malais ou Chams furent les premiers colons venus en Indochine. Ils parvinrent peu à peu à se constituer en plusieurs principautés dont la plus importante fut le royaume de Champa, comprenant toute la côte depuis Tourane jusqu'à Baria. Un second royaume Cham fut fondé dans le bassin du Nam-Moun vers 543 avant Jésus-Christ ;

3º Un siècle plus tard eut lieu l'arrivée de 12 000 Brahmanes venus de Bénarès avec leur chef Pra-Tong, fils d'un roi de Delhi ; ils luttèrent contre les Chams qui, chassés par eux du bassin du Nam-Moun, vinrent fonder le royaume de Champassac (Bassac) dont la capitale fut ...Ventiane ! (*sic*, p. 285). Les Brahmanes sont les premiers ancêtres des Cambodgiens ; ils organisèrent, d'après le système hindou, le territoire conquis, lui donnèrent le nom de *Krung* (royaume) *Inthapat* (d'Indra), fondèrent Inthapataboury, la capitale, au sud des Dangrek, Saniaboury *(Xania*, victoire ; *boury*, ville), Sakon-Lakon *(Salaka*, paix) ; Batanaboury (pierres précieuses), Souvanapoum (ville d'or) ;

4º Sous Açoka, empereur de « Birmanie » (*sic*, p. 287 et 298, le docteur Lefèvre semble ignorer que l'empereur Açoka fut l'un des plus grands souverains de l'histoire indienne), a lieu l'arrivée des Kmers venant du Pégou et d'Hangsavadi, qui se fixent au Cambodge, amoindrissant ainsi la caste des brahmanes ;

5º Mais les Tartares accourent du Nord et nivellent tout, ils sont suivis par les Thaïs qui viennent de la Mongolie ou

En l'état actuel de nos connaissances il est simplement permis de supposer que de « hardis navigateurs » (?) venus de l'archipel malais occupèrent les côtes indochinoises plusieurs siècles avant notre ère ; ils durent s'installer d'abord sur la mince bande de terre comprise entre la Chaîne annamitique et la mer où ils devaient fonder par la suite le puissant royaume de Champa ; puis ils s'aventurèrent dans le bassin du Mékong qu'ils remontèrent au moins jusqu'au confluent de la Nam-Moun où ils entrèrent en lutte avec les Khas. Plus forts, plus intelligents, mieux organisés, ils repoussèrent ces autochtones dans les forêts et les montagnes et s'établirent solidement jusqu'au jour où ils se heurtèrent à d'autres hommes, descendus des régions septentrionales, sans doute les Kmers ou Cambodgiens (ou leur sancêtres) qui les refoulèrent à leur tour ou les absorbèrent. Chams et Kmers étaient fortement hindouïsés, soit qu'ils eussent été déjà Civaïstes lors de leur arrivée dans le pays, soit que des apôtres du bouddhisme soient ultérieurement venus prêcher leur foi

de Séchouen et qui s'étendent au Siam, au Laos, dans la Birmanie, etc. ;

6º A l'est, sur les côtes, sont les Annamites venus du Kouei-Tcheou et occupant tout le territoire compris entre la chaîne annamitique et la mer.

dans le sud-ouest de la péninsule et y répandre la culture indienne (1).

Dans le même temps, « de grandes jonques embarquant des centaines d'hommes (du nord-est) purent, doit-on supposer, introduire en Indochine certaines industries... puis, à partir du troisième siècle avant Jésus-Christ, les Tsins, réels fondateurs de la puissance chinoise, ayant donné à l'empire ses limites à peu près définitives, songèrent à une sorte de domination universelle et imprimèrent aux relations devenues plus actives un caractère de conquête et d'étude des pays voisins... » (2).

Ainsi s'ébauchait dès cette époque reculée le partage de la péninsule en deux zones de

(1) Cette théorie des Chams « préhistoriques », développée par E. Aymonier dans son important ouvrage sur le Cambodge a été vivement combattue par P. Pelliot qui oppose qu'aucun texte n'a jusqu'à ce jour confirmé « de vagues traditions indigènes ». — Cf. « Deux itinéraires de Chine en Indes » (*Bulletin de l'Ecole française d'Extrême-Orient*, 1904, t. IV, nᵒˢ 1-2.) — Voir cependant G. Ferrand qui estime également que l'indianisation du Cambodge et du Champa aurait bien commencé vers le quatrième siècle avant Jésus-Christ. Cf. *Le Kouen-louen et les anciennes navigations*, 1919, et L. FINOT, *Les origines de la colonisation indienne en Indochine*.

(2) Cf. *ibid.* — Contesté par P. Pelliot qui dans la même étude prétend que « les grandes traversées des hommes du Nord aux siècles antérieurs à notre ère relèvent du roman et non de l'histoire ».

civilisation, tel que nous l'avons précédemment constaté dans l'Indochine d'aujourd'hui : la zone chinoise qui s'étendra sur le pays annamite (que dix siècles de soumission « siniseront » profondément) et la zone indienne qui comprendra le Champa et le Cambodge avec ses futures extensions dans les bassins du Mékong et de la Ménam.

CHAPITRE III

Les Annales des divers royaumes laotiens du bassin du Mékong appuyées par des textes précis, mentionnent des événements qui ne commencent guère avant le quatorzième siècle de notre ère ; pour la période antérieure, on ne possède qu'un assez petit nombre de traditions et de légendes locales. Aussi, pour établir quelques faits historiques, et tenter de les relier entre eux, doit-on recourir aux chroniques des pays voisins, elles-mêmes trop souvent obscures et fabuleuses. De multiples hypothèses sur cette époque en quelque sorte médiévale ont été formulées qui sont toutes à la fois admissibles et discutables ; c'est en essayant de les classer et en s'inspirant de celles qui paraissent les plus vraisemblables qu'ont été établis les points de repère ci-dessous :

Il est généralement admis qu'aux environs de notre ère la distribution géographique des

21

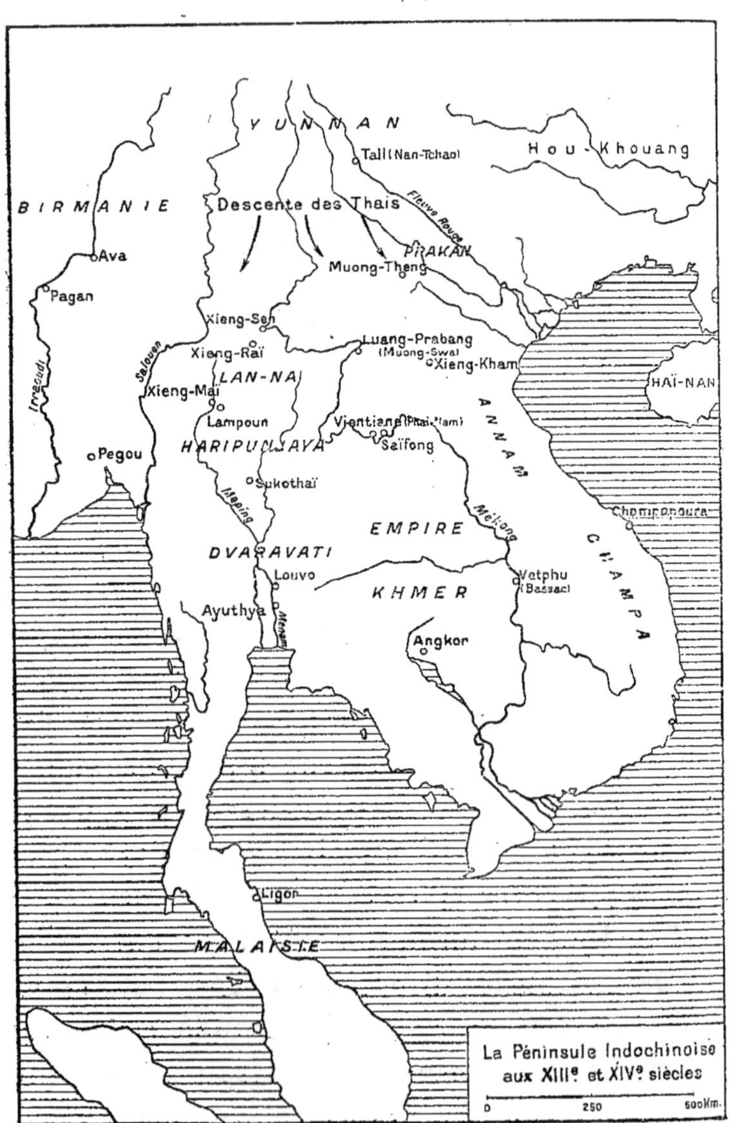

YUNNAN
Hou-Khouang
Tali (Nan-Tchao)
BIRMANIE
Descente des Thaïs
PRABAN
Fleuve Rouge
Ava
Muong-Theng
Pagan
Xieng-Sen
Luang-Prabang
(Muong-Swa)
Xieng-Raï
Xieng-Kham
HAÏ-NAN
LAN-NA
Xieng-Maï
Lampoun
Vientiane (Phaï-Nam)
HARIPUNJAYA
Saïfong
ANNAM
Sukothaï
Pegou
Meping
EMPIRE
Mekong
Champanoura
DVARAVATI
CHAMPA
Louvo
Vatphu
(Bassac)
Ayuthya
KHMER
Menam
Angkor
Irraoudi
Salouen
Ligor
MALAISIE
La Péninsule Indochinoise
aux XIIIᵉ et XIVᵉ siècles
0   250   500 Km.

diverses populations qui habitaient l'Indochine était à peu près la suivante :

Les Chams peuplaient l'Annam méridional ;

Les Kmers occupaient non seulement le territoire cambodgien d'aujourd'hui, mais vraisemblablement l'actuelle Cochinchine et la plus grande partie du Laos ;

Les Birmans, en liaison avec leurs congénères thibétains, étaient déjà sans doute établis dans le haut Iraouddy et les Pégouans (Mon ou Talain, apparentés aux Kmers) dans la basse vallée de ce fleuve ;

Les Thaïs venus de l'Asie centrale et divisés en six principautés indigènes ou « tchao » se partageaient le Yunnan ;

Enfin les Annamites occupaient le nord de l'Annam et le Tonkin, organisés en province chinoise (1).

Les Kmers. — Le futur pays cambodgien était alors divisé en deux principautés jumelles : le Fou-Nan (dont les princes se disaient issus du brahmane Kaundinya, venu de l'Inde) comprenant le Cambodge méridional, la Cochin-

____

(1) Cf. R. Grousset, *Histoire de l'Extrême-Orient*, p. 285, 287, 548 et 549. « L'étude de la phonétique a amené H. Maspero à reconnaître la parenté de l'annamite avec la famille thaï. » (*Ibid*, p. 599.)

chine, le bassin inférieur de la Ménam et probablement la presqu'île de Malacca (1) ; et le Tchen-La (fondé suivant la légende par un autre Indien, le maharsi Kambu, père des Kambuja) qui englobait le nord du Cambodge actuel et tout le Laos jusques et y compris Luang-Prabang (2).

La suprématie fut longtemps dévolue au Fou-Nan qui, par sa situation maritime, était à cette époque l'escale obligatoire entre l'Inde et la Chine (3) et qui devint rapidement, de ce fait, un état florissant ; mais vers le milieu du sixième siècle le prince du Tchen-La, Bhavavarman, se prétendant « de race lunaire », attaqua son suzerain, le battit et constitua un premier royaume cambodgien. Au cours du siècle suivant un nouveau partage créa le Tchen-La d'eau (ancien Fou-Nan) et le Tchen-La de terre (4) puis en 802, le prince Jayavarman II, sans doute apparenté aux deux familles régnantes, refit l'unité, se proclama

(1) La capitale était Vyadhapura ou Ankor-Boreï au nord-est de Kampot et nord-ouest de Chaudoc. *(Ibid.)*

(2) La capitale était située à Cresthapura, près de Vat-Phu dans la région de Bassac. *(Ibid.)*

(3) Cf. P. PELLIOT, « Le Fou-Nan » (*B. E. F. E. O.*, 1903, t. III, nº 2, p. 289-290).

(4) Dont la capitale fut transférée dans les environs de Thakek.

roi des Kambuja, établit sa résidence à Prah-Khan (ou sur le mont Mahendra, à 25 kilomètres au nord-est d'Angkor, jetant ainsi les premiers fondements du véritable empire Kmer historique (1).

Il est curieux de constater qu'à partir de ce monarque chaque changement dynastique devait marquer une étape importante dans les destinées du pays cambodgien : avec Indravarman Ier (877) furent commencées les premières constructions d'Angkor ; aux environs de l'an 1000 l'avènement de Suryavarman Ier, prince d'origine malaise, eut pour conséquence le rattachement définitif à l'empire de la région de Louvo (sur la basse Ménam) où les Mons avaient formé le royaume indianisé et bouddhiste de Dvaravati (2) ; enfin Indravarman II (1201-1221) réduisit à merci le Champa, donnant à l'empire sa plus grande extension, à la veille même de sa ruine (3).

(1) « On a songé successivement pour les origines de ce prince à Luang-Prabang, puis à la péninsule malaise. (L. Finot, cité par R. Grousset, *op. cit.*)

(2) Cf. Cœdès, *Le royaume de Dvaravati*. Un second État de même culture, également fondé par les Mons au huitième siècle un peu plus au nord, l'État de Haripunjaya (aujourd'hui Lampoun) résista à toutes les attaques kmères. (R. Grousset, *op. cit.*, p. 588.)

(3) Cf. R. Grousset, *op. cit.*, p. 568. — En 1220, « pour des raisons que nous ignorons, les troupes kmères évacuèrent

Son territoire couvrait alors d'est en ouest à peu près tout le continent indochinois, englobait au sud la plus grande partie de la Malaisie, et ses frontières septentrionales touchaient au nord-est à la Chine, et, au nord-ouest, d'une part au royaume birman constitué vers le onzième siècle par la réunion des deux États du Pégou (Hangsavadi) et de Pagan, — d'autre part à celui de Nan-Tchao ou de Tali, fondé au huitième siècle par la fusion des six principautés Thaïs du Yunnan. Mais cette immensité même était une grande cause de faiblesse, les souverains cambodgiens devaient soutenir des luttes incessantes contre les princes feudataires « de la Ménam et de toute la vallée du Mékong qui levaient l'étendard de la révolte dès que les armées kmères avaient quitté leur territoire (1) ». Aussi lorsqu'à la fin du treizième siècle la poussée mongole déversa sur l'Indochine l'afflux des populations chassées de leurs foyers par les cavaliers de Koubilaï, petit-fils de Gengis-Khan, les rois kmers furent-ils bientôt débordés et durent-ils progressivement céder à la pression des petits seigneurs, principalement de race

volontairement le Champa. » (G. MASPERO, *Un empire colonial français : l'Indochine,* p. 104.)

(1) Cf. G. MASPERO, *ibid.,* p. 100.

thaï, qui, à la faveur des troubles de l'invasion, avaient constitué des États nouveaux
dans la haute vallée de la Ménam.

Les Thaïs. — Les Thaïs étaient descendus
de leurs montagnes yunnanaises à la suite de
l'annexion de leur pays (le Nan-Tchao) à
l'empire mongol, c'est-à-dire après 1253. Remarquables par leur puissance d'assimilation,
ils s'infiltraient pacifiquement depuis déjà fort
longtemps parmi leurs voisins. On a comparé
à une inondation « la marche de cette race singulière qui, souple et fluide comme l'eau, s'in-
sinuant avec la même force, prenant la couleur
de tous les ciels et la forme de tous les rivages,
mais gardant sous ses aspects divers l'identité
essentielle de son caractère et de sa langue,
s'est épanchée comme une nappe immense sur
la Chine méridionale, le Tonkin, le Laos, le
Siam, jusqu'à la Birmanie et l'Assam (1) ».

« On parle déjà des Thaïs, assure d'autre
part Théodore Guignard (2), comme occupant
le Yunnan et la région des deux Kouang plus
de deux mille ans avant Jésus-Christ, mais ce ne

----

(1) Cf. L. Finot (cité par G. Maspero, *ibid.*, p. 33).
(2) Cf. *Note géographique, historique et ethnographique.*
(Introduction à son dictionnaire laotien-français, Imprimerie
de Nazareth, Hongkong, 1912.)

furent là vraisemblablement que des lieux
de halte... C'est sans doute poussée par cet ins-
tinct de toutes les races qui les porte du Nord
au Sud... peut-être encore sous l'influence de
malheurs communs, épidémies, guerres, di-
settes, ou par suite de changements climaté-
riques importants, que cette grande race thaï,
qui allait se diviser en multiples ramifications,
entreprit ces migrations successives.

« Son rôle, dans ces âges reculés, ne fut pas
sans splendeur ni sans gloire et peut-être fut-
elle une des premières races policées du monde.
En tout cas, elle avait déjà organisé et fondé
des royaumes quand plusieurs des peuples occidentaux étaient encore en pleine barbarie...

« De ces royaumes, l'un était formé par les
Thaïs orientaux... qui se mélangeront aux Chinois des deux Khouangs ou aux Annamites du
Tonkin... les autres étaient habités par les
Thaïs occidentaux dont les migrations formèrent toutes les principautés laotiennes des
rives du Mékong, les États Shans, plus tard
le royaume de Siam, et peuplèrent aussi une
partie de la Birmanie. Les Thaïs orientaux
subirent l'influence de la civilisation chinoise
et annamite, et les Thaïs occidentaux acceptèrent surtout, et en grande partie, l'influence
civilisatrice de l'Inde. »

Thaïs de la Ménam. — Par suite de cet éparpillement, la race comprenait de nombreux groupes, types ou variétés dont les principaux représentants sont encore aujourd'hui : les Phou-Laos ou Laotiens, les Phou-Eunes, les Phou-Thaïs (eux-mêmes subdivisés en Thaïs-Khao, Thaïs-Dam, Thaïs-Deng et Thaïs-Neua), les Youns et les Lus. C'est un chef Lu, nommé Mangrai, qui, vers 1262, soumit à son autorité le pays de Xieng-Sen, fonda la ville de Xieng-Rai, conquit sur les Mons, en 1290-1292, le royaume de Haripunjaya (Lampoun) et fonda Xieng-Maï (Lan-Na) ; d'une campagne menée jusqu'en Birmanie il ramena des bonzes de Ceylan qui convertirent son peuple à la foi bouddhique. Au sud de Xieng-Maï un second État fut constitué à Sukhothaï (le Syam des inscriptions cambodgiennes) par Rocaraja, dont le fils Rama-Khameng (1283-1297) chassa les Kmers de la vallée de la Ménam et constitua à leurs dépens un vaste royaume s'étendant depuis Luang-Prabang jusqu'à Ligor (Çri Dharmarajanagara) et de Vientiane au Pégou ; mais ce n'est que vers 1350 qu'un prince de la famille de Xieng-Rai réalisa la véritable unité siamoise en fondant, sur le domaine de l'ancien Dvaravati, une nouvelle capitale, Ayuthya,

« qui devait rester durant quatre siècles la métropole du Siam » (1).

Thaïs du Mékong. — La genèse de l'établissement des Thaïs dans la vallée du Mékong est infiniment plus obscure, les documents faisant complètement défaut si l'on néglige les légendes laotiennes, en vérité charmantes de verve et de naïveté, mais ne présentant aucune garantie d'authenticité ni même, le plus souvent, de vraisemblance (2). Il faut pourtant reconnaître que les contes merveilleux de la courge de Muong-Theng et de la division du sol entre les fils de Khoun-Borom ne contredisent pas les notions que nous possédons sur l'expansion de la race thaï en Indochine et qu'ils constituent une allusion évidente à l'arrivée des envahisseurs dans le Laos oriental.

Voici cette légende, qui comporte d'ailleurs plusieurs versions, aussi « dépouillée » et condensée que possible (3) :

(1) Cf. R. Grousset, *op. cit.*; p. 590-591, d'après G. Cœdès, « Documents sur la dynastie de Sukhodaya ». (*B. E. F. E. O.* 1917, t. II.)

(2) Cf. *Mission Pavie*, Études diverses, t. II, « Recherches sur l'Histoire du Cambodge du Laos et du Siam » (manuscrits traduits par les Cambodgiens d'Auguste Pavie).

(3) Cette légende des courges s'inspire en outre bien probablement du passage du Ramayana qui rapporte que « Loumati, la deuxième épouse de Sagara, donna le jour à une

Le roi du ciel, Phya-Theng, envoya le sage Khoun-Borom régner sur la terre, avec deux épouses divines, Nang-Et-Keng et Nang-Yoma-kara ; monté sur un éléphant blanc, aux oreilles noires, aux défenses recourbées, transparentes et croisées, Khoun-Borom descendit sur le vaste plateau de Muong-Theng (pays des anges, aujourd'hui connu sous le nom annamite de Dien-Bien-Phu) au lieu dit Na-Noï ; là, un plant de courges de prodigieuses dimensions, poussé au centre de l'étang Kouva, avait été s'accrocher sur la rive à un figuier lui-même de taille sans pareille qui l'aidait à soutenir deux fruits énormes. L'envoyé céleste fit percer les courges dont il sortit aussitôt, en quantités incalculables, de l'or, de l'argent, des étoffes, des parfums, des graines de plantes, des hommes, des femmes, des bœufs, des buffles, porcs, chiens, poules, canards, etc. qui se répandirent sur le monde. Et comme ses deux femmes lui avaient donné sept fils, Khoun-Borom sépara les peuples et les leur partagea :

1º Khoun-Lo eut Muong-Swa, le pays des millions d'éléphants et des parasols blancs (Lan-Xang-Hom-Khao) ;

2º Chet-Chuong eut Muong-Phoueun (plateau du Tran-Ninh et vallée du Nam-Nhiep jusqu'aux environs de Borikane) ;

verte calebasse : elle se brisa et il en sortit soixante mille fils. Les nourrices firent pousser cette « petite » famille dans une couche de beurre. » (*Ibid.*, Introduction, p. xxxvii.)

3º Nhi-Fa-Lane eut Muong-Ho (Sip-Song-Pa-nas, le pays des Douze mille rizières) ;

4º Chu-Song eut Prakan (pays thaïs du Haut-Tonkin et de la Rivière Noire) ;

5º Saya-Phong eut Muong-Nioun (Xieng-Mai ou Lan-Na, le pays des millions de rizières) ;

6º Kham-In eut Muong-Louvo (Siam ou Lan-Piyea, le pays des millions de greniers) ;

7º Louk-Poun eut enfin Hongsavadi (Pegou et Pagan).

Avant de les mettre en route, Khoun-Borom dit aux sept rois, ses enfants : « Vous vivrez paisi-blement en bons voisins, les aînés ne querellant pas leurs cadets... Partez et souvenez-vous que vous êtes nés du même sein. »

Il n'est pas impossible que ce partage, en dépit de son caractère fabuleux, marque vrai-ment le premier jalon de l'histoire des Thaïs dans la vallée du Mékong, à une époque que la légende n'indique pas, mais qui pourrait être située dans la deuxième moitié du treizième siècle. Cette date correspondrait en effet ap-proximativement avec une inscription de Rama-Khameng, roi de Sukhothaï, « écrite en carac-tères cambodgiens sur les quatre faces d'une stèle en grès, » traduite par le P. Schmitt et relevant pour la première fois les noms de Vientiane et de Vien-Kham (Tran-Ninh) dans le bassin du « fleuve Khong » (1). Mais tandis que les Thaïs de la Ménam étaient parvenus, par étapes relativement brèves, à constituer un royaume siamois compact et rapidement délivré de la domination kmère, les Thaïs du Mékong restèrent plus longtemps divisés.

Descendus vraisemblablement de leur pays d'origine par les vallées secondaires de la Nam-Ta, du Nam-Ou et de la Nam-Ngun, ils fondèrent des principautés plus ou moins rivales : Cri Cudhamanagari (Muong-Swa-Luang-Prabang) ; Muong Phoueun (Xieng-Kham, postérieurement Xieng-Khouang) ; Candanapuri (Sayfong-Vientiane) qui durent d'abord reconnaître la suzeraineté d'Angkor (2) puis furent soumises par le roi de Sukhothai, ainsi que le révèle précisément l'inscription de Rama-Khameng.

Cette désunion des principautés entre elles s'explique en grande partie par la configuration géographique du pays : les nombreux biefs du Mékong « séparés par des rapides difficilement franchissables » et, de ce fait, « quasi

(1) Cf. *Mission Pavie, ibid.*, transcription et traduction de l'inscription, p. 175 et suiv., et G. MASPERO, « Le Royaume de Vieng-Chan ». (*Revue indochinoise*, 1904, p. 497 et 498.)
(2) Cf. G. MASPERO, *ibid.*, et « Sayfong, une ville morte ». (*Bulletin de l'E. F. E. O.*, t. III, n° 1, janvier-mars 1903.)

étrangers les uns aux autres » (1), opposaient
de sérieux obstacles à la fusion politique de
groupements cependant de même race, de
même langue et dont les frontières se touchaient. Il fallut toute l'énergie de Fa-Ngoun
« le Conquérant », prince de Muong-Swa, pour
réaliser, au siècle suivant après de multiples
campagnes, l'unité laotienne ; encore les chefs
de provinces (muongs) continuèrent-ils à gouverner leurs fiefs dans un esprit d'indépendance qui les incitait sans cesse à secouer le
joug du souverain. Poussière de féodalité qui
demeurera en définitive la caractéristique do-
minante de toute l'histoire de ces principautés
compartimentées dans un isolement naturel
qui favorisait la persistance des autorités
locales.

(1) Cf. G. MASPERO, *ibid.* (*Mœurs et coutumes de l'ancien
Laos*, p. 225.)

CHAPITRE IV

Antérieurement à 1316 A. D., date de la naissance de Fa-Ngoun, la tradition de Muong-Swa n'a conservé qu'une longue liste de noms de chefs indigènes qui se déroule en un tortueux dédale où le fil d'Ariane se rompt fréquemment. Des fables contenues dans les manuscrits sur feuilles de latanier, dépouillés par Auguste Pavie pendant son premier séjour à Paklay, il n'est possible de dégager, touchant la vie de la principauté, que les étapes suivantes :

1º La fondation de la capitale par deux ermites bouddhistes, « venus des plateaux ou naît la grande source du Mé-Nam-Kong » et qui, descendant le fleuve, s'arrêtèrent au confluent de la Nam-Khane, séduits par les coteaux qui s'y réfléchissent et dont le principal sommet flamboyait de toutes les fleurs écarlates « d'un arbre gigantesque, le Kok-Thong, haut

de 107 brasses et en mesurant 7 de circonfé-
rence » ; la ville, d'abord appelée Ban Lan-
Swa, reçut dans la suite les noms de Xieng-
Thong (en souvenir du flamboyant fleuri), puis
de Xieng-Dong (du nom de la rivière qui la
limite en aval du Mékong), enfin celui de Xieng-
Dong-Xieng-Thong ;

2º La domination kmère succédant sans
doute à la suzeraineté chinoise avec les chefs
Khas nés de « Pra Rothiscn » venu d'Angkor,
et de Néang-Kangrey, fille d'un prince autochtone ; les noms de ces deux aïeux furent
donnés aux collines qui font face à Luang-Prabang et dont les lignes gracieuses évoquent
curieusement les formes de deux corps étendus ;

3º L'arrivée des Thaïs sortis de la courge de
Muong-Theng, chassant les Khas et s'empa-
rant du sol ; Khoun-Lo, à la tête d'une armée
formidable, serait apparu soudain à Pak-Ou,
aurait, après un sanglant combat, obligé le
roi Khoun-Kan-Hang à fuir vers la Nam-Ta et
réduit en esclavage ceux de ses sujets qui
n'avaient pu suivre leur chef ou gagner les plus
hautes montagnes.

Les diverses tribus ou peuplades Khas, désormais dispersées, morcelées en petits groupes
sans lien entre eux, privées d'intérêts communs,
parlant des dialectes différents, se replièrent

COLLINES DE XIENG-MÈNE A LUANG-PRABANG

sur elles-mêmes, opposèrent une force d'inertie absolue à l'envahisseur, se préservant ainsi pendant de longs siècles de croisements avec d'autres populations. Leurs descendants actuels n'ont point d'ailleurs perdu toutes leurs traditions primitives, ils ont conscience de leur ancienneté et disent, non sans dédain, que « les peuples nouveaux-venus en Indochine ne sont que leurs frères cadets » (1) ;

4° L'établissement de la dynastie thaïe des Khoun qui conserva d'abord des liens étroits avec le Cambodge, peut-être aussi avec la Chine à la suite des invasions mongoles et dont le vingt-troisième représentant, Phaya-Kham-Phong, régnait en 1316.

La liste chronologique, aussi complète que possible, des chefs qui commandèrent la région avant cette dernière date, peut être dressée de la manière suivante :

----

(1) Cf. L. DE REINACH, *op. cit.*, p. 126 et 127. Une autre version, candide et beaucoup plus pacifique, raconte ainsi l'établissement des Thaïs dans le Muong-Swa : « Les Thaïs ayant demandé aux Khas d'aller vivre sur la montagne, ceux-ci refusèrent et pour prouver qu'ils étaient arrivés les premiers, ils montèrent un panier en rotin placé au sommet d'un arbre et enlacé par les branches les plus hautes. Le soir, les Thaïs choisirent un arbre plus élevé et placèrent au faîte le plus vieux de leurs paniers. Le lendemain matin, ils le montrèrent aux Khas dont l'esprit simpliste fut convaincu par ce subterfuge et qui cédèrent la place. »

1. *Phaya-Nan-Tha* (de Ceylan?).
2. *Phaya-Inthapatha* (du Cambodge) qui aurait épousé la veuve du précédent.
3. *Thao-Phou-Tha-Saine*, fils du précédent.
4. *Phaya-Ngou-Lueum*, fils du précédent.
5. *Thao-Phe-Si*, fils du précédent.
6. *Ay-Saleukheuk*, fils du précédent.
7. *Ay-Tiet-Hai*, fils du précédent.
8. *Thao-Tiantha-Phanit*, simple « marchand de bétel » venu de Vientiane, miraculeusement couvert d'or et d'étoffes magnifiques qui émerveillèrent les gens de Xieng-Dong-Xieng-Thong. Élu roi il employa ses richesses à embellir la ville ; il fit construire notamment la première pagode de Xieng-Thong et le that sur le Phou-Si (1).
9. *Khoun-Swa*, chef Kha.
10. *Khoun-Ngiba*, fils du précédent.
11. *Khoun-Viligna*, fils du précédent.
12. *Khoun-Kan-Hang*, fils du précédent, sous le règne duquel eut lieu l'invasion thaïe.
13. *Khoun-Lo*, fils aîné de Khoun-Borom, premier prince thaï.
14. *Khoun-Swa-Lao*, fils du précédent.
15. *Khoun-Soung*.
16. *Khoun-Khet*.
17. *Khoun-Khoum*.

---

(1) Le groupe religieux, qui porte aujourd'hui le nom de Xieng-Thong, daterait de 1561. (H. PARMENTIER, *Inventaire des monuments du Laos.*) Avec ses gracieuses annexes et sa porte néo-birmane, il compte parmi les réalisations les plus heureuses de l'architecture laotienne.

18. *Khoun-Khip.*
19. *Khoun-Khap.*
20. *Khoun-Khoa.*
21. *Khoun-Khane.*
22. *Khoun-Phèng.*
23. *Khoun-Phéng.*
24. *Khoun-Pheung.*
25. *Khoun-Phi.*
26. *Khoun-Kham.*
27. *Khoun-Houng*, qui fut un mauvais roi, « sans respect pour les rites ni les coutumes », et qui par trois fois leva des armées pour les mener à la défaite.
28. *Thao-Thène*, fils du précédent, et à partir duquel fut changé le titre dynastique de la dignité royale.
29. *Thao-Nhoung.*
30. *Thao-Nheuk.*
31. *Thao-Phin.*
32. *Thao-Phat.*
33. *Thao-Vang.*
34. *Phaya-Lang-Thirat* (dont le règne marque la reprise du titre royal originel) déposé pour ses méfaits et mis en cage à Pak-Ou, où il mourut.
35. *Phaya-Souvanna-Kham-Phong*, fils du précédent, père de Thao-Phi-Fa et grand-père de Fa-Ngoun né en 1316.

On a vu précédemment que le roi de Sukho-thaï avait, quelque trente ans auparavant, soumis à son autorité les muongs thaïs de la

haute vallée du Mékong (Cf. *supra*, p. 29 et 32) ;
en 1313, Phraya-Sua-Thaï, fils et successeur de
Rama-Khameng avait même concentré sur le
territoire de Muong-Swa des forces importantes
pour attaquer le Champa ; il devait dans la
suite conduire au travers de la principauté plusieurs expéditions contre le roi d'Annam Triet-
Hoàng (1) ; Phaya-Souvanna-Kham-Phong
était donc vassal du Siam lorsque, vers 1320-
1330, il chassa de ses États son fils Thao-Phi-Fa
pour avoir séduit l'une de ses concubines, Nang-
Ok-Khong..

FA-NGOUN (1316-1374), ROI, 1353-1373.

L'exilé, conduit sous escorte en radeau jusqu'à Khône, s'était réfugié chez le roi du Cambodge qui l'avait accueilli avec empressement ; il avait emmené avec lui son fils aîné,
Fa-Ngoun, qui fut élevé à la cour d'Angkor

---

(1) Les Annamites avaient secoué le joug chinois vers 930-
940 et constitué, après une courte période d'anarchie, le
royaume de « Dai-co-Viet » en 968. A l'époque où nous arri-
vons ils étaient en pleine lutte contre les Chams ; la diversion
du roi de Sukhothai était donc inopportune et fâcheuse, aussi
le roi Triet-Hoàng se préparait-il à franchir la Cordillère
pour en finir avec cet ennemi nouveau lorsque la mort vint
l'empêcher de mettre son projet à exécution. « Quant au
roi de Sukhothai, on ignore les raisons pour lesquelles il inter-
rompit ses attaques. » Cf. G. MASPERO, *op. cit.*, p. 110.)

et qui obtint, lorsqu'il eut atteint sa majorité, la main de la princesse kmère Nang-Yot-Kèo.

Le roi Paramathakhemaraja continuait de soutenir la lutte sans merci que les Thaïs de la Ménam avaient engagée depuis plus d'un siècle contre ses prédécesseurs ; après avoir été forcés d'évacuer le bassin de la Ménam, et par contre-coup le Laos occidental, les rois kmers allaient se trouver directement menacés dans leur capitale par la fondation d'Ayuthya, non loin d'Angkor. Paramathakhemaraja confia donc à Fa-Ngoun et à son père une armée de dix mille guerriers pour reconquérir le pays de Muong-Swa, espérant ainsi y rétablir son influence et pouvoir s'y appuyer dans la suite pour faire échec aux Siamois d'Ayuthya.

Expédition des « dix mille ». — Phi-Fa et Fa-Ngoun se mirent en route ; ils culbutèrent les troupes du prince de Bassac qui voulait leur barrer le chemin et mirent en fuite sans coup férir celui de « Nam-Boun » (sans doute le Cammon-Kamkeut) effrayé par le seul bruit de leurs exploits. Parvenus à Paksane, ils se rencontrèrent avec Thao-Thiem-Kham-Gno, prince héritier de Xieng-Khouang, condamné à mort par son père dont il avait, lui aussi, séduit une femme et qui, errant à l'aventure, implora leur protection.

Prise de Xieng-Khouang. — Redoutant une alliance de Souvanna-Kham-Phong avec le roi du Tran-Ninh (dont les renforts pouvaient les prendre à revers dans leur marche directe sur Muong-Swa), ils acceptèrent de soutenir le rebelle, remontèrent le Nam-Nhiep, mirent le siège devant Xieng-Khouang qu'ils emportèrent d'assaut et dont le roi fut mis à mort et remplacé par Kham-Gno qui se reconnut leur vassal.

Prise de Xieng-Thong (Luang-Prabang). — Renforcés d'un contingent Phoueun, ils s'avancèrent alors vers Xieng-Dong-Xieng-Thong ; leurs troupes avaient été scindées en deux armées : l'une, sous le commandement de Fa-Ngoun, s'engagea dans la vallée de la Nam-Khane, l'autre, confiée à Phi-Fa, descendit la Nam-Suong, mais ce dernier fut atteint du choléra et mourut en chemin à Hat-Thoi. Arrivé à Dane-Khoua, Fa-Ngoun fit sommer son grand-père, Kham-Phong, d'abdiquer en sa faveur. Indigné, celui-ci se porta contre son petit-fils qu'il rencontra à Pak-Ming. Ses troupes, battues, durent retraiter en désordre, sa capitale fut prise et le vieux souverain, « fou de honte et de douleur », se pendit en son palais de Xieng-Thong.

Agé de trente-sept ans, Fa-Ngoun se proclama roi du « Lan-Xang » et aussitôt exigea l'aman de tous les princes thaïs du Mékong; sans attendre leurs « réactions » il partit faire reconnaître son autorité et reçut, dans une sorte de marche triomphale, la soumission de tous les chefs des muongs du Nord jusqu'aux limites des royaumes de Xieng-Maï (Lan-Na) et de Xieng-Houng (Sip-Song-Panas) ; dans le Sud, il rencontra plus de résistance et dut engager une lutte à fond contre Phaya-Phao, prince de Vientiane, qui avait pris la tête de l'opposition.

La découverte par Georges Maspero, en 1902, dans les environs de l'actuelle capitale administrative du Laos français, de stèles d'origine kmère parmi les ruines de vingt-huit pagodes, permet de supposer que la première capitale du pays fut Say-Fong, cette « ville morte » étouffée par la forêt. Elle fut, au temps de sa splendeur, la citadelle avancée en pays thaï de l'hégémonie cambodgienne, mais son importance décrut assez vite, sans doute avec les premières atteintes portées à la suzeraineté d'Angkor par les rois de Sukhothaï et d'Ayuthya ; et même avant qu'elle disparût, elle avait été évincée par Vientiane, édifiée à une dizaine de kilomètres en amont. A moins que les deux cités n'en aient fait qu'une seule, immense, ou bien que la première ne se soit déplacée sans avoir d'abord changé son appellation.

Prise de Phaï-Nam (Vientiane). — Quoi qu'il en soit, le centre de la résistance contre Fa-Ngoun s'appelait alors « Phaï-Nam » (bambous épineux) en raison de la ceinture végétale impénétrable qui la défendait comme de véritables remparts. Elle résista à de multiples assauts et Fa-Ngoun n'en vint à bout qu'en usant de ruse : il fit lancer contre l'enceinte de bambous des projectiles d'or et d'argent puis simula une retraite ; les assiégés, voyant les troupes royales lâcher pied, se crurent délivrés et sortirent pour ramasser les projectiles précieux. Alors les assaillants revinrent brusquement à la charge et entrèrent sans difficulté dans la ville (1). Phaya-Phao dut faire sa soumission. Il obtint sa grâce et fut maintenu comme gouverneur de la principauté.

En souvenir de cet épisode, la ville fut bap-

(1) Cette tactique est célébrée dans plusieurs légendes thaïs pour expliquer la prise d'une place forte.

tisée « Vien-Kham », qui signifie « enceinte d'or »
et qui se déforma dans la suite en « Vientiane »
(enceinte de santal) (1).

Constitution du royaume de Lan-Xang (1353).
— Fa-Ngoun, maître incontesté désormais d'un
vaste royaume, l'organisa fortement et régna
en despote.

Il appela auprès de lui un Oupahat ou
second roi pour l'assister dans ses fonctions
politiques et institua un Conseil des ministres
choisis parmi les princes de sang royal, hiérar-
chisés suivant leurs rangs et leurs attributions
respectives. Mais il ne souffrit aucune atteinte
à son autorité, pas plus à la cour que dans les
provinces ; contre les vassaux qui n'obéis-
saient pas passivement à ses ordres, il usa de
représailles terribles et les remplaça successivement presque tous par de simples gouverneurs à
sa discrétion.

Des plaintes contre une telle tyrannie, jusqu'alors inconnue au pays de Lan-Xang, parvinrent au roi du Cambodge, son beau-père ; ce
dernier manda son gendre à Angkor et au nom
des préceptes bouddhiques lui conseilla la

(1) Il y a, dans les chroniques laotiennes, une confusion
permanente entre le Vien-Kham des bords du Mékong et le
Vien-Kham du Tran-Ninh.

modération et « la pitié envers les faibles » (1).
Fa-Ngoun parut accepter la semonce, reçut le
baptême selon les rites de l'Hynayana et sollicita lui-même l'envoi à Muong-Swa d'une mission cambodgienne composée de religieux, de
lettrés et d'ouvriers d'art ; le chef de la mission,
Pha-Maha-Pasaman-Théla-Tiao, emporta les
livres sacrés du bouddhisme orthodoxe et une
statue du Bouddha remise au neuvième siècle
par le roi de Ceylan au souverain kmer : le
Prabang, qui devint le palladium du royaume
de Lan-Xang (2).

Le Prabang. — Dès leur arrivée à destina-
tion, les ouvriers kmers entreprirent la construction d'un temple, le Vat-Gnot-Kèo, où le
Prabang fut solennellement placé en 1358 ;
mais ce n'est que deux siècles plus tard, lorsque
le siège de la capitale fut transféré à Vientiane
par le roi Setthathirat (1563) que le nom de
Luang-Prabang fut donné à la ville.

(1) Suivant les traducteurs d'Auguste Pavie, Fa-Ngoun,
à la demande de la reine Nang-Kéo, se serait contenté d'envoyer une ambassade à Angkor.

(2) Au passage de la mission à Vientiane le gouverneur
Phao aurait demandé et obtenu de conserver la statue dans
la ville pendant trois ans. De nombreuses légendes racontent
diversement le voyage du Prabang et sont en désaccord sur
l'itinéraire suivi. Peut-être s'agit-il, là encore, du Vien-Kham
du Tran-Ninh.

Rentré dans ses États, Fa-Ngoun se proclama Chef suprême de la religion et reprit, d'une main sévère, ne dépassant pas, toutefois, les limites de la fermeté, l'administration des divers territoires qui constituaient alors le royaume de Lan-Xang, savoir : Muong-Swa proprement dit ; Xieng-Khong au nord (région actuelle de Houei-Sai) ; Vientiane, Hoi-Luang et Xieng-La (sur le Mékong en aval de Vientiane), Muong-Kabang (Bassac) au sud ; Kham-Keut (actuellement province de Cammon) et Muong-Van (Savannakhet) à l'est.

Extensions vers l'est et traité avec l'Annam. — Mais bientôt son ambition et sa nature belliqueuse ne résistèrent pas à l'attrait de nouvelles expéditions ; d'ailleurs ses guerriers lui réclamaient sans cesse de nouveaux apanages et l'entraînaient dans des campagnes sans fin ; c'est ainsi qu'il soutint son allié de la première heure, le roi du Tran-Ninh Kham-Gno, contre son fils dont il prit deux femmes en otage ; puis, « oublieux de son serment d'Angkor », il élargit vers l'Est ses provinces du Sud jusqu'à la Chaîne annamitique : Muong-Song (Vang-Vieng), Muong-Moun (Kham-Mouan), Muong-Luang (Nhommarat), Samphone (Savan-nakhet), Sapon (Tchépone) et Milan (Lao-Bao).

Là il se heurta au roi d'Annam (1) qui accepta de traiter et admit comme limite des deux États la ligne de partage des eaux (2).

Relations avec Ayuthya. — Mais si la frontière de l'Est avait une barrière réelle dans la Chaîne annamitique et celle du Sud une barrière morale dans l'alliance avec le royaume kmer, par contre l'organisation et la délimitation des territoires soumis à l'ouest posait inéluctablement la question des relations avec les rois d'Ayuthya. Ceux-ci, aux prises avec le Cambodge, avaient paru négliger la constitution du royaume de Lan-Xang et n'avaient pas revendiqué les droits de l'ancienne suzeraineté siamoise sur les rives du Mékong.

Campagne contre Ayuthya. — Fa-Ngoun, en étendant son action sur la rive droite du Mékong, fut amené à envahir le pays de Roi-Et-Patou dont il captura les chefs. Il envoya aussitôt un courrier au roi d'Ayuthya, lui demandant s'il avait ou non le désir de le combattre ; — et il partit, incendiant les villages rencontrés sur sa route, pillant, démolissant tout.

(1) Trân-Du-Tôn sans doute.
(2) La vallée de la rivière Noire forma la limite nord (Muong-Lai).

4

Impressionné, le roi d'Ayuthya n'osa relever le défi, lui remit cent éléphants, des présents « d'or et d'argent », s'engagea à payer tribut et promit sa fille Nang-Keo-Yopha dès qu'elle serait nubile.

Ces luttes perpétuelles fatiguaient le peuple de Lan-Xang, encore que cette dernière campagne contre Ayuthya pût se justifier par l'intérêt d'une diversion destinée à dégager le Cambodge (1).

La mort en 1368 de la reine Nang-Yot-Keo, dont l'influence bienfaisante était grande sur l'esprit de Fa-Ngoun, marqua le commencement d'une nouvelle période de débordements multiples. Les compagnons de guerre du roi opprimaient sans retenue les populations. Fa-Ngoun laissait faire, se reposant de ses expéditions dans des plaisirs sans frein, ne respectant aucune femme de ses sujets, pas même celles de ses ministres. A la fin ceux-ci n'y tinrent plus et sous la pression du mécontentement général, osèrent le déposer en 1373 et l'exiler à Muong-Nan où il mourut l'année suivante à l'âge de cinquante-huit ans.

Fa-Ngoun fut le roi guerrier par excellence, toujours sous les armes ; sans crainte, sinon

______

(1) Le premier pillage d'Angkor par les Siamois est de 1357.

sans reproches, s'imaginant invulnérable après tant de victoires, il assujettit par la force ou par sa seule renommée tout ce qui n'était pas annamite ou cambodgien dans la péninsule indochinoise. Ce grand prince fut le véritable fondateur de l'unité « Lan-Xang ». C'est une figure curieuse et paradoxale, inattendue dans l'histoire de ce peuple ami de l'ordre et de la tranquillité, dont le régime pseudo-féodal était des plus paternels, et qui devait, dès cette époque, présenter les caractères de douceur, de nonchalance et de gaieté qui le laissèrent sans ressort contre l'adversité.

SAM-SÈNE-THAÏ (OUN-HUEUN) (1356), ROI, 1373-1416.

Au roi de la guerre succéda le monarque de la paix.

Oun-Hueun, fils de Phaya-Fa Ngoun, avait dix-sept ans, quand son père fut déposé. Il monta sur le trône dès le départ de l'exilé et épousa Nang-Keo-Yopha, promise en otage à Fa-Ngoun par le roi d'Ayuthya. Il intervint pacifiquement dans les affaires du Tran-Ninh pour introniser le fils, puis le petit-fils de Kham-Gno auxquels il rendit les deux femmes détenues à Xieng-Thong depuis la dernière campagne de son père. Il soutint victorieusement une attaque birmane (1) ; et cette expédition, qui semble lui avoir été imposée, est la seule campagne qui soit relatée pendant son long règne de quarante-trois ans.

Il observa rigoureusement, consignent les Annales, l'enseignement bouddhique, suivant, plus docilement que ne l'avait fait son père, les pieux conseils de son directeur de conscience Pha-Maha-Pasaman-Thala-Tiao, « aussi son royaume connut-il une longue période de paix et de prospérité. » Il fut un grand bâtisseur de temples ; il éleva les pagodes Manorom, Ouposot (avec une bibliothèque qui reçut les manuscrits apportés d'Angkor) et Xieng-Kang, édifiée en mémoire de sa fille, la jeune princesse Sivayaka, morte de la variole à l'âge de douze ans.

Les Trois cent mille Thaïs. — En 1376, il ordonna un recensement général des habitants du Lang-Xang. Les résultats ayant donné 300 000 « inscrits » Thaïs, non compris les femmes, les enfants, les bonzes, les étrangers, les esclaves et les Khas (2), Oun-Hueun prit

____

(1) Avec le concours du Trân-Ninh.
(2) Le nombre des inscrits non-thaïs s'élevait à environ 400 000.

CHINE
YUNNAN
BIRMANIE
Khouang - Si
Xieng-Hong
SIP-SONG-PANAS
Muong-Lai
Xieng-Kheng
Muong-Theng
Khouang Toung
Muong-Sing
Rivière Noire
Fleuve Rouge
Tanh Long
(Hanoï)
Xieng-Toung
Muong-La
Muong-Ngoi
Song-Ma
Xieng-Sen
ROYAUME
Houa Phans
Xieng-Khong
Pakou
Pak-Ming
Luang Prabang
Saloven
Xieng-Kham
DE
Xieng-Khouang
HAI-NAN
Xieng-Mai
Muong-Nan
Pakpoun
Paksane
Lampoun
Vientiane
PEGOU
Muong
Kouk
Kam-Keut
Paklay
ANNAM
Xieng Khane
Sukothai
LAN
Sapon
Raheng
Muong-Van
Milan
Indrapoura
Mékong
CHAMPA
Roi-Et
XANG
TRIBUS KHAS
Louvo
Bassac
Attopeu
CAMBODGE
(Muong Kabang)
Chutes de Khone
Angkor
TRIBUS
KHAS
Po Nagar
de
Nhatrang
Sambor
Lovek
Banteaï
Prei Angkor
Angkor-Borei
Po Nagar
CAMBODGE
Tawait
Bouches
du Mékong
Peninsule
de
Camau
Ligor
Le Lan-Xang dans son milieu
à la mort de Fa-Ngoun
(1374)
0   250   500 Km.
Irraouadi

comme nom de règne Phaya-Sam-Sène-Thaï, le roi des Trois cent mille Thaïs.

Organisation sociale. — Ces gens constituaient alors une société groupée par familles et divisée en Noblesse et en Roture. Les Nobles pourvus d'apanages concouraient à l'administration du royaume, depuis les dignitaires princes du sang jusqu'aux simples fonctionnaires chargés de la perception des impôts, du rassemblement des corvées, de l'exécution des transports, etc...

Dans les provinces, les chefs de circonscription (Muong) étaient désignés à l'élection soit parmi les Nobles, soit parmi les Roturiers, mais en général le choix des électeurs se portait toujours sur le fils ou un parent de celui qu'il s'agissait de remplacer, à moins d'indignité ou d'incapacité notoire.

Les gens du peuple, de caractère aimable et gai, parcouraient, en maîtres débonnaires, le pays dans tous les sens, laissant aux femmes les travaux de ménage et à des clients de race inférieure ou à des esclaves le soin de cultiver leurs terres. Excellents bateliers, plutôt commerçants qu'agriculteurs, ils se plaisaient à faire office de colporteurs, servant de trait d'union entre les multiples variétés humaines qui peuplaient le Lan-Xang.

L'esclavage existait sous forme de capture, de dettes ou de traite et procurait de beaux bénéfices à ceux qui se livraient à ce trafic ; il y avait en outre dans la région de Muong-Swa une sorte de servage appliqué à certaines tribus Khas qui étaient placées sous le patronage du roi, des princes ou des principaux représentants de la noblesse.

Mais si l'on considère le tempérament doux et souriant de ce peuple dont la bonne humeur faisait tous les frais, on est en droit de penser que les rapports entre les divers échelons sociaux devaient être exempts de toute rudesse.

Ils parlaient un dialecte dérivé du langage importé à la fin du treizième siècle dans le bassin de la Ménam par Rama Khamheng et dérivé lui-même des graphies de l'Inde (1). Ils pratiquaient tout ensemble le bouddhisme orthodoxe et le culte des « Phi » ou Génies qui représentaient pour eux les forces de la Nature bienfaisantes ou malfaisantes. Les bonzes étaient de mœurs relativement pures parmi ces populations dont la jouissance et le plaisir étaient au

---

(1) Cf. *Mission Pavie, op. cit.* Inscription de Sukhothaï traduite par le P. Schmitt, p. 192 : « C'est en (1287 A. D.) que le roi Rama-Khameng fit venir un maître qui sut créer l'écriture thaïe. »

fond les véritables dieux ; encore qu'assez igno-
rants, récitant sans les comprendre leurs prières
en pali, ils ne manquaient pas d'une certaine
noblesse d'allure ; ils étaient au surplus très
considérés et choyés à l'envi. Les bonzeries
édifiées à proximité des pagodes, étaient à
la fois des lieux d'asile inviolables, des écoles
fréquentées par tous les enfants du village et
des ateliers où s'apprenaient les métiers.

Organisation militaire. — Sam-Sène-Thaï, en
souverain avisé, ami de la paix mais sachant
préparer la guerre, profita du recensement pour
réorganiser l'armée de son royaume. Il porta
les effectifs à 150 000 hommes qu'il répartit en
trois groupes distincts : le premier pour assurer
la police intérieure, le second pour être spécialement exercé à la défense extérieure du pays
et le troisième en réserve. L'armée au complet
fut divisée en cinq corps de 30 000 combat-
tants chacun, plus 20 000 coolies chargés du
ravitaillement. Les guerriers combattaient à
cheval ou à éléphant et avaient pour armes des
lances et des sabres ; ils possédaient aussi
quelques fusils à pierre d'importation chinoise,
à l'origine, et que les Laotiens commençaient
déjà à savoir fabriquer eux-mêmes.

Cette importante force militaire ne contribua

pas peu à la tranquillité du Lan-Xang. Sam-Sène-Thaï paraît au surplus avoir été un politique habile : allié au Siam par son mariage, il resserra ses relations de bon voisinage avec le Lan-Na en prenant pour seconde femme une fille du roi de Xieng-Mai, Nang-One-Sa ; par ailleurs la chute de la dynastie mongole et l'avènement des Ming ne durent pas le laisser indifférent si l'on en croit H. Maspero qui relate qu'en 1404 il aurait reçu des titres chinois (1). Après l'épopée de Fa-Ngoun, ce fut une étape heureuse de recueillement dans le fruit des victoires du règne précédent ; et lorsqu'il mourut en 1416, il transmit à son successeur un royaume prospère, solidement assis et vivant en paix, tout en étant redouté de ses voisins.

Lᴀɴ-Kʜᴀᴍ-Dᴇ̀ɴɢ (1375), ʀᴏɪ, 1416-1428.

Le roi défunt laissait une nombreuse postérité, six fils et cinq filles, que lui avaient donnée Nang-Keo-Yopha et Nang-One-Sa. On ignore les raisons pour lesquelles ce fut, non pas l'aîné Mun-Ban, mais le second fils Lane-Kham-Dèng qui succéda à son père. Celui-ci

(1) D'après H. Mᴀsᴘᴇʀᴏ, *Bulletin de l'E. F. E. O.*, t. XVIII, nº 3. — (Cf. R. Gʀᴏᴜssᴇᴛ, *op. cit.*, p. 612, note 4.)

prit le pouvoir alors que le Tran-Ninh était en pleine période de troubles dynastiques, il recueillit la reine Nang-Phom-Dam et son fils Kham-Phong chassés de leurs États, et parvint, en suzerain conciliateur, à les rétablir dans leurs prérogatives.

C'est sous son règne que se place un épisode assez fâcheux, qui devait être gros de conséquences pour le Lan-Xang, et que rapportent les chroniques annamites. Les relations entretenues jusqu'alors avec les descendants des Giao-Chi avaient été fort courtoises et lorsque le roi d'Annam, Lê-Loi, fut assailli en 1421 par une armée chinoise, Lane-Kham-Dèng lui offrit le secours de 30 000 guerriers et de 100 éléphants. Lê-Loi accepta avec la plus vive satisfaction, mais à peine arrivés sur les lieux les renforts de Lan-Xang trahirent leurs alliés et passèrent aux Chinois. Mal leur en prit. Les Annamites culbutèrent leurs ennemis et reconduisirent rudement les soldats de Lane-Kham-Dèng sur leur territoire. Heureusement sorti de ce guêpier, le roi d'Annam ne garda pas moins de cette trahison un ressentiment profond dont héritèrent ses successeurs et l'un d'eux, moins de cinquante ans après, devait se faire l'instigateur d'une vaste coalition pour châtier le Lan-Xang.

Nang-Keo-Phimpha (1428-1438).

Pendant les dix années qui suivirent la mort de Lane-Kham-Dèng, la belle harmonie qui présidait aux destinées de la dynastie royale fut troublée par une femme autoritaire et cruelle qui gouverna en fait sous la couronne éphémère de sept rois.

Nang-Keo-Phimpha était l'aînée des filles de Sam-Sène-Thaï (1) ; les Annales sont des plus discrètes sur cette ambitieuse princesse et se bornent à enregistrer ses forfaits sans explications ni commentaires. Peut-être ses intrigues avaient-elles déjà porté au trône Lane-Kham-Dèng au mépris des droits de l'aîné, peut-être au contraire avait-elle eu de l'impa-

(1) Les traducteurs de Pavie, égarés par des erreurs de copie, font à tort de Nang-Keo-Phimpha, qu'ils appellent Maha-Thévi (Grande-Reine), « la fille du prédécesseur de Fa-Ngoun » et la première femme de Sam-Sène-Thaï. Le prédécesseur de Fa-Ngoun, c'est-à-dire le grand-père de ce dernier, était mort fort âgé, en 1353 ; sa fille aurait donc eu plus de quatre-vingts ans à l'époque où nous sommes arrivés, ce qui n'est pas vraisemblable. De cette erreur initiale, aggravée par des fautes et des omissions dans le calcul des cycles laotiens, il résulte une incohérence inextricable dans la chronologie dressée par les interprètes de Pavie qui étaient des Cambodgiens ignorant le français. Le présent récit, s'appuyant sur des traductions directes aussi fidèles que possible et sur des recoupements entre les Annales et des documents de famille, s'efforce de rétablir les faits. L'exacte correspondance des dates permet de supposer qu'il est aussi près que possible de la vérité historique.

tience de voir régner ce puîné qui ne semble pas avoir subi son influence et dont elle avait pu abréger l'existence.

Phommathat, roi 1428-1429. — Pak-Houeï-Luong, roi, 1429. — Thao-Sai, roi, 1430.

Quoi qu'il en soit, mécontente de son neveu Phommathat, fils aîné de Lane-Kham-Dèng, elle le fit déposer dix mois après son avènement et égorger sur la roche de Pha-Dieou, à l'embouchure de la Nam-Khane. Puis elle donna la couronne à son frère Kham-Teun, quatrième fils de Sam-Sène-Thaï, gouverneur de Pak-Houei-Luong, et qui régna sous ce dernier nom. Mais cinq mois plus tard, Kham-Teun avait cessé de plaire et était remplacé par Thao-Sai, troisième fils de Sam-Sène-Thaï et de Nang-Keo-Yopha. Six mois s'étaient à peine écoulés que le roi découvrait un complot fomenté par sa sœur pour l'assassiner ; affolé, il préféra se pendre dans la salle de bains de son palais.

Phaya-Khai, roi, 1430-1433. — Xieng-Sai, roi, 1433-1434.

Alors Nang-Keo-Phimpha porta son choix sur son neveu Gnou-Khone, second fils de Lane-Kham-Dèng, qui était gouverneur du

Muong de Xieng-Khai et qui prit pour nom de règne celui de sa province, Phaya-Khai « dura » trois ans puis périt à Pak-Khane, assassiné par les habitants sur l'ordre de sa tante. Khone-Keo fils de Sam-Sène-Thaï et de Nang-One-Sa, lui succéda sous le nom de Xieng-Sa et mourut de la même manière sept mois plus tard.

Troisième fils de Lane-Kham-Dèng, roi, 1434-1435.

Le troisième fils de Lane-Kham-Dèng (dont on ignore le nom) le remplaça pendant huit mois. Pour échapper aux fureurs de sa tante, il s'enfuit secrètement par le Mékong, mais Nang-Keo-Phimpha, renseignée, le fit pourchasser et massacrer sur son radeau, à peu de distance en aval de la capitale.

On se perd en conjectures sur les mobiles qui poussaient cette princesse, plus féroce que les Frédégonde et les Marguerite de Bourgogne, à faire une telle hécatombe de rois. Était-ce une despote sanguinaire, ou simplement une royale Lampito au tempérament exaspéré? (1).

---

(1) Les mariages entre frères et sœurs ont toujours été autorisés dans la famille royale du Lan-Xang. Ils sont par contre interdits aux gens du commun.

On ne sait, mais ce qui est sûr c'est qu'elle finit par inspirer à la cour une telle terreur qu'il ne se trouva plus personne pour briguer le pouvoir, les deux derniers fils de Lane-Kham-Dèng étant en bas-âge.

Kam-Kheut, roi, 1435-1438.

C'est alors que Nang-Keo-Phimpha découvrit le fils d'une esclave du palais, jadis remarquée pour sa beauté par le roi Sam-Sène-Thaï. Le jeune homme, nommé Xieng-Ma, conquit la Gorgone par sa vive intelligence et la parfaite connaissance des événements du grand règne d'Oun-Hueun ; elle ne douta pas qu'il ne fût son frère et l'imposa comme souverain sous le nom de Kham-Keut (naissance dorée). Soit que celui-ci ait été un instrument docile entre les mains de la princesse, soit que Nang-Keo-Phimpha se soit réellement et profondément attachée à sa créature, la tranquillité semblait définitivement rétablie au palais lorsque Kham-Keut, après trois ans de règne, tomba malade et mourut d'hydropisie.

Mort de Nang-Keo-Phimpha (1438). — Alors ce fut une explosion de haine contre Nang-Keo-Phimpha ; on vit dans cette mort une

punition du Ciel infligée au royaume pour
avoir accepté un usurpateur. La colère l'emporta sur la peur ; les ministres arrêtèrent
la princesse, la ligotèrent sur la roche de
Pha-Dieou et la firent fusiller. « Son cadavre
fut abandonné aux corbeaux et aux vautours. »

SAI-TIAKAPHAT (1415), ROI, 1438-1479.

Le Conseil des ministres se préoccupa aussitôt de choisir un nouveau roi qui fût dans
la tradition dynastique. Après une longue
délibération, rendue laborieuse par la minorité des enfants de Lane-Kham-Dèng, il offrit
la couronne à Thao-Lu-Sai, gouverneur de
Muong-Sai-Muoi et dernier fils légitime de
Sam-Sène-Thaï. Thao-Lu-Sai accepta et monta
sur le trône sous le nom de Phaya-Sai-Tiakaphat.

Agé de vingt-trois ans, il prenait le pouvoir dans des conditions difficiles. En effet les
débordements de Nang-Keo-Phimpha avaient
affaibli l'autorité royale à l'intérieur et éveillé
l'attention des princes voisins qui, tributaires
ou non, jalousaient plus ou moins la puissance
du roi de Lan-Xang. La riche province de
Vientiane avait toujours conservé des vel-

léités d'indépendance et son gouverneur, Saï-
Moni, crut le moment venu de secouer le
joug, mais il fut assassiné avant même d'avoir
eu le temps de se mettre en marche (1). L'échec
de ce mouvement, étouffé « dans l'œuf », fit
sans doute réfléchir les vassaux qui se tinrent
cois et se félicitèrent de leur réserve lorsqu'ils
se furent rendu compte que Tiakaphat était
un souverain sage, ferme et prudent, bien
décidé à maintenir l'intégrité de ses États.
Pendant quarante ans, il gouverna paisiblement, intelligemment secondé dans les dernières années de son règne par son fils aîné,
Thao-Kone-Kèo, qui acquit rapidement une
connaissance éclairée des affaires du royaume
et une autorité indiscutée dans le Conseil des
ministres. Le roi créa pour lui le titre sans
précédent de Sène-Muong, le nomma prince
de Xieng-Lo et lui confia les fonctions d'Oupahat.

Invasion annamite (1478-1479). — Cependant les Annamites n'attendaient qu'une occasion pour tirer vengeance de l'affront jadis
ressenti par Lê-Loi et aussi pour consolider
leur frontière occidentale ouverte sur la rivière

(1) Le temple de Wat-Thai aurait été élevé à sa mémoire
par les habitants de Vientiane.

Noire. S'ils ne l'avaient pas fait plus tôt c'est qu'ils en avaient été empêchés par les incessantes incursions des Chams sur leurs frontières méridionales ; mais, en 1471, le roi Lê-Thanh-Tôn occupa le pays de Qui-Nhon et parvint à détruire définitivement le royaume de Champa ; en 1478, il prit prétexte d'un incident futile pour envahir le Lan-Xang. Si l'on en croit la légende, Tiakaphat aurait refusé de lui envoyer un jeune éléphant blanc, capturé par les Khas, après avoir promis formellement de le lui faire remettre par l'intermédiaire du roi du Tran-Ninh, Boutevong (1). Mais, en réalité, le roi d'Annam faisait d'importants préparatifs depuis un an déjà et s'était assuré le concours ou la neutralité bienveillante des vassaux de Tiakaphat qui gouvernaient les provinces frontières.

(1) Suivant un récit populaire, l'histoire de cette offrande aurait été inventée de toutes pièces par Boutevong et le roi d'Annam aurait fait trancher la tête de ce prince pour prix de son mensonge. Le fils et successeur de Boutevong aurait alors affirmé perfidement à l'Oupahat Kone-Kèo que Lê-Thanh-Tôn désirait simplement des griffes et quelques poils de l'animal sacré. Kone-Kèo envoya ces reliques dans un coffret d'or mais le roi des Phoueuns remplaça les griffes et les poils par des excréments d'éléphant et le roi d'Annam, convaincu que le roi de Lan-Xang avait voulu lui faire une mortelle injure, lança « six armées immenses » sur Luang-Prabang.

Siège et prise de la capitale (1479). — En 1479 Lê-Thanh-Tôn confia ses armées au général Phoua-Khouang-Soun qui s'installa solidement à Xieng-Khouang pour couper tout secours au Lan-Xang. Puis il fit exécuter une marche convergente à ses troupes qui franchirent les divers défilés de la Chaîne annamitique et s'avancèrent en masses compactes vers Muong-Swa qu'elles assiégèrent.

L'Oupahat Kone-Kèo prit sans tarder le commandement des troupes laotiennes, assisté des généraux Mun-Luong, Mun-Bouone et Mun-La ; il couvrit fortement les abords de la capitale mais ne put empêcher les soldats annamites d'y pénétrer. Alors la lutte devint acharnée, les guerriers du Lan-Xang défendant leur cité maison par maison, cependant que « les prêtres priaient dans les temples et que les femmes pleuraient dans les rues (1) ». Kone-Kèo et ses lieutenants furent tués près du palais royal de Xieng-Thong ; leur mort fut le signal de la débandade et le vieux roi Tiakaphat s'enfuit précipitamment avec sa famille, suivi par les débris de son armée dont les rescapés passèrent le fleuve à la nage.

(1) *Ibid.* (légende).

Le « rétablissement ». — *Victoire de Pak Phoun.* — Il s'arrêta à Xieng-Khane (1). Dans la confusion générale son second fils Thène-Kham, digne descendant de Fa-Ngoun, ne perdit pas la tête ; il regroupa en hâte les fuyards, arma les habitants de la région, reconstitua tant bien que mal une troupe à peu près homogène et sachant les Annamites très affaiblis par une victoire chèrement achetée, se porta hardiment à leur rencontre. Les Laotiens combattirent avec l'énergie du désespoir et défirent les envahisseurs à Pak-Phoun, Exploitant ce succès, Thène-Kham les poursuivit l'épée dans les reins, les contraignant, en pleine déroute, à retraverser le Mékong à la hauteur de Pak-Nane. Le Lan-Xang était sauvé ; le généralissime Phoua-Khouang-Soun dut évacuer le Tran-Ninh et mourut, en territoire annamite, foudroyé, dit-on, au cours d'un violent orage.

Mais ces graves événements avaient brisé la résistance physique du roi Tiakaphat qui s'éteignit à Xieng-Khane, âgé de soixante-cinq ans, « le troisième jour de la lune croissante du cinquième mois » de l'année 841 (1479 de notre ère) (2), laissant qua-

____

(1) Au sud de Luang-Prabang, sur la rive droite du Mékong, aujourd'hui en territoire siamois.

(2) L'année laotienne est lunaire, commence vers le milieu

torze enfants légitimes dont huit fils et six
filles.

THÈNE-KHAM (SOUVANNA-BAN-LANG) (1445), ROI, 1479-1486.

Thène-Kham exerçait en fait le pouvoir
depuis la mort de son frère aîné ; il n'y eut
donc rien de changé quand il monta sur le
trône en 1479.

Il se préoccupa d'abord de réparer les dé-
sastres de l'invasion qui étaient immenses.
La capitale avait été saccagée, les populations
avaient fui dans les forêts ; les fruits d'un long
siècle de paix avaient été presque anéantis,
tout était à refaire. De leur côté, les Annamites
avaient subi des pertes irréparables ; les chroniques d'Auguste Pavie disent que le roi
d'Annam, quand il sut les résultats de l'expédition, « eut une grande douleur parce que tous
ceux qui étaient partis pour la guerre (et n'en

d'avril et intercale tous les trois ans un mois supplémentaire
qui double le huitième mois. La numération des années est
basée sur un grand cycle de soixante ans et sur deux autres
de dix et huit ans. L'ère laotienne a commencé l'an 638 de
la nôtre. En 1900, elle est entrée dans la deuxième année
de son 22e cycle et s'est énoncée 1262 (Pi-Xuet-Tho-Sok). —
L'an 841 où mourut le roi Tiakaphat correspond donc à
648 + 841 = 1479 de l'ère chrétienne.

étaient pas revenus) étaient les chefs et les meilleures gens du pays »; il regretta profondément d'avoir enfreint les ordres de l'ancêtre commun Khoun-Borom (1) et défendit qu'à l'avenir « on allât à la guerre contre des frères ».

Ce commentaire est laotien. Il n'est pas démontré que les Annamites aient jugé l'aventure avec une si haute philosophie; quoi qu'il en soit, cette lutte sanglante n'eut effectivement pas de lendemain. Elle ne laissa pas de rancune au cœur du peuple de Lan-Xang, foncièrement pacifique et insouciant, qui fut trop heureux d'avoir échappé à un danger mortel et de pouvoir reprendre, en chantant, sa vie nonchalante. La cour elle-même, secouée d'intrigues et de passions qu'ignoraient les gens du commun n'eut pas l'idée de représailles et renoua avec la cour d'Annam, des relations qui redevinrent rapidement excellentes.

Au surplus, la solide armature du royaume, forgée par les grands princes du siècle précédent, hâta le relèvement du pays qui avait en partie recouvré sa prospérité d'antan, et sa

(1) La légende s'accorde ici avec certains philologues pour donner à la race annamite une origine thaï. (Cf. *supra*, p. 23, note 1.)

situation prépondérante parmi les principautés Thaïs, lorsque le roi Thène-Kham mourut prématurément en son palais de Xieng-Thong en 1486.

LA-SÈNE-THAÏ (1463), ROI, 1486-1496.

Son frère, La-Sène-Thaï, lui succéda et consacra les dix années de son règne à parfaire l'œuvre entreprise à l'intérieur et à l'extérieur. Il resserra notamment les liens de famille et d'amitié qui l'unissaient au roi d'Ayuthya et favorisa les échanges commerciaux entre ses sujets et leurs cousins de la Ménam (des points de transit furent fixés, d'un commun accord, pour le troc des marchandises).

Sa vie fut brève, à lui aussi. Il mourut à trente-trois ans, transmettant la couronne à un unique héritier né deux ans après son avènement.

SOM-PHOU (1488-1502), ROI, 1496-1501.

Cet enfant, Som-Phou, qui donna seulement son nom à son règne fut, pour des raisons inconnues, écarté du pouvoir par les ministres, lorsqu'il eut atteint l'âge de treize ans; il mourut d'ailleurs l'année suivante.

Visoun (1467), roi, 1501-1520.

Son oncle Phé-Sai (1) fut appelé au trône
à sa place en 1501. Le jour du couronnement,
le ciel fut, suivant les Annales, sillonné
d'éclairs et gronda sans arrêt. Frappé de ce
fait, dans lequel il voulut voir une manifestation de la satisfaction divine, le Conseil des
ministres lui donna le nom de Phaya-Visoun
(éclair).

En 1506, lui naquit un fils qui fut appelé
Phothisarath, à la suite d'un songe qu'eut la
mère de Visoun peu de jours avant la délivrance de la reine. « Des banians en fleurs
(Kok-Pho) lui étaient apparus dans lesquels
des oiseaux innombrables gazouillaient joyeusement. » Les prêtres, consultés, prédirent que
l'enfant attendu serait un Saint. Et chacun de
se réjouir, dans la famille royale, à la pensée que
le nouveau-né venait au monde sous le signe de
l'arbre sacré à l'ombre duquel le Bouddha avait
atteint la triple science et trouvé le secret des
destinées.

Et pour illustrer, en quelque sorte, par anti-
cipation, les événements merveilleux de son
règne, le roi Visoun édifia de nombreux temples
entour de son palais ; on voit encore aujour-

____

(1) Avant-dernier fils de Tiakaphat.

d'hui à Luang-Prabang les fondations d'une pagode qui fut élevée par ses soins à la mémoire d'une fille morte en bas âge (1).

PHOTHISARATH (1506), ROI, 1520-1547.

Son fils Phothisarath, qui lui succéda en 1520, fut un roi très pieux qui justifia par ses actes les prophéties des bonzes ; il fit construire une magnifique pagode à la mémoire de son père, le Wat-Visoun (2), dont les matériaux furent demandés aux vassaux des provinces septentrionales ; la légende raconte que le radeau qui portait les colonnes fournies par le roi du Tran-Ninh sombra en aval de Pak-Vet et les habitants de la région affirment encore maintenant qu'à certaines époques de l'année on peut les apercevoir au fond des eaux de la Nam-Khane.

Édit contre le culte des « Phis ». — La grande piété du roi et son attachement mystique aux

----

(1) Un autre pagode, « Posot-Luang », qui se trouvait à l'actuel emplacement de la glacière, a complètement disparu ; de grandes fêtes y furent données en l'honneur de la naissance de Photisarath.

(2) L'édifice qui porte ce nom date du roi Zakarine (1898). L'énorme « stupa » voisin, qui recouvrait de riches trésors, récemment mis à jour, est en cours de restauration.

dogmes du bouddhisme orthodoxe le rendirent
intolérant pour les pratiques brahmaniques qui
continuaient d'être en honneur parmi les populations de ses États. En 1527 il proscrivit le
culte des Génies et décréta la démolition de
tous les temples élevés aux « Phis » ; une pagode
« Sisouvannathévalok » (1) fut édifiée sur l'emplacement même du sanctuaire du Génie tutélaire de la capitale. Mais il était impossible
fût-ce au chef suprême des existences, de
chasser de l'esprit de gens aussi fatalistes que
ses sujets les innombrables superstitions qu'ils
attachaient aux accidents, aux maladies, aux
phénomènes du ciel, de la terre et des eaux.
Malgré les ordonnances royales le culte des
« Phis », avec la croyance aux sorciers et sor-
cières, subsista et subsiste encore aujourd'hui.

Le premier des rois du Lan-Xang, Phothisarath, quitta son palais de Xieng-Thong et
résida pendant de longues années à Vientiane.

Grâce à sa situation centrale et sa proximité
relative des royaumes d'Ayuthya et d'Annam,
cette ville avait pris un grand développement
par suite de la multiplication des échanges commerciaux. Les Kmers, en pleine décadence

____

(1) Cette pagode fut abattue par une tornade en 1883 ; le
roi actuel, S. M. Sisavang-Vong la fit reconstruire en 1905
sur les fondations primitives.

depuis la ruine d'Angkor par les rois d'Ayuthya, n'y avaient plus aucune influence ; par
contre les Thaïs de la Ménam, débarrassés au
sud des Cambodgiens, mais pressés au nord
par les Birmans, y venaient de plus en plus
nombreux chercher la gomme laque et le benjoin qu'ils revendaient chez eux aux navigateurs hollandais qui dès le seizième siècle bat-
taient les eaux de l'océan Indien.

Guerre contre Ayuthya (1536). — Phothisarath venait de s'installer à Vientiane lorsqu'il y reçut la visite du prince d'Ayuthya
Ekaracha, chassé et poursuivi par son parent
le Phaya-Attit. Il recueillit le fugitif et refusa
de le rendre. Ce fut la guerre. Le roi d'Ayuthya,
arrêté par les troupes du Lan-Xang à Muong-
Khuk (1), avant même d'avoir pu traverser le
fleuve, dut battre en retraite et mourut en
rentrant chez lui, d'une blessure reçue au cours
du combat.

Rapports avec l'Annam. — Phothisarath confirma par ailleurs ses intentions pacifiques à
l'égard du roi d'Annam ; les rapports des deux
peuples s'étaient accentués depuis leur vio-

____

(1) Sur la rive droite, un peu en aval de Vientiane.

lente prise de contact de 1479 et d'assez nombreux Annamites étaient restés dans le Lan-Xang après le retrait des troupes de Lê-Thanh-Tôn. Les deux souverains échangèrent des présents et établirent entre leurs États des relations de bon voisinage empreintes d'une cordialité qu'elles n'avaient jamais connue, même avant Lê-Loi et Lane-Kham-Dèng. Au point que le Lan-Xang devint pendant l'usurpation des Mac le refuge des partisans des Lê ; l'un d'eux, Nguyên-Câm, l'ancêtre de l'actuelle famille royale, y vint chercher asile vers 1530.

Succession de Xieng-Mai. — En 1546, le trône du Lan-Na (Xieng-Mai) étant devenu vacant, Phothisarath revendiqua les droits à la succession qu'il tenait de sa mère, princesse de ce royaume, et envoya, pour les faire valoir, le gouverneur Sène-Si-Mun-Muong, avec une importante force armée qui écarta les prétendants locaux et dissipa rapidement les hésitations des partisans de ces derniers. Le chef des bonzes vint en personne offrir la couronne du Lan-Na au roi de Lan-Xang qui l'accepta pour son fils aîné, Settha, alors âgé de douze ans.

Il alla lui-même installer à Xieng-Mai le jeune prince qu'il confia à Sène-Si-Mun-Muong ;

à son retour, au cours d'une chasse, l'éléphant
qui le portait prit peur, le roi tomba et se
trouva pris sous le corps de sa monture ; on le
releva inanimé et, après une semaine de souf-
frances, il décéda des suites de cette chute
malheureuse.

SETTHATHIRATH (1534), ROI, 1548-1571.

Cette mort soudaine causa quelque division
dans la famille royale. Tha-Hueua et Vola-
Vongsa, les deux frères cadets de Settha, vraisemblablement conseillés, vu leur âge, par des
pêcheurs en eau trouble, se partagèrent le
royaume ; l'un prit le Nord, de Xieng-Khane
à Pak-Tha, l'autre le Sud, de Khône à Pak-
My, en face de Xieng-Khane.

A la nouvelle de cette scission le souverain
de Xieng-Mai descendit précipitamment à
Muong-Swa, revendiqua ses droits d'aîné et
força ses jeunes frères à se désister en sa faveur.
Il monta sur le trône du Lan-Xang en 1548,
sous le nom de Setthathirath.

*Les affaires de Xieng-Mai et l'expansion bir-
mane.* — Mais il avait dû laisser le Lan-Na en
proie à des divisions intestines qui s'aggra-
vèrent après son départ. Son accession au

trône avait naguère évincé plusieurs prétendants qui n'avaient cédé qu'à la force et qui
s'empressèrent de profiter de l'occasion pour
s'agiter. Or, ces événements étaient surveillés
avec la plus vive attention par le roi birman
voisin, Bureng-Naung.

Le premier royaume unifié dé Birmanie
(onzième siècle, v. *supra* page 26) qui s'était
disloqué à la faveur de l'invasion mongole et
de la chute de la dynastie de Pagan, avait en
effet été reconstitué vers 1544 par un prince
de Tangou, d'origine birmane, dont le compagnon d'armes, Bureng-Naung, devenu son
beau-frère, avait pris la succession en 1550. Ce
prince, vaillant guerrier, d'une activité débor-
dante, venait d'annexer les États Shans et
nourrissait les plus vastes ambitions : il ne
rêvait rien moins que de placer tous les Thaïs
sous son hégémonie ; par les Pégouans la Birmanie n'était-elle pas apparentée aux Kmers,
anciens maîtres de toute la péninsule, et n'avait-
elle pas été l'initiatrice au bouddhisme des
peuples indochinois? Il voyait avec dépit
croître la puissance du Lan-Xang dans la
vallée du Mékong et s'affermir l'établissement
d'Ayuthya dans celle de la Ménam ; il résolut
d'agir à la faveur des troubles de Xieng-Mai
qu'il entretint avec habileté et décida de

porter ses premiers coups contre Ayuthya qu'il considérait à juste titre comme le moins résistant des deux royaumes. En 1555, il descendit rapidement le cours de la Ménam, culbuta les Siamois dans une marche irrésistible, s'empara d'Ayuthya et rentra, triomphant, en Birmanie, suivi d'une horde immense de captifs.

Setthathirath, dont les relations étaient restées tendues avec Ayuthya, avait commis la faute de ne pas bouger. Il put bientôt mesurer toutes les conséquences de son inaction. Le roi birman, dès son retour dans sa capitale (Ava), trancha dans le vif des intrigues dynastiques de Xieng-Mai, et intronisa un prétendant « national », Mékou. Setthathirath ne pouvait admettre cette désignation ; malgré les conseils de son entourage qui redoutait les suites de l'aventure, il partit en 1558 à la tête de ses troupes pour châtier l'usurpateur.

Expédition de Xieng-Khong (1558-1559).
La bataille s'engagea le long de la berge du Mékong, près de Hat-Soi où les Laotiens défirent les soldats de Mékou qui se rabattirent en désordre sur leur capitale. Mais avant que Setthathirath ait eu le temps de les rejoindre, Bureng-Naung était entré, avec ses Birmans dans Xieng-Mai. Celui-ci dépêcha au roi du

Lan-Xang arrêté à Xieng-Khong (1) un messager chargé de l'informer que le Lan-Na était
une dépendance de l'État birman et qu'il se
proposait d'en confier le gouvernement à l'un
de ses propres fils. Setthathirath répondit que
Xieng-Mai faisait partie de l'héritage de son
père Phothisarath et que lui-même avait été
sacré dans l'une des pagodes de la capitale. A
sa grande surprise, Bureng-Naung parut se
rendre à ses raisons et l'invita à venir reprendre
possession du royaume qui lui appartenait.
Flairant un piège qu'on lui tendait pour s'emparer de sa personne, et ne se sentant pas en
force pour combattre avec succès le conquérant birman, Setthathirath s'embarqua hâti-
vement sur le Mékong et regagna Luang-
Prabang (1559).

Bureng-Naung fit alors couronner une seconde fois, en qualité de prince vassal, le roi
Mékou qu'il entoura de conseillers de son choix
et quitta Xieng-Mai après avoir établi des
postes de surveillance sur les frontières du
Lan-Xang et d'Ayuthya.

Rentré dans ses États, Setthathirath s'efforça de gagner définitivement à sa cause les
chefs de Lakhone Xieng-Khong, Xieng-Hai,

______

(1) Sur la rive droite du Mékong, en face de Houeisai.

Muong-Pray, Muong-Nan qui n'avaient pas soutenu Bureng-Naung, et quand il fut sûr de leur appui il s'avança jusqu'à Xieng-Sen ; mais là il apprit bientôt que le gouverneur de Xieng-Hai avait été fait prisonnier par les Birmans et que sa sœur Nang-Kalay avait été enlevée traîtreusement. Malgré sa fureur, il jugea prudent de se retirer accompagné de ses alliés, qui laissèrent leurs gouvernements aux mains des lieutenants de Bureng-Naung.

Traité d'alliance avec Ayuthya (1560). — Pour faire face au danger commun, il prit l'initiative d'une réconciliation avec le roi d'Ayuthya auquel il proposa un traité d'alliance. Les Siamois, qui relevaient avec courage mais non sans inquiétude les ruines de leur capitale, acceptèrent avec joie et leur prince donna une de ses filles à Setthathirath. Une pyramide-frontière fut élevée à la ligne de partage des eaux entre le bassin du Mékong et celui de la rivière de Nan qui descend à la Ménam ; les deux rois, solennellement entourés de leurs cours, se jurèrent amitié et assistance réciproques : « Que nos liens se prolongent de père en fils jusqu'à nos petits et arrière-petits-enfants ; que les querelles soient inconnues entre nous et que la paix continue à régner

LE THAT-LUONG A VIENTIANE

jusqu'au jour où le soleil et la lune tombe-
ront sur la surface de la terre (1). »

Vientiane, capitale du Lan-Xang (1563). —
Et pour éviter toute surprise de la part de
l'ennemi commun aussi bien que pour maintenir la liaison avec Ayuthya, Setthathirath
quitta définitivement Luang-Prabang et
transporta la capitale du Lan-Xang à Vientiane.

Il fut le véritable fondateur de cette cité qui
lui doit l'éclat dont elle brilla pendant tout le
dix-septième siècle et une partie du dix-
huitième. Il l'entoura d'abord de solides fortifications bastionnées (2), puis construisit au
centre, près du fleuve, le palais royal dont la
pagode reçut le Bouddha d'émeraude (Pra-
Kèo), insigne de la puissance et du commande-

(1) Cf. LEFÈVRE-PONTALIS, *La lutte des Thaïs contre les
Birmans au seizième siècle.*

(2) D'après les vestiges qui subsistaient encore vers 1900,
avant le creusement du canal et l'aménagement du boulevard
circulaire, Lunet de la Jonquière a supposé que les remparts
de Vientiane étaient constitués par des murailles en brique
de 4 à 6 mètres de hauteur avec banquette de terre intérieure ;
ils comprenaient trois sections dont les saillants étaient
garnis de fortins en tambour, élevés de 8 mètres environ ; deux
portes fortifiées et couronnées d'ornements en fer de lance
donnaient passage sur la deuxième section, l'une à l'est vers
le That-Luong, l'autre à l'ouest, à la sortie de l'actuelle route
de Luang-Prabang.

6

ment, qu'il avait apporté de Xieng-Mai en 1548 (1).

Dès quelque quatre-vingts pagodes que devait compter Vientiane, le Wat Pra-Kèo était assurément l'une des plus grandes et des plus belles. « Les arbres qui la voilent (aujourd'hui), les lianes qui l'enlacent aux colonnes et répandent sur ses débris une ombre mystérieuse font ressentir au visiteur quelque chose de ce qu'éprouvait l'âme des anciens sur le seuil d'un bois sacré. Des briques à jour composent l'enceinte et des escaliers monumentaux conduisent au parvis. Un dragon se tord sur les rampes et dans un dernier repli relève sa tête menaçante. Les colonnes de la galerie sont gracieuses, élancées, sveltes, sans base mais terminées par un chapiteau de feuilles longues, aiguës, repliées en dehors et comme dressées par le poids qu'elles supportent... (2) ».

Le sanctuaire était élevé sur une terrasse à trois gradins ; la façade s'ouvrait sur un portique monumental dont les trois portes et les fenêtres des côtés étaient richement encadrées

(1) Le Bouddha d'émeraude avait été en réalité taillé dans un bloc de jaspe vert. Les Siamois devaient s'en saisir en 1778 et l'emporter à Bangkok dont il devint le dieu tutélaire et où lui fut édifié, en 1785, le temple somptueux qui se dresse aujourd'hui dans la première cour du palais royal.

(2) De Carné, *op. cit.*

RUINES DU PRA-KÈO A VIENTIANE

de sculptures multicolores. Tout l'édifice était entièrement doré à l'extérieur.

La toiture, dont la majeure partie existait encore quand Pavie passa à Vientiane, s'est effondrée depuis et les deux statues colossales du Bouddha qui siègent sur l'autel abandonné restent exposées aux injures du temps. Telle quelle, cette ruine grandiose s'allie admirablement à la végétation naturelle qui l'enserre et l'on ne peut sans émotion évoquer devant elle la splendeur passée du royaume de Lan-Xang.

Mais l'œuvre capitale de Setthitharath est le That-Luong, situé à environ deux kilomètres de la ville ; c'est sans doute aussi le chef-d'œuvre de cette architecture laotienne, dépourvue de durée, mais à laquelle on ne peut refuser la grâce et l'élégance. Épargné miraculeusement par les Siamois au début du dix-neuvième siècle, le That-Luong fut renversé en 1873 par les pirates yunnanais et restauré en partie assez maladroitement en 1897-1898.

Cet édifice pyramidal, dénommé « aigrette du monde » par son fondateur, était le « reliquaire du royaume » et reste encore maintenant un lieu de pèlerinage très fréquenté. Une stèle commémorative de son érection porte la date de 1566 et d'après la légende le that primitif aurait été élevé vers le onzième siècle sur un cheveu du Bouddha.

La première enceinte, aujourd'hui écroulée, se confond presque avec le groupe important de temples ruinés qui l'entoure ; elle était formée par un cloître ouvert, enluminé de fresques, où s'assemblaient les fidèles et les prêtres. La seconde est constituée par une corniche sur laquelle court une guirlande d'ornements ventrus ; « on dirait les pétales d'un gigantesque bouton de lotus sur le point de s'épanouir ; de lourds socles couverts d'inscriptions supportent trente-quatre clochetons élancés. Appuyée à ces socles comme à des contreforts, la masse sur laquelle est assise la pyramide commence à déployer ses courbes et celle-ci s'élance elle-même d'une gerbe de larges feuilles, comme la tige d'une plante... Jadis elle étincelait d'or appliqué sur une armature de plomb dont on voit encore les lambeaux (1). »

Première invasion birmane (1563-1565). — Solidement retranché dans sa nouvelle capitale, Setthathirath attendit les événements.

---

(1) DE CARNÉ, *ibid.*, cité par AYMONIER, *Voyage dans le Laos*. Voir *infra*, *L'architecture laotienne*, p. 124.

Ils ne se firent pas attendre. Bureng-Naung en effet ne pouvait tolérer l'alliance thaï sans renoncer au prestige de ses victoires de 1555; il jugea dès 1563 que le relèvement rapide des Siamois menaçait sa puissance; au mois de novembre, les pluies ayant cessé, il rassembla son armée, pénétra sur le territoire de Xieng-Mai, força le roi d'Ayuthyà à abdiquer, l'emmena en captivité et lança sur le Lan-Xang ses lieutenants dont faisait partie le prince siamois Sang-Kao, traître à son pays. — Setthitharath mit sur pied deux armées qui prirent l'offensive et remportèrent d'abord quelques succès, à Pak-Houi, où Sang-Kao fut écrasé, et à Muong-Kem, mais elles durent ensuite se replier devant le flot birman qui déferla jusque sous les murs de Vientiane. Les généraux birmans délibérèrent trop longtemps sur le meilleur moyen de s'emparer de la ville; quand ils se décidèrent à agir, il était trop tard; Setthathirath avait disparu. La capitale fut prise, l'Oupahat (1) avec trois des femmes du

(1) Les Annales du Lan-Xang, pas plus que celles de Xieng-Mai ne permettent d'individualiser l'Oupahat ou second roi laissé à Vientiane par Setthathirath. Cette lacune est d'autant plus surprenante que ce premier dignitaire de la cour devait régner dix ans plus tard. Les chroniques laotiennes indiquent seulement qu'il était le beau-frère de Setthathirath et continuent de le désigner sous son titre d'Oupahat même

roi (1), leurs filles et une vingtaine de concubines furent capturées, mais après huit jours de repos les Birmans durent se mettre à la poursuite de l'armée laotienne qu'ils atteignirent à la deuxième étape et qu'ils défirent après un sanglant combat, au cours duquel toutefois Setthathirath, fidèle à sa tactique, réussit encore une fois à s'échapper. Comme la saison des pluies approchait, les Birmans sans ravitaillement durent remonter vers Vientiane où ils pensaient pouvoir hiverner ; mais tout le long du chemin ils furent à tel point harcelés par les détachements que Setthathirath envoyait sur leurs talons qu'ils regagnèrent en toute hâte la Birmanie avec leurs prisonniers (août 1565).

« En somme les efforts de Bureng-Naung, malgré de beaux succès, étaient demeurés sans

pendant la période de son règne. Il fut d'ailleurs très discuté comme souverain, ainsi qu'on pourra le constater par la suite et peut-être les premiers rédacteurs des Annales ont-ils volontairement gardé le silence sur un prince imposé par la Birmanie et considéré par beaucoup comme un usurpateur. Toutes les suppositions sont possibles ; peut-être était-il l'un des deux frères cadets de Setthathirath qui avaient tenté la scission de 1547 et dont les Annales ne soufflent plus mot après le rétablissement de l'unité du royaume en 1548.

(1) Setthathirath s'était allié par des mariages avec la plupart des rois voisins : Xieng-Mai, Annam, Ayuthya ; il avait en outre épousé des filles de plusieurs vassaux.

résultat. Il y eut des gens pour critiquer le roi du Lan-Xang dans sa manière de faire la guerre, mais celui-ci connaissait les ressources qu'offrait pour la défensive son vaste pays, couvert de forêts et très faiblement cultivé. En se dérobant constamment et en harcelant l'ennemi qui s'avançait trop loin, il faisait ce qu'ont fait, en des circonstances analogues, de très grands capitaines et c'eût été de sa part une grande imprudence de risquer en des batailles rangées le salut de la race thaï (1). »

Campagne de 1568-1569. — Le roi de Birmanie pensa qu'en tournant une fois de plus ses armes contre Ayuthya il serait plus heureux (2). Le jeune prince siamois Phra-Naret fit signe à Setthathirath qui se hâta de lui envoyer des renforts (1568) ; mais les Laotiens tombèrent dans une embuscade ménagée par les soins d'un transfuge siamois, Oya-Ram, et furent obligés de rentrer précipitamment chez eux. Les Siamois durent renoncer à la revanche escomptée ; fort heureusement pour eux, l'ar-

(1) Cf. Lefèvre-Pontalis, *op. cit.*

(2) L'ancien roi d'Ayuthya, prisonnier de Bureng-Naung, était entré dans un monastère d'Ava et avait si bien joué son rôle qu'on lui avait permis d'aller en pèlerinage à Ayuthya. Il avait aussitôt jeté le froc aux orties et activement secondé son fils pour préparer la résistance.

mée birmane, pressée d'en finir avec Setthathirath, ne s'attarda pas dans la région d'Ayuthya et se dirigea à marches forcées vers le
Mékong et Vientiane.

Deuxième invasion birmane (1569-1570). —
L'armée laotienne l'attendait au passage du
fleuve et s'efforça, mais en vain, de s'opposer
à sa traversée sur un pont de radeaux ; elle dut
se replier sur la capitale que Bureng-Naung,
en personne, vint assiéger. Mais Setthathirath
n'avait pas attendu son arrivée pour s'évader
de nouveau ; les Birmans furent bien vite aux
prises avec la famine et la maladie ; on était
au mois d'avril (1570) et cette guerre sans
combat prenait un air tragique à l'approche
de la saison des pluies. La rage au cœur, le
conquérant d'Ava se décida à battre en retraite
et dut s'estimer heureux de longer le Lan-Na
sans être autrement inquiété.

Ainsi le Lan-Xang sortait indemne de cette
crise terrible et il le devait à son roi qui,
par sa tactique, avait tellement impressionné
les Birmans que pendant plusieurs années
ceux-ci n'osèrent plus se montrer sur ses frontières (1).

____

(1) Cf. Lefèvre-Pontalis, *op. cit.*

Campagne d'Attopeu (1571). — De son côté Setthathirath avait retrouvé une telle confiance que sans se préoccuper plus longtemps de Bureng-Naung, il partit guerroyer dans le sud de ses États.

Ses pères exerçaient depuis Fa-Ngoun une autorité purement nominale sur la région d' « Ong-Kham » (Attopeu, Saravane et Bassac) ; les chefs khas de ces pays, d'humeur infiniment plus farouche que leurs congénères du Nord, vivaient dans une quasi indépendance et sur la fausse nouvelle de la mort de l'un d'eux, Setthathirath partit reconnaître ces lointains territoires. A la place d'un mort il se heurta à un vivant, qui lui opposa la plus sérieuse résistance ; se sentant malade, il voulut rentrer à Vientiane, mais un jour qu'il s'était un peu éloigné de son camp, on ne le vit plus reparaître et le trouble se répandit dans son armée (1).

Le général Sène-Soulintha prit le comman-

(1) Cf. *ibid.* Par ailleurs, G. MASPERO, dans son *Indochine*, note (p. 116) que le « roitelet » de Vientiane, « Phya Siddha », très belliqueux, tombe en 1571 sur le Cambodge à l'improviste. Paramaraja bat ses troupes de terre qui marchaient sur Angkor et sa flottille qui descendait le grand fleuve, et, l'année suivante, il réprime avec non moins de vigueur une nouvelle tentative de ce prince ambitieux.» Il a été impossible de trouver confirmation de cette expédition dans les chroniques laotiennes.

dement des troupes et les ramena dans la capitale où il expliqua difficilement la disparition du roi. Comme les ministres et la reine, qui venait de mettre au monde un fils du nom de Nokèo-Koumane, affectaient de ne pas le croire, il fit cerner le palais, assassiner le premier ministre Tian-Ta-Simmarath, gouverneur de Vientiane, avec ses partisans, et se proclama régent (1).

SÈNE-SOULINTHA (1511), RÉGENT (1571-1575).

Rien ne pouvait être plus favorable aux desseins du roi de Birmanie que la disparition de Setthathirath et surtout que ces querelles de cour qu'il résolut d'exploiter sans retard. Au régent fort discuté il opposa les droits à la couronne de l'ancien Oupahat qu'il gardait en otage depuis 1565 à Ava ; mais ses envoyés furent ignominieusement massacrés, « ce qui montre à quel point on croyait encore au Lan-Xang pouvoir mépriser les provocations birmanes » ; pour venger cet outrage, Bureng-Naung dépêcha une expédition qui, mollement

(1) Les Annales précisent que les chefs des bonzes, prêchant la conciliation, avaient réussi pendant trois mois à éviter le conflit.

conduite par des contingents de Xieng-Mai et même siamois, n'aboutit qu'à un échec complet. Alors il multiplia les intrigues, travailla en dessous les mécontents qui s'imaginaient naïvement qu'avec leur ancien Oupahat il n'y aurait plus rien à redouter de la Birmanie.

Le régent, en dépit de l'opposition qu'il rencontrait, se maintint à Vientiane pendant quatre ans. Agé de soixante et un ans, il était le fils d'un simple chef de village que le roi Phothisarath avait distingué pour son intelligence et sa bravoure ; Setthathirath l'avait utilisé à Xieng-Mai où il avait affirmé ses talents militaires contre les Birmans et les prétendants au trône du Lan-Na ; promu général et gouverneur de Muong-Sai, il avait activement participé dans la suite à toutes les expéditions. Il paraissait donc, dans les circonstances présentes, l'homme de la situation, mais son origine obscure constituait un obstacle insurmontable à sa reconnaissance comme chef du gouvernement par l'immense majorité de la population indéfectiblement attachée à sa dynastie.

Troisième invasion birmane (1574-1575). — Il tenta de briser l'opposition par la terreur et fit exécuter sans pitié de nombreux rebelles à son autorité. Alors Bureng-Naung, exaspéré, se mit en marche vers l'automne 1574 et l'armée birmane, pour la troisième fois en moins de douze ans, reparut sous les murs de la capitale du Lan-Xang.

Sène-Soulintha crut devoir adopter la tactique qui avait si bien réussi à Setthathirath et voulut entraîner l'ennemi dans la forêt. Mais la situation n'était plus la même que du temps où tous les Laotiens se rangeaient derrière leur souverain légitime. Il n'emmena dans sa fuite que peu de partisans et Bureng-Naung se garda bien de le poursuivre. Le roi birman entra sans difficulté dans la place, intronisa son protégé, mit une garnison à sa disposition, consolida les remparts et rentra tranquillement à Ava avec le jeune Nokèo-Koumane qu'il emmenait en otage. Il y apprit bientôt que le régent était tombé au pouvoir de l'Oupahat qui s'empressa de le lui envoyer. Bureng-Naung le reçut d'ailleurs avec distinction et lui permit de vivre en toute liberté (1).

MAHA-OUPAHAT, ROI, 1575-1579.
Le Lan-Xang avait enfin subi la loi du

(1) Cf. LEFÈVRE-PONTALIS, *op. cit.*

conquérant birman (1). Après les États shans, après le Lan-Na et Ayuthya, il succombait à son tour pour n'avoir pas su éviter les dissensions dynastiques. Néanmoins cette période brillante de l'hégémonie birmane dans la péninsule indochinoise ne dépassa guère la fin du sezième siècle. Bureng-Naung devait mourir en 1581, après un règne de trente-deux ans extrêmement glorieux, et ses successeurs n'auront pas le prestige ni l'autorité du grand politique et du grand homme de guerre disparu pour maintenir l'intégralité d'un aussi vaste empire.

Cependant à Vientiane le nouveau roi n'était pas plus obéi que ne l'avait été le régent et peu à peu l'Oupahat voyait le vide se faire autour de lui. La situation s'aggrava en 1579 lorsque le bruit se répandit que Setthathirath n'était pas mort et qu'il avait reparu dans la région d'Attopeu (2). Ce n'était qu'un imposteur qui, exploitant les grands souvenirs laissés par le roi fameux, cherchait à grouper les très nombreux mécontents. Bureng-Naung envoya son fils rétablir une fois encore l'ordre au Lan-Xang, mais celui-ci y resta le moins longtemps

(1) Le tribut de vassalité était de dix éléphants et douze kilogrammes d'or par an. *(Ibid.)*

(2) Cf. *ibid.*

possible et « ne prolongea pas son séjour en ce pays détesté » au delà de la saison sèche. Il avait à peine quitté Vientiane qu'une révolte chassa l'Oupahat qui s'embarqua précipitamment pour Luang-Prabang et Ava. Arrivé à la passe du Keng-Chan, ses pirogues coulèrent et il se noya avec tous les siens (1579).

SÈNE-SOULINTHA (1511), ROI, 1580-1582.
Le roi de Birmanie offrit alors la couronne à son prisonnier Soulintha. L'ancien régent fut autorisé à ramener à Vientiane tous les otages capturés au cours des guerres précédentes, sauf toutefois le jeune Nokèo-Koumane, et monta sur le trône en 1580.

Son grand âge apaisa pour quelque temps les luttes de parti, mais à sa mort, survenue deux ans après, elles reprirent de plus belle avec l'avènement de son fils Nakhone-Noi.

NAKHONE-NOI, ROI, 1582-1583.
Bureng-Naung était mort et son successeur se heurtait au réveil de tous les princes thaïs asservis ; débordé par les révoltes qui grondaient de toutes parts, il ne sut pas imposer sa volonté au Lan-Xang et, circonvenu par

une délégation de la cour même de Vientiane, prononça la déchéance de Nakhone-Noi sans pourvoir à son remplacement.

Interrègne (1583-1591). — Ce fut alors la plus absolue confusion dans le royaume laotien désormais livré aux factions dont aucune n'était capable de prendre en mains le gouvernement. Cette anarchie dura pendant huit longues années, sans frein aux passions et aux exactions de quiconque détenait dans le pays la moindre parcelle d'autorité.

Les chefs des bonzes, émus d'une telle désorganisation, se concertèrent et résolurent de réclamer au roi birman son captif Nokèo-Koumane, fils unique de Settathirath et dernier rejeton légitime de la dynastie.

NOKÈO-KOUMANE (1571), ROI, 1591-1596.

Harcelé par Phra-Naret, roi d'Ayuthya, qui avait repris une offensive victorieuse contre ses armes, le fils de Bureng-Naung remit sans difficulté son prisonnier aux bonzes qui le ramenèrent triomphalement à Vientiane où ils le firent reconnaître comme roi en 1591.

Nokèo-Koumane, par sa seule présence, remit un peu d'ordre dans le royaume ; il occupa militairement Luang-Prabang (1592) qui opposait quelque résistance, puis, pour affirmer à son tour son affranchissement de la tutelle birmane, renoua les liens traditionnels de suzeraineté qui unissaient le Lan-Xang au Tran-Ninh.

Enserré entre le Muong-Swa et l'Annam, le royaume Phoueun avait toujours été, depuis l'époque même de sa constitution, plus ou moins tributaire de ces deux pays alternativement ou simultanément ; ses princes se sentant trop faibles, malgré les difficultés d'accès de leurs territoires, pour se retrancher dans une indépendance absolue, avaient établi par des alliances et des mariages tour à tour laotiens et annamites, une sorte de jeu de bascule qui jusqu'alors leur avait réussi ; s'ils payaient tribut à leurs puissants voisins (1), ils conservaient du moins leur individualité et les prérogatives de leur gouvernement. A la suite des victoires de Bureng-Naung dans le Lan-Xang, le Trân-Ninh avait suivi le sort de ce dernier ; il entra donc avec empressement dans l'orbite de Vientiane qui le délivrait du joug birman.

______

(1) Xieng-Khouang payait au Lan-Xang un tribut triennal composé de quatre branches de fleurs en or et en argent, quatorze cents sabres, lances, couteaux, pelles, pioches, etc. A l'Annam il versait une redevance annuelle.

Xieng-Khouang, la capitale, était alors une grande et belle cité dont la population nombreuse était protégée par une enceinte de fossés profonds et par des forts qui garnissaient les mamelons d'alentour ; les immenses jarres de pierre jetées pêle-mêle dans sa plaine au temps où les Khas dominaient le pays (1), « la richesse de ses soixante-deux pagodes et de ses Thats étincelants dont les flancs recélaient des trésors, » lui avaient acquis un renom qui s'étendait au loin.

Les relations de bonne amitié furent donc reprises, comme par le passé, entre les deux États. Et le Lan-Xang se reprenait à vivre en paix, dans son autonomie retrouvée, lorsque Nokèo-Koumane mourut, fort jeune et sans postérité, après cinq ans de règne, en 1596.

THAMMIKARATH (1582), ROI, 1596-1622.
On pouvait redouter de nouveaux troubles

(1) La légende veut que ces jarres aient été construites par les Khas autochtones. Dans quel but ? Mystère. Peut-être furent-elles à l'origine des espèces de greniers servant à abriter des provisions sur une route de tout temps fréquentée par les peuples migrateurs ; peut-être étaient-elles plutôt destinées à recueillir les eaux de pluie ; peut-être enfin ces vases monumentaux étaient-ils simplement des mausolées où s'entassaient les offrandes aux mânes des défunts.

TRAN-NINH. LA PLAINE DES JARRES

et de nouvelles compétitions autour du trône.
Il n'en fut rien, momentanément, grâce à
l'autorité d'un cousin par alliance du roi
défunt, Vongsa, qui, bien qu'âgé seulement
de quatorze ans, sut rallier sur son nom les
suffrages de la cour. Sa mère était une sœur
de la dernière femme de Setthathirath ; le
lien dynastique était donc assez fragile et les
chroniques locales ne manquent pas de marquer que le pouvoir passe, à cette date, à la
branche « cadette » de la descendance Khoun-Lo.

Vongsa régna sous le nom de Thammikarath.
En 1598 lui naquit un fils Oupagnouvarath,
qui, à peine parvenu à l'âge d'homme, s'inté-
ressa vivement à l'administration de son pays.
Par son intelligence et sa précoce maturité
d'esprit il acquit bientôt une véritable popu-
larité aussi bien parmi les dignitaires que dans
le peuple et prit finalement une part prépondérante dans la direction des affaires du
royaume. Thammikarath, blessé dans son or-
gueil paternel, n'admit pas cette ingérence
prématurée dans ses prérogatives royales et
traita son fils en rebelle (1621).

OUPAGNOUVARATH (1598), ROI, 1622-1623.
Soutenu par la majorité des ministres et par

un de ses frères, Mone-Kèo, Oupagnouvarath
entra en lutte ouverte contre son père, défit
les troupes restées fidèles à ce dernier dans
de sanglants combats et se fit proclamer roi à
Vientiane le « dimanche, premier jour de la
lune croissante du quatrième mois de l'année 984 » (1622). Trois mois plus tard, Thammikarath était tué par son ordre avec ses derniers partisans à Pha-Dèng. L'épilogue de ce
sombre drame de famille ne se fit pas attendre :
Oupagnouvarath mourut l'année suivante dans
des conditions inconnues.

Mais avec cette mort les intrigues pour la
couronne recommencèrent et pendant une
nouvelle période de près de quinze ans, que
l'incohérence des 'Annales obscurcit comme
à plaisir, les princes se succèdent à Vientiane, sans point de repère pour le chroni-
queur, sans une date vraisemblable permettant
d'établir une chronologie, même approximative.

Phothisarat II, roi, 1623-1627.
On peut cependant admettre que ce fut un
fils de Sène-Soulintha qui s'empara du pouvoir
en 1623 sous le nom de Phothisarath (qui
complique encore cet imbroglio).

MONE-KÈO, OUPAGNAOVARATH, TONE-KHAM, VISAI, ROIS, 1627-1637.

La dynastie nationale reprit ses droits en 1627 successivement avec le frère d'Oupagnouvarath, Mone-Kèo et le fils de ce dernier nommé Oupagnaovarath (?) enfin avec les deux fils de celui-ci : Tone-Kham et Visai, lequel mourut en 1637 (1).

SOULIGNA-VONGSA (1613), ROI, 1637-1694.

A cette date les documents reprennent quelque précision et mentionnent une lutte violente pour le trône entre, d'une part, les trois fils de Tone-Kham, savoir : Somphou, Boun-Sou, Souligna-Koumane, et d'autre part les deux fils de Visai : Tiao-Bou et Tiao-Soy.

Il est permis de penser que ce fut, par chance, le meilleur qui l'emporta finalement, Souligna-Koumane, qui devait régner sans conteste

(1) Il fut heureux pour le Lan-Xang que les Birmans refoulés par les Thaïs de la Ménam aient à cette époque abandonné toute action dans les territoires jadis soumis par Bureng-Naung. L'historien y gagnerait sans doute aujourd'hui quelques clartés sur les événements d'alors, mais le Lan-Xang aurait bien certainement sombré définitivement dans l'anarchie et le morcellement que le roi Souligna, qui fut incontestablement un grand roi, parviendra à retarder d'un siècle.

sous le nom de Souligna-Vongsa pendant cinquante-sept ans (1).

Autoritaire, intransigeant, mais juste et loyal, ce prince imposa rapidement une crainte respectueuse à toute la cour et gagna par son administration à la fois sévère, prudente et sage, l'affection de son peuple. Il réprima sans pitié la piraterie, punit rigoureusement de mort le vol et l'adultère et sut ainsi rendre en peu d'années à son royaume une absolue tranquillité.

A l'extérieur, il entretint avec tous ses voisins des rapports pacifiques ; le Lan-Xang avait repris figure d'État puissant avec qui toute guerre eût entraîné trop de risques pour être aventurée ; de fortes garnisons défendaient les défilés du nord et de l'est et prévenaient toute velléité d'invasion ; aussi les seuls incidents de ce long règne n'eurent-ils pour objet que des délimitations de frontière si l'on excepte quelques courtes expéditions au Trân-

(1) Tiao-Bou entra dans les ordres ; Tiao-Soy et Boun-Sou moururent peu de temps après l'avènement de Souligna. Quant à Somphou, l'aîné de tous, il se réfugia à Hué où l'empereur d'Annam l'accueillit. Pendant cet exil, sa femme lui donna un fils qui fut appelé Sai-Ong-Hué ; après sa mort, sa veuve se remaria avec un de ses compagnons de la première heure, Sène-Thip, de qui elle eut un autre fils, Thao-Nong. Ces deux enfants tiendront un rôle de tout premier plan dans l'histoire du Lan-Xang au début du dix-huitième siècle. (Voir p. 131 et suiv.)

Ninh « pour les beaux yeux d'une nouvelle
Hélène (1) ».

*Accords de délimitation avec les royaumes voi-
sins*. — A la suite d'accords passés avec les
princes de la péninsule, les limites du Lan-Xang
furent fixées d'une manière définitive, de
Khône, au sud, à Pha-Day, au nord ; — et du
Siam, à l'ouest, à l'Annam, à l'est. Avec ce
dernier pays, auquel Souligna s'était lié en
prenant pour concubine une fille du roi Lê-
duy-Ky, il fut décidé que toutes les populations vivant dans des « maisons sur pilotis et
avec vérandas » seraient réputées sujettes du
roi de Vientiane et qu'au contraire celles qui
habitaient des maisons « sans pilotis ni vérandas » appartiendraient à l'Annam.

*Séjour à Vientiane du Hollandais Van Wus-
thof* (1641). — En 1641 Vientiane reçut la
visite du voyageur hollandais Van Wustof (2).

____

(1) Cf. capitaine DE PÉLACOT, « Le Trân-Ninh historique ».
(*Revue indochinoise*, 1906.)

(2) Avant Van Wusthof, un jésuite, le P. Jean-Marie Leria,
avait visité Vientiane et était rentré en Annam par Hinboun
et Vinh. — Cf. G. MASPERO, *op. cit.*, et P. MARTINI, *Relation
de divers voyages curieux*, publiée à Paris, en 1666, « chez
Sébastien Marbre-Cramoisy, imprimeur du Roy, rue Saint-
Jacques, aux Cicognes ».

Le récit que celui-ci a laissé de son séjour dans la capitale du Lan-Xang contient de précieux renseignements, encore qu'il reste assez vague, faute de connaissances préalables et d'une observation impartiale. (1). C'est ainsi par exemple que le bouddhisme au Laos lui apparaît sous la forme d'une grossière « païennerie », que le nombre des bonzes le scandalise, non moins que les mœurs des habitants doux et sensuels, surtout les chants et les rires des belles filles parées de fleurs... De ses remarques, toutefois, il résulte que le Lan-Xang était alors la véritable terre sainte du bouddhisme et qu'il possédait les sanctuaires les plus vénérés où les prêtres du Siam et du Cambodge « venaient passer dix ou douze ans pour y faire leurs études et recevoir leurs grades ».

Depuis longtemps déjà les riches négociants de Hollande envoyaient des navires chercher dans les eaux de l'océan Indien les clous de

(1) *Histoires singulières qui se sont passées dans les royaumes du Cambodge et au pays du Laos, aux Indes orientales depuis l'année 1635 jusqu'en l'année 1664 avec le voyage des Néerlandais du Cambodge, en remontant la rivière de Laos, à Vinejan, la cour de S. M. le roi de Laos et enfin le cruel massacre qui a eu lieu au Cambodge par les Indiens en l'an 1643*, publié à Harlem sans nom d'auteur et imprimé en 1669 par « Pieter Casteleyn, imprimeur demeurant au marché, dans la couronne impériale ». Cf. G. Maspéro, *op. cit.*

girofle, la muscade, le poivre, les étoffes de soie, la poudre d'or et des porcelaines. En 1641, la métropole était installée à Java, Sumatra, Bornéo, aux Célèbes, aux Moluques et son pavillon était connu jusque dans les mers de Chine et du Japon. De Batavia, plusieurs entreprises mercantiles avaient dépêché des « sous-marchands » au Siam et au Cambodge. En juillet 1641, le gouverneur général de Java, Van Diemen, ordonna à une mission, opérant à Pnom-Penh pour le compte de la Compagnie des Indes Orientales, de détacher une caravane jusqu'au « pays de la gomme laque et du benjoin ». Sous la conduite de Van Wustof et des assistants William de Gover et Hubert Boudewinsz, la caravane s'engagea sur le Mékong ; le voyage fut long et pénible, souvent dangereux au passage des rapides ; partis de Pnom-Penh le 20 juillet, ces gens parvinrent à Vientiane le 3 novembre, après cent six jours d'efforts. Ils apportaient une bonne pacotille de draps et de cotonnade, une cassette d'émeraudes montées en bagues, de menus présents : sampots de couleurs vives, miroirs se fermant comme un livre, etc... (1).

A quelques kilomètres de Vientiane, un

(1) Cf. CABATON, *Le Laos et les Néerlandais au dix-septième siècle* (1913).

messager du roi vint s'informer des intentions des étrangers et prit connaissance d'une lettre de Van Diemen au « souverain de Laos ». Satisfait, il les emmena jusqu'aux abords de la ville dans des logements préparés pour eux sur les rives du fleuve. Le lendemain 4 novembre, on débarqua les marchandises et les présents ; le 5, les Hollandais furent reçus par le roi, « à un quart d'heure de la capitale ». Très humblement agenouillés, pieds nus, frappant trois fois la terre du front, un gros cierge dans chaque main, ils furent accueillis en un camp tumultueux de soldats, de chevaux et d'éléphants carapaçonnés de dorures et de pierreries. Les rusés marchands acceptèrent toutes les complaisances dans l'espoir de retirer gros profit de leur pacotille (1).

L'audience eut lieu près de la pyramide du That-Luong entièrement revêtue de plaques d'or. Le roi, entouré de toute sa cour, se tenait dans un grand temple et fit asseoir les nouveaux venus sur des nattes, sous la galerie. Le lendemain, des danses, des luttes, des joutes nautiques furent données en leur honneur au bord de l'eau. Souligna-Vongsa, porté sur une chaise d'or, y assista et vint s'asseoir sur un

____

(1) Cf. Cabaton, *op. cit.*

balcon dressé sur le fleuve. Au soir, plus de deux cents pirogues embrasées descendirent le Mékong : « La rivière paraissait en feu. »

Le temps passe ; les marchandises se vendent bien, grâce aux présents distribués au roi, aux princes, aux princesses, aux officiers ; dénigrant habilement les Siamois d'Ayuthya, commerçants de peu de foi, s'offrant pour dissiper un malentendu survenu entre les deux souverains du Lan-Xang et du Cambodge, les Hollandais obtiennent des Laotiens la promesse de leur livrer d'énormes quantités de benjoin et de gomme laque. Enfin ils partent le 24 décembre « profondément pénétrés de la richesse et de la splendeur » du royaume de Vientiane (1).

S'il faut en croire Van Wustof, cette cité était alors immensément peuplée ; Luang-Prabang n'était plus qu'une ville déserte ; une terrible épidémie de choléra en avait décimé la population et ce qui en restait était venu se fixer à Vientiane.

Il confirme d'autre part les limites du royaume telles qu'elles sont déterminées par les Annales et les relations parfaites que le

(1) Van Wusthof partit sans ses deux assistants qu'il laissa auprès du roi pour attendre les cadeaux destinés à Van Diemen et l' « ambassadeur » laotien qui devait les accompagner. (Francis GARNIER, *Bulletin de la Société de géographie,* 1871.)

Lan-Xang entretenait avec tous ses voisins.

Par contre, il n'apporte aucun éclaircissement — au contraire — sur l'obscure période antérieure à l'avènement de Souligna. Il écrit en effet avec sérénité : « le roi actuel a hérité de la couronne il y a trois ans, de son *frère* qui mourut, après un règne de dix ans, sans laisser de fils. » Il contredit ainsi formellement les documents indigènes relatant les multiples compétitions au trône qui avaient divisé la famille royale, et suivant lesquels le « roi actuel » aurait succédé à son *oncle* (Visai).

Il ajoute que le gouvernement du pays était partagé, sous la haute autorité du roi, entre trois grands fonctionnaires :

1º Le chef de l'armée « gouverneur de la province qui produit le benjoin » et commandant de la ville de Vientiane, il veut parler, sans doute, du premier ministre Tian-Thala, gendre de Souligna qu'il appelle Tevinia-Assen ;

2º Le gouverneur de Nakhone ou vice-roi, qui commandait toute la partie méridionale du royaume, y compris Attopeu, jusqu'à la frontière du Cambodge. Il s'agit du Nan-Tharath des Annales qu'il nomme Lachaen ;

3º Le ministre du Palais qui est en relations avec les ambassadeurs.

Ces trois hauts fonctionnaires « n'avaient

d'audience que tous les deux ou trois mois, à moins de nécessité ou dans le cas que le roi les fît mander expressément ».

A côté du roi, se trouvait un « tribunal chargé de connaître les affaires civiles et criminelles » et qui était composé de cinq de ses parents ayant journellement accès auprès du souverain.

Enfin Van Wustof évalue les revenus du roi à « deux piculs » par an de gomme laque, de benjoin et d'or (1).

Relation du P. Marini (1666). — Cette évocation du royaume laotien au dix-septième siècle ne diffère pas sensiblement, dans son ensemble, de deux relations de voyage publiées en italien vers la même époque par les Pères jésuites Martini (cité page 104, note 2) et Marini. Une traduction des récits de ce dernier fut mise en vente à Paris en 1666 (2) ; l'ouvrage, pour pittoresque qu'il soit dans sa naïveté,

____

(1) Cf. Georges MASPERO, *op. cit.* — Le picul équivalait à 61 kilogrammes.

(2) *Relation nouvelle et curieuse des royaumes de Tonquin et (de Laos*, traduite de l'italien du P. Marini Romain, par L. P. L. C. C. (F. Lecomte ; cel.), à Paris, chez Gervais Clouzier, au Palais, sur les degrés, en montant pour aller à la Sainte-Chapelle, à la seconde boutique, à l'enseigne du Voyageur.

n'a pas l'accent de sincérité qui fait le mérite de la relation hollandaise ; composé vraisemblablement d'après les souvenirs du P. J. M. Leria (1), il n'a de valeur que celle d'un document de seconde main ; néanmoins, il n'est pas sans intérêt d'en détacher les passages suivants :

« Il (le royaume des « Langiens ») a au Levant le royaume de Tonquin qui s'étend jusqu'au sud-est vers la Cochinchine ; et plus bas au Midi celui de Cambodge ; au sud-ouest et au couchant le royaume de Pégu ; et au nord celui d'Ava et la province surnommée U ou Lu (2), et plus loin encore toujours au nord jusque sur les frontières qui le bornent de ce côté, où il y a certains peuples qu'on appelle Gnaï...

« Le royaume, à cause de sa fertilité et que les choses nécessaires à la vie y sont en abondance, est si peuplé qu'il n'y a pas longtemps que dans le dénombrement qu'il se fit de ceux que l'on

---

(1) Le P. Giovanni-Maria Leria, jésuite Piémontais, partit du Cambodge au mois d'avril 1642 accompagné de quelques néophytes cochinchinois, avec une caravane de marchands laotiens qui retournaient dans leur pays. Il resta cinq ans au Laos, « malgré l'opposition et les intrigues des bonzes » et ne quitta Vientiane que le 2 décembre 1647. (Cf. Fr. GARNIER, 1871, et P. Alex. DE RHODES, 1651.)

(2) Voir *infra*, p. 176, note 1.

jugea capables de servir le roi à la guerre et de porter les armes on en compta cinq cent mille sans y comprendre les vieillards qui sont en si grand nombre et si robustes que de ceux mêmes qui sont âgés de cent ans on pourrait former dans l'occasion une armée très considérable pour la défense du royaume...

« La principale ville et celle où le roi fait son séjour ordinaire est située au milieu du royaume, à dix-huit degrés de notre pôle arctique et s'appelle Langione. Elle a d'un côté de bons fossés et des murailles extrêmement hautes et de l'autre le grand fleuve pour la défendre contre les entreprises des ennemis... Le palais royal, dont la structure et la symétrie sont admirables, paraît de fort loin. De vrai, il est d'une prodigieuse étendue et si grand qu'on le prendrait pour une ville... L'appartement du roi, qui est orné d'un fort superbe et magnifique portail, et quantité de belles chambres accompagnées d'une grande salle sont toutes de bois incorruptible et ornées dehors et dedans de bas-reliefs excellents dorés si délicatement qu'ils semblent plutôt être recouverts de lamines d'or que de feuilles de ce métal.

« De là, en entrant dans les cours qui sont fort spacieuses, on voit d'abord une grande suite de maisons toutes de briques et couvertes de tuiles où demeurent ordinairement les secondes femmes, et, par dehors, un rang d'autres maisons qu'on y a bâties à côté dans la même symétrie pour les officiers des mandarins. Je ferais un volume entier si j'entreprenais de décrire exactement toutes les autres parties du palais, les richesses, les départements, les jardins et plusieurs autres choses semblables...

« Les maisons des principaux seigneurs et de ceux qui ont du bien sont fort élevées et fort belles et toutes de bois avec beaucoup d'artifices et plus ou moins d'ornements selon la dépense que les particuliers y veulent faire, mais j'avoue que le peuple et les pauvres gens sont fort mal logés et que leurs réduits sont plutôt des cabanes et des chaumières que des maisons. Il n'y a seulement que les talapoins (bonzes), qui sont les prêtres des idoles, qui aient permission de bâtir leurs couvents et leurs maisons de briques et de pierre. Les personnes de condition se servent, au lieu de tapis et d'autres ajustements, de certaines petites nattes de roseaux dont le tissu est si délicat et si bien orné de figures et de feuillages différents qu'à mon avis il n'est rien de plus beau ni qui plaise davantage à la vue. Ils en couvrent ordinairement les murailles de

leurs maisons et de leurs chambres dedans et
dehors, qu'ils tiennent fort proprement et dont
ils ont un soin très particulier...

« Le roi est absolu et indépendant... toutes
les terres lui appartiennent en propre et dis-
pose absolument comme seigneur de tout ce
que ses sujets possèdent... les charges, les
emplois, les honneurs, les richesses dépendent
absolument du roi qui élève aux premières
charges du royaume ceux qui lui plaisent davantage... Les dignités et les charges principales du royaume sont au nombre de huit. La
première est celle de vice-roi général... et
parce que le royaume est divisé en sept provinces on y nomme sept autres vice-rois... il
y a encore d'autres gouvernements de plus
petite conséquence et qui dépendent des premiers tant à l'égard des affaires civiles que de
celles qui concernent la guerre... Chacune de
ces provinces a ses milices qui consistent en
infanterie et cavalerie.

« Mais à l'égard des lois du royaume, il est
certain qu'il y en a très peu parce qu'à vivre
selon la coutume du pays, à mon avis, ils
n'en ont pas grand besoin ; le peuple est élevé
au travail, à n'avoir pas grand commerce
avec les étrangers, à ne rien entreprendre qui
puisse les inquiéter et dans une vie oiseuse et

languissante mais sans manquer des choses nécessaires pour la conserver. La volonté du roi, qui n'embarrasse pas fort ses peuples, leur tient lieu de quantité de lois... La manière dont les habitants du pays vivent les uns envers les autres est très civile et très obligeante ; les inimitiés et les querelles en sont bannies... ils ont tous de quoi vivre et subsister, en sorte qu'on n'entend point parler de voleurs que comme d'une chose fort extraordinaire... Mais les mandarins n'en usent pas de la sorte ; leur insolence en effet et leur conduite injurieuse et criminelle obscurcit les louanges que mérite le simple peuple sur ce sujet ; parce qu'abusant du pouvoir qu'ils ont dans le royaume, quand ils voient quelque chose à leur gré... ils font tant qu'ils trouvent le moyen de s'en mettre en possession.

« Mais si, de là, nous passons à la personne du roi pour en faire le portrait, il n'est point de monarque, pour puissant qu'il soit, qu'il ne considère comme au-dessous de lui et il semble bien qu'il affecte de n'en rien céder aux empereurs de la Chine... Il ne paraît que rarement au public... préférant d'être adoré de ses peuples plutôt comme un Dieu caché que reconnu pour un homme comme eux et de la même espèce... Il ne se fait voir que deux fois l'année, l'espace de trois jours, à son peuple qui reçoit cette grâce de son prince avec tant de reconnaissance et de sentiment de joie qu'il n'oublie rien en ces occasions pour contribuer à son divertissement ; ils ont pour ce sujet plusieurs éléphants qui sont élevés à mille petits jeux et plusieurs bêtes farouches qu'ils tiennent enchaînées et qu'ils font combattre... des lutteurs enfin et des gladiateurs et d'autres, avec leurs escarmouches qui durent jusqu'au soir, terminent toutes ces réjouissances...

« De tant de prérogatives qu'il (le roi) s'attribue, et qui marquent davantage l'étendue de son pouvoir, celle d'avoir plusieurs petits rois tributaires et de sa dépendance qui se rendent à sa cour pour lui faire hommage et le réconnaître pour leur souverain et qui lui font de superbes présents, n'est pas la moindre. Il reçoit ces ambassadeurs dans une grande salle, assis sur un trône fort élevé et revêtu de ses habits de cérémonie et répond à leurs civilités par la bouche de son chancelier et ne s'entretient avec eux que par le ministère d'un truchement... ».

Une « Guerre de Troie » au Tran-Ninh (1651-1652. — Sous la main ferme d'un tel monarque, les vassaux et les princes tributaires obtempéraient avec empressement aux moindres ordres de leur souverain. Aussi la surprise fut-elle grande quand on apprit, en 1651, que le roi de Xieng-Khouang, Chao-Khâm-Xan, auquel Souligna avait demandé la main de sa fille Nang-Ken-Chan, avait osé répondre que la princesse n'était pas libre et qu'il déclinait l'honneur de cette alliance. Enflammé par les récits qu'on lui avait faits sur la beauté et la sagesse de la « perle » du Tran-Ninh, le roi du Lan-Xang, affectant de ne pas sentir l'affront, insista galamment et chargea un messager de remettre de riches présents à la jeune fille. En vain. Alors Souligna envoya chercher la princesse *manu militari;* le détachement fut arrêté net par les troupes du roi Chao-Khâm-Xan et dut rebrousser chemin, cependant que les gens de Xieng-Khouang, prévoyant le pire, construisaient en hâte une forteresse à Pana pour protéger leur capitale (1).

Souligna jugea qu'une petite armée de deux mille hommes suffisait pour punir Chao-Khâm-Xan de son insolence. De fait, cette troupe enleva par surprise l'ouvrage de Pana et pénétra dans Xieng-Khouang sur un pont

____

(1) Cf. capitaine DE PÉLACOT, *op. cit.*

jeté par-dessus les remparts. Le roi, prisonnier dans son propre palais, dut s'incliner. Mais s'il se soumit par force, il garda de cette mésaventure une rancune tenace dont hérita son fils Chao-Khâm-Lan qui lui succéda en 1688. Ce prince éleva mille difficultés pour payer le tribut traditionnel au Lan-Xang et c'en fut fini à jamais des bonnes relations entre les deux peuples frères ; au cours du dix-huitième siècle, Xieng-Khouang sera en lutte permanente avec les successeurs de Souligna et au dix-neuvième siècle, un roi du Trân-Ninh, Chao-Noi, livrera au Siam l'infortuné roi Anou, dernier monarque de Vientiane.

Mais n'anticipons pas davantage sur les événements et revenons à l'an 1652, alors que le Lan-Xang brillait de tout son éclat et que cette mince expédition de Xieng-Khouang ne présentait pour son roi que le caractère d'une simple démonstration de sa puissance et de son autorité.

Ere de prospérité. — Il est bien certain qu'à cette époque le pays fut parfaitement heureux. Le Laotien, se sentant protégé par un souverain redouté, cultivait son insouciance native résultant à la fois de la modération de ses désirs et de la fertilité de son sol. Vivant sans besoins, tout était pour lui matière à réjouissance ; et son caractère paisible l'incitait naturellement vers les satisfactions de l'âme et particulièrement vers la musique qui en constitue la manifestation la plus pure (1).

La musique au Lan-Xang. — Il tenait donc le chant en faveur spéciale et le mêlait à des danses dont les mimiques expressives se rattachaient aux danses mimées de l'Inde. La base des scénarios reposait presque exclusivement sur l'amour, que le Laotien se plaisait à exalter sous ses faces les plus multiples. C'était tantôt sous la forme de charmantes « cours d'amour » rappelant celles qui se tenaient dans nos provinces françaises au moyen âge, tantôt à l'occasion de cérémonies funèbres qui n'étaient nullement envisagées sous la même atmosphère de tristesse que chez nous, tantôt enfin à l'occasion d'une inauguration de pagode, de la construction d'une maison, de l'enlèvement d'une récolte.

Le khène. — Dans toutes ces circonstances la musique occupait une place, soit instru-

(1) Cf. M. GALERNE, *Courrier musical*, 1925.

mentale, soit vocale. Le plus répandu des instruments était le khène, encore fort en honneur de nos jours. Le khène est « formé d'une
série de bambous de petit diamètre, de lon-
gueurs diverses décroissantes, juxtaposées par
deux, comme deux grandes flûtes de Pan, le
plus communément sur sept rangées consécu-
tives. Ces bambous sont réunis entre eux par
deux demi-calebasses, fixées avec de la cire,
formant chambre de soufflerie et munies d'un
petit orifice circulaire servant d'embouchure.
A l'intérieur, les bambous sont percés de trous,
les uns donnant passage à l'air, les autres
obturés le cas échéant avec les doigts de la
main dont la paume épouse les contours de la
demi-calebasse, en vue des notes à obtenir,
l'air qui engendre ces notes venant frapper
contre des languettes métalliques ménagées
dans la partie supérieure de chaque bambou (1).

« Le fait le plus curieux dans le fonctionne-
ment du khène réside dans la simultanéité de
plusieurs notes et dans leur continuité absolue.
Il résulte de ce que l'air peut passer, suivant le
doigté, dans plusieurs bambous à la fois et de
ce que l'exécutant souffle et aspire alternativement... Très doux, les sons du khène, dont

(1) Cf. M. GALERNE, *Courrier musical*, 1925.

la combinaison repose sur les « harmoniques »
principales, tiennent le milieu entre ceux de
l'harmonium et de l'accordéon (1).

« Au khène se rattachait une série d'instruments secondaires également en bambou, une
grande flûte, une flûte à anche, sorte de fla-
geolet, une flûte à trou unique. L'orchestre
était complété par le ranavastron (2), le gong,
le gong-vong, sorte de xylophone à double secteur circulaire, des cymbales, un tam-tam,
enfin des clochettes destinées principalement
à éloigner les « Phis » malfaisants.

« Quant à la musique vocale elle se mani-
festait par des mélopées ou des chants choraux
aux contours très prenants. » Aujourd'hui
encore, à la faveur de la « paix française », les
soirs de clair de lune, on voit se promener dans
les villages des groupes de jeunes garçons et de
jeunes filles, la tête encerclée de fleurs, reprenant en chœur des refrains harmonieusement
rythmés sur des strophes aux allures de récit
le plus souvent improvisées par le soliste (3).

(1) M. GALERNE, *op. cit.*
(2) Le ranavastron existe dans tous les pays d'Extrême-
Orient; inventé à Ceylan, il est l'ancêtre de tous les instruments à archet.
(3) La gamme telle que nous la concevons n'existe pas
dans la musique laotienne. Néanmoins on a la sensation de
trois « modes » distincts : l'un dépourvu de tierce et de sep-

Comme rythmes caractéristiques on en comp-
tait nettement trois : le Chant d'amour,
improvisé ou transmis de génération en génération par la tradition ; le Chant des piroguiers
ayant un certain fond de grivoiserie, accentué
par une acclamation finale aiguë ; la mélopée
proprement dite, peu développée et sur laquelle étaient appliquées des paroles, au gré
du chanteur ou de la chanteuse, pour célébrer
une bienvenue ou un fait quelconque (1).

Voici l'un de ces chants d'amour, « duquel
se dégage toute la poésie sentimentalement
exquise de l'âme laotienne » :

La lune se lève ; viens, ô mon bien-aimé, nous
entretenir sous les rayons de l'astre étincelant ;
O fleurs, qui répandez à cette heure vos par-
fums si purs, venez m'entretenir de ses qualités ;
O mon cœur, pourquoi bats-tu si fort ?
Je pense à mon bien-aimé.
Viens, viens vite ; je suis seule sous le toit de ma
maison ; pourquoi me laisser ainsi ?
Je languis, mon bien-aimé, viens donc presser ce
cœur qui bat si fort pour toi et lui demander la
moelle de mes pensées.
Viens, viens vite.

tième, un autre auquel manque seulement la septième, un
troisième agrémenté d'une appogiature diatonique en quinte.
(Cf. M. GALERNE, *op. cit.*)
(1) M. GALERNE, *op. cit.*

JOUEUR DE KÈNE

Abrégeons à regret cette rapide incursion dans le mélodieux jardin de ces populations instinctivement artistes et qui perdirent la joie de vivre avec leur indépendance par la faute de leurs bergers se déchirant entre eux, et aussi parce qu'il ne saurait y avoir longtemps place ici-bas pour les individus comme pour les peuples, que les Allemands eux-mêmes, foncièrement musiciens cependant, ont dénommés dédaigneusement « joueurs de mandolines » (1).

Les autres arts : l'architecture. — D'insouciants artistes, — tels semblent bien avoir été les Laotiens au cours des âges. Et c'est ce qui explique l'extrême fragilité des innombrables monuments dont ils fleurirent leur pays, qu'étrangle aujourd'hui, pour la plupart, l'impitoyable végétation tropicale. Sous l'influence, kmère dans le Sud, birmane dans

(1) Le théâtre laotien mérite à peine une mention : il procède exclusivement du théâtre cambodgien et siamois et comprend comme lui des pièces de longue haleine : épopées, légendes guerrières ou romanesques, histoires religieuses tirées des Védas, du Ramayana ou du Mahabharava. « A ce répertoire se joignent les pièces purement kmères et des adaptations diverses, d'origine birmane, qui se jouent dans les costumes classiques et où une forte dose de comique, de modernisme et une pointe de satire se mêlent aux anciennes traditions. » (L. DE REINACH, *op. cit*, p. 191.)

le Nord, ils élevèrent des temples, des chapelles, des pagodons-bibliothèques, des reliquaires en « boutons de lotus » ou pyramidaux ou coniques, sans originalité propre, mais presque toujours charmants de grâce, de joliesse et d'élégance dans le détail. Les princes qui régnèrent, de Fa-Ngoun à Souligna, furent tous de grands bâtisseurs de temples, mais si l'on excepte trois ou quatre édifices de Luang-Prabang, quelques pagodons et chapelles, le That-Luong de Vientiane et le Vat Sisaket qui a juste un siècle d'existence, il ne reste à peu près rien de cette abondante floraison (1) ; partout au Laos on rencontre des ruines impressionnantes de pagodes en briques, qui furent grossière-ment maçonnées mais dont l'enduit qui les recouvrait encadre encore les ouvertures d'or-nements polychromes et d'arabesques exquises. Depuis quelques années les Français s'efforcent mais un peu tard de sauver de la destruction totale les principaux de ces témoins mutilés d'un édénique passé ; le Vat Prakèo lui-même est, hélas ! aujourd'hui voué irrémédiablement à l'écroulement final.

« Plus fragile encore (était) la construction

______

(1) Il ne saurait être ici question de l'important monastère de Vat-Phou (Bassac) qui est proprement kmer et fait en quelque sorte partie du groupe d'Angkor.

en bois qui a donné peut-être les plus belles
œuvres de ce pays. L'une des plus intéressantes n'existe plus aujourd'hui que par le
souvenir fixé par un dessin de Delaporte lors
de l'expédition de Doudart de Lagrée... C'était
une pagode située aux environs de Luang-
Prabang... la forme en est très particulière :
elle rappelle une auge ou une huche à pain,
Delaporte la compare à un tombeau oriental.
Rectangulaire, ses parois vont s'évasant jusqu'à un premier toit ; celui-ci est surmonté
d'un étage en retrait, s'évasant encore pour
supporter un second toit richement orné... »

« Les panneaux de bois qui forment les
murailles, les consoles, les poutres, tout est
sculpté avec délicatesse ; cette pagode est
aussi jolie par la finesse du détail qu'élégante
dans ses lignes générales.

« Mais il n'en reste rien (1). »

La sculpture. — Pour ces sanctuaires, les
Laotiens fabriquèrent à foison des statues de
pierre, de brique, surtout de bronze, recouvertes d'or en totalité ou en partie ; parmi ces
dernières, dont le moulage était toujours à
cire perdue, certaines atteignent des tailles

(1) Cf. G. Maspero, *L'Indochine*, p. 186.

gigantesques ; toutes affectent les diverses attitudes de la liturgie bouddhique ; les corps, sommairement drapés, sont assis, debout, marchant ou couchés, les bras très allongés et les figures, surmontées d'une sorte de tiare, sont figées dans un sourire hiératique, peu expressif et assez peu varié.

La peinture. — Quant aux peintures à fresque qui enluminent les murs de certaines pagodes, elles ne présentent aucun intérêt particulier : la plupart d'entre elles furent « surtout l'œuvre de Birmans, de Cambodgiens ou de Chinois dont les artistes indigènes (n'étaient) que les élèves » (1).

L'orfèvrerie. — Par contre les bijoutiers et argentiers laotiens surent et savent encore, avec un outillage des plus restreints, travailler admirablement l'or et l'argent, — l'argent principalement, — le repousser et le ciseler. Les motifs de composition sont d'une jolie invention décorative et c'est surtout dans cet « art mineur » qui touche à la petite industrie que l'on trouve les manifestations les plus originales de la vie laotienne d'autrefois : ser-

____

(1) Cf. L. DE REINACH, *op. cit.*, p. 342.

vices à bétel, vases, coupes, manches de sabre
et de couteau ; bracelets, colliers, bagues,
épingles de tête, boucles d'oreilles, etc.

La vannerie et le tissage. — Enfin « comme
tous les peuples d'Extrême-Orient, les Laotiens sont habiles à tous les ouvrages de vannerie. Un fort joli objet qui semble être particulier à ce pays, c'est le petit panier des femmes,
dont la vannerie est recouverte de laque, rouge
à l'intérieur, noire à l'extérieur, orné d'un fin
dessin doré qui fait bordure, comme un ga-
lon (1) ».

Le tissage est encore aujourd'hui demeuré
une occupation féminine uniquement fami-
liale ; les étoffes, de soie ou de coton, rayées
ou bariolées, brodées ou lamées de fils d'or et
d'argent, n'en acquièrent pas moins, sous
l'action des mains légères et nonchalantes,
des tons chatoyants, harmonieux ou écla-
tants ; et cependant les métiers employés sont
d'une grande simplicité : les brochages « sont
obtenus, comme avant l'invention des jac-
quarts, par isolement ou soulèvement alter-
natifs de certains fils de trame à l'aide de
lamelles de bambou (2) ».

(1) Cf. G. Maspero, *ibid.*, p. 190-191.
(2) Cf. L. de Reinach, *ibid.*, p. 333.

Ainsi vivait en paix le Laotien du dix-septième siècle, respectant la loi du moindre effort avec une aimable persévérance, parmi les ris et les jeux... Seuls peut-être dans tout le royaume, les princes connaissaient quelques-uns des soucis que procurent le pouvoir et ses exigences ; et c'est pour n'avoir pas voulu transiger avec ses principes d'autorité que le roi Souligna, vers la fin de son règne, compromit à jamais les destinées de son peuple.

Condamnation à mort du prince héritier. — Il avait eu trois enfants : un garçon, Tiao Ratsabout, et deux filles ; ce fils avait épousé Nang-Tian-Koumali qui à son tour avait donné naissance à deux enfants, King-Kitsarath et Intha-Som. Nang-Tian-Koumali était la sœur d'un prince des Sip-Song-Panas chassé de son pays par une incursion chinoise et que le roi du Lan-Xang avait recueilli à Vientiane, avec sa famille. Or, Tiao Ratsabout commit l'imprudence de séduire la femme du chef des pages du palais ; conformément à son édit punissant de mort le crime d'adultère, Souligna transmit impitoyablement au tribunal royal la plainte du mari trompé et laissa condamner son fils à la peine capitale.

Il en résulta qu'à la mort du roi, survenue

en 1694, les héritiers directs de la couronne furent ses petits-fils, King-Kitsarath et Intha-Som, trop jeunes pour régner et dont la minorité ouvrit la porte à de nouvelles compétitions, à de nouvelles luttes intestines, à de nouveaux troubles qui devaient précipiter la décadence du royaume. Cette succession embrouillée marque en effet le commencement de la fin de l'unité laotienne.

Tian-Thala, roi, 1694-1700.

Le premier ministre Tian-Thala, arguant de son mariage avec la deuxième fille du roi défunt, s'empara du pouvoir (1).

Nan-Tharat, roi, 1700.

Le gouverneur de Nakhône, Nan-Tharat, le

---

(1) G. Maspero remarque : « Chose curieuse, le voyageur hollandais (Van Wusthof) avait prévu (dès 1641) cette succession, car il écrivait : « C'est une coutume chez les gens du « Laos que nul enfant ne peut hériter s'il n'est né d'une femme « déclarée et adoptée comme légitime ; les autres, nés de « concubines, n'entrent pas en ligne de compte : de sorte « que si ce roi qui n'a aucun parent du côté paternel venait « à mourir, comme il n'a pas de fils de sa femme légitime, « ce Tevinia-Assen (Tian-Thala) pourrait bien s'emparer de « la couronne. » *(Op. cit.)* Il faut en conclure qu'en 1641 Tiao-Ratsabout n'était pas né et qu'en 1694 Tian-Thala devait être fort âgé.

lui disputa aussitôt, leva des troupes dans ses domaines du Sud, défit l'armée royale et détrôna Tian-Thala qui s'empoisonna (1700). Les petits-fils de Souligna s'étaient enfuis vers Luang-Prabang.

Reconnaissance anticipée par Sai-Ong-Hué de la suzeraineté de l'Annam sur le Lan-Xang. (1696). — Le règne du nouveau souverain ne devait durer que quelques mois. En effet, dès que la nouvelle de ces troubles était parvenue à Hué, le fils de Som-Phou (1) avait résolu de quitter son exil pour venir à Vientiane revendiquer les droits à la couronne qu'il tenait de son père. Dès 1696, il avait sollicité du roi d'Annam, Lê-Duy-Hiêp, une armée qui finalement lui fut accordée contre la reconnaissance anticipée de la suzeraineté de l'Annam sur le Lan-Xang (2) et la promesse formelle, en cas de succès, de verser désormais une redevance triennale de quatre cents lingots d'argent, dix éléphants, dix paires de défenses, dix cornes de rhinocéros, etc... Ce lourd tribut devait peser jusqu'à l'intervention française sur les épaules du peuple laotien.

(1) Sai-Ong-Hué, voir page 103, note 1.
(2) Truong-Vinh-Ky, *Cours d'histoire annamite*, cité par G. Maspero, *op. cit.*

Ses préparatifs militaires longuement et minutieusement mis au point, Ong-Hué se mit en route, accompagné de son demi-frère Thao-Nong. Il s'engagea d'abord vers le nord par la route mandarine puis suivit, à l'ouest, la vallée du Song-Ca qu'il remonta jusqu'au Trân-Ninh où quelques partisans vinrent grossir les rangs de sa troupe annamite (1). Lorsqu'il jugea le moment opportun, il dévala les pentes du plateau et s'abattit sur Vientiane qu'il conquit de haute lutte, après avoir livré des combats acharnés au cours desquels l'usurpateur Nan-Tharat fut tué (2).

SAI-ONG-HUÉ, ROI, 1700-1707.

Maître de la capitale, Sai-Ong-Hué se proclama roi du Lan-Xang et dépêcha Thao-Nong à Luang-Prabang pour prendre en son nom possession effective des territoires du Nord où il avait quelque raison de redouter que ses cousins King-Kitsarath et Intha-Som, héritiers de Souligna, n'organisent la résistance.

(1) Des volontaires seraient descendus des Houa-Phans et des Sip-Song-Panas (Annales).

(2) MOURA relate, dans son *Histoire du Cambodge*, que « la famille royale du Laos » se réfugia au Cambodge en 1704, accompagnée d'une suite très nombreuse. Il n'a pas été possible d'identifier ces fugitifs.

Ceux-ci se retirèrent prudemment devant les forces de Thao-Nong et furent recueillis par leur cousin des Sip-Song-Panas, Khamone-Noi (1), qui fit cause commune avec eux et leva dans Muong-Hou et Muong-Thène une armée de 6 000 hommes qu'il mit à leur disposition.

Les deux frères revinrent alors sur Luang-Prabang qu'ils attaquèrent et où ils entrèrent sans difficulté. Thao-Nong, en effet, ne se sentant pas capable de leur résister, avait abandonné la ville en emportant le Prabang à Vientiane ; King-Kitsarath prit aussitôt le titre de roi de Luang-Prabang et notifia à Sai-Ong-Hué qu'il se considérait désormais comme seul maître des provinces laotiennes au nord de Xieng-Khane, laissant au « roi de Vientiane » la souveraineté des provinces méridionales (1707).

Scission du Lan-Xang en deux royaumes : Luang-Prabang et Vientiane (1707).

On ignore comment Sai-Ong-Hué accueillit cette sommation qui amputait son royaume

(1) Kkamone-Noi était le neveu de Nang-Tian-Koumali, mère des deux petits-fils de Souligna. (Voir p. 129.) Sa famille avait repris vraisemblablement possession des domaines de ses pères, après le retrait des pillards chinois qui l'en avaient chassée.

de près de la moitié des territoires relevant de son autorité. En fait, il n'était pas en état d'entreprendre à nouveau une expédition de grande envergure, préoccupé sans doute d'affermir d'abord son établissement à Vientiane même où son armée annamite n'avait peut-être pas été reçue avec un grand enthousiasme par ses nouveaux sujets. Il dut donc subir l'ultimatum de son cousin et le Laos fut divisé en deux royaumes indépendants :

Au nord, celui de Luang-Prabang qui avait pour limites Xieng-Khane, Pa-Kau-Dai (Kham-Phé-Khao), les Sip-Song-Chau-Thai (les douze cantons de la rivière Noire) et six cantons des Houa-Phans (Mille sources).

Au sud, le royaume de Vientiane, qui s'étendait de Xieng-Khane à Sup-Mi, aux chutes de Khône, Phou-Sang-Tang-Hoé et Ba-Tam-Tan-Kao.

C'en était fait du Lan-Xang, à qui cette scission devait être mortelle.

Les deux principautés ne cesseront dès lors de se jalouser, de s'entre-déchirer et d'aggraver leur servitude vis-à-vis de l'étranger en appelant les princes voisins à leur aide pour tenter de reformer, chacune à son profit, une unité laotienne devenue impossible, suivant le vieil adage : « Tout royaume divisé périra. » Lutte fratricide dans.laquelle Vientiane sombrera définitivement et Luang-Prabang, tombé sous le double joug de l'Annam et du Siam, ne devra son salut qu'à la France.

CHAPITRE V

LES PRINCIPAUTÉS LAOTIENNES
DE 1707 A 1836

*Situation politique de la péninsule indochi-
noise à l'aube du dix-huitième siècle.* — A la
date à laquelle nous sommes parvenus, la
carte politique de la péninsule indochinoise
a subi depuis trois cents ans de profondes mo-
difications si l'on considère les limites assignées
aux divers royaumes thaïs issus du partage
de Khoun-Borom. Sous la poussée des ambitions dynastiques, ceux-ci ont tour à tour
tenté de dominer leurs voisins et les plus heureux se sont entourés de principautés vassales
faisant office en quelque sorte d'États-tampon
passant de main en main suivant les caprices
de la fortune.

Le Lan-Xang a vécu ; ayant perdu son indépendance et son unité, il va disparaître comme
État faisant figure de grande puissance suze-
raine, longtemps appuyé solidement dans la
vallée du Mékong sur l'alliance traditionnelle

du royaume kmer, lui-même alors en pleine décadence, et dont Siamois et Annamites se partagent les dépouilles.

Le Trân-Ninh, qui depuis l'expédition de Souligna supportait avec impatience la tutelle laotienne, va profiter des circonstances pour entrer en lutte ouverte avec les rois de Vientiane. Ceux-ci auront encore assez de force pendant un siècle pour lui arracher par des expéditions répétées le versement du tribut, mais ces hostilités perpétuelles auront pour conséquence de jeter les princes de Xieng Khouang dans les bras du suzerain annamite qui leur imposera la plus sévère des dominations.

L'empire birman n'est plus qu'un glorieux souvenir : le pays de l'Iraouaddy, unifié au onzième siècle, disloqué au treizième, regroupé au seizième par Bureng-Naung, s'est, depuis la mort du conquérant, divisé de nouveau en deux royaumes ennemis, Birmanie au nord et Pégou au sud. De même langue, de même civilisation, soumis aux mêmes influences, les deux États jumeaux n'en sont que plus acharnés à se combattre et rien ne permet d'entrevoir la fin de ce long duel au moment même (1710) où naît le héros birman Alompra qui refera l'unité et remplira à son tour la péninsule du fracas de ses armes.

Le Lan-Na (Xieng-Mai et ses dépendances de Xieng-Khong et de Muong-Nan), champ de bataille séculaire, carrefour de toutes les expéditions birmanes, laotiennes et siamoises, vit dans l'appréhension permanente de nouveaux conflits et ses princes ne doivent d'exister encore qu'à la multitude des compétiteurs qui se disputent leurs alliances.

L'ancien Dai-co-Viet a fait place au royaume d'Annam, en pleine expansion vers le Sud.

Les seigneurs de Hué ont achevé de réduire les Chams ; ils se sont installés à Phan-Ri (1692), ont pris pied en Cochinchine et ont chassé les Cambodgiens de Saïgon (1698) ; enfin leur influence a franchi les monts de l'Est depuis que leurs troupes sont entrées victorieusement, avec Ong-Hué, dans Vientiane qui leur doit désormais le tribut de vassalité.

Quant aux Siamois d'Ayuthya, favorisés par l'accès de leur territoire sur la mer, aguerris par les luttes acharnées qu'ils ont livrées pour leur existence, ils se sont solidement établis dans tout le bassin inférieur de la Ménam. Après avoir porté des coups mortels à la puissance angkorienne et secoué le joug birman, ils ont connu pendant tout le dix-septième siècle une ère de prospérité remarquable. Encouragés par leurs rois, ils ont noué des relations commerciales avec l'étranger, notamment avec l'Europe, et, les premiers dans la péninsule, ont reçu l'influence occidentale.

Leur capitale s'est couverte de palais, de résidences princières, de vastes jardins et de temples somptueux au nombre de plus de trois cents. Les abondantes relations de voyage qui sont parvenues jusqu'à nous mentionnent toutes le développement considérable d'Ayuthya qui s'étendait à cette époque sur une île « de sept lieues de tour ». Des rues pavées, larges et droites, traversaient de nombreux quartiers peuplés d'Européens, de Malais, de Chinois, de Japonais, d'Indous, voire de Pégouans ; des ponts de briques faits en arcade franchissaient les canaux naturels qui sillonnaient la ville surnommée à juste titre la Venise d'Extrême-Orient. Les Hollandais y avaient un important comptoir ravitaillé par les plus gros vaisseaux ; en face d'eux, sur la rive opposée, le « camp » des métis portugais formait une agglomération compacte. Le quartier proprement siamois était immense ; animé d'une foule d'artisans et de boutiquiers, il s'étendait autour de larges places qui servaient de marchés (1).

(1) Cf. Nicolas GERVAISE (1680) et commandant E. LUNET DE LA JONQUIÈRE, *Le Siam et les Siamois*.

Les Européens n'avaient pas tardé à prendre une grande influence sur la famille royale, la cour et les fonctionnaires. La concurrence que tous ces gens de grand appétit se faisaient entre eux, cherchant à gagner de l'influence par le chiffre de leur commerce et la propagande de leurs missionnaires, provoquait une atmosphère « surchauffée d'intrigues, de marchandages et de compétitions ». C'est dans ce milieu qu'avait débarqué, vers 1680, un aventurier grec (1), Constantin Falcone, fils d'un gouverneur de Céphalonie, rescapé d'un naufrage dans le golfe de Siam et qui avait réussi à s'attirer l'entière confiance du roi Phra-Narai (1656-1688) au point qu'il avait exercé pendant quelques années une influence prépondérante sur les destinées du royaume. Il avait cru prudent de refuser le titre de premier ministre tout en en exerçant secrètement la charge et s'était contenté de celui de Phraya-Vixayen (savant).

Cet homme singulier, dont la destinée devait être extravagante et tragique, avait persuadé au souverain de solliciter la protection militaire de Louis XIV. Trois Siamois avaient été envoyés en France pour prendre contact et, l'année suivante, le Roi-Soleil avait expédié à

____

(1) D'aucuns disent génois, d'autres vénitien.

Ayuthya une ambassade extraordinaire dirigée
par le chevalier de Chaumont. En 1683, des
envoyés de la cour de Phra-Narai avaient été
reçus à Versailles, événement qui avait fait sensation, et demandé l'envoi de troupes françaises pour protéger le royaume contre les compétitions de la foule hétéroclite qui s'agitait
dans Ayuthya et plus spécialement contre les
entreprises des Hollandais. Un contingent placé
sous le commandement du chevalier Desforges
avait été dirigé sur la capitale, venant de Pon-
dichéry, et avait commencé la réorganisation
de l'armée siamoise ; des forts à la Vauban
avaient été construits sur les bords de la Ménam, entre la ville et la mer.

Cependant des religieux, venus nombreux à
la suite des troupes françaises, dominicains,
augustins et jésuites, au prosélytisme ardent (1),
avaient aussitôt déployé une grande activité,
évangélisé les « infidèles », élevé chapelles et
églises, manifesté un tel esprit d'intolérance
qu'un soulèvement populaire antichrétien avait
éclaté et qu'une conjuration s'était ourdie
parmi les hauts mandarins jaloux de la toute-
puissance de Falcone.

Phra-Narai et son confident s'étaient réfu-

_____

(1) Dès 1662, Mgr de Lamothe-Lambert avait débarqué
au Siam avec quelques missionnaires français.

YUNNAN
Khouang-Si
Riv. Noire
Fleuve Rouge
Xieng-Hong
Muong-Lai
SIP-SONG-PANAS
Khouang-Toung
Xieng-Kheng
M. ou Neua
Ava
Muong-Theng
Muong-Sing
Van-Bu
Tanh-Long
Irraouadi
Muong-Ngoi
Son-La
(Hanoi)
Pagan
Xien-Toung
Muong-La
Song Ma
BIRMANIE
Xien-Sen
Muong-Sai
Houa-Phane
Luang-Prabang
TRAN-NINH
Tanh-hoa
Salouen
LAN NA
Banban
Curao
Xieng-Mai
Muong-Nan
Xieng-Khouang
Vinh
Muong Kassy
Paksane
PEGOU
Vientiane
Kam-Keut
Hatraï
Xieng Khane
Pégou
Dan-Sai
LUANG-PRABANG VIENTIANE
ANNAM
Raheng
Muong-Van
Huê
Mekong
Ban-Mouk
Mékong
Laobao
SIAM
Oubone
Lopburi
Korat
Attopeu
Bassac
Ayuthya
Saniaburi
Khône
Extensions
Siamoises
Angkor
Extensions annamites
Nhatrang
CAMBODGE
Phanri
Saigon
Ligor
Bouches
du Mékong
La Péninsule Indochinoise
à l'Aube du XVIIIe siècle
0   250   500Km.

giés à Lopburi (ancien Louvô des Cambodgiens)
dont ils avaient fait depuis quelques années leur
résidence d'été (1) ; les conjurés les y avaient
poursuivis, massacré la garde royale, chambré
le roi ; ils s'étaient emparés par ruse de Falcone,
l'avaient torturé, et finalement décapité le
5 juin 1688 dans la forêt de Thlée Poussonne (2).
Phra-Narai avait été déposé et le chef du mouvement insurrectionnel, Petratcha, s'était em-
paré du pouvoir (3). Le 2 novembre 1689, les
soldats de Louis XIV avaient dû regagner Pon-
dichéry après avoir soutenu un long siège dans
la place forte de Bangkok.

Cet épisode sanglant n'avait eu d'autres conséquences que de provoquer l'exode de tous
les Français qui n'avaient pas été massacrés ;

(1) De Lopburi, comme d'Ayuthya, il ne reste plus aujour-
d'hui que des ruines qui, bien qu'envahies par la végétation,
rappellent le passage éphémère des Français. Dans la
brousse épaisse, parmi les vestiges des palais et des temples,
on découvre des soubassements, des pans de murs percés
de fenêtres du plus pur style Louis XIV, des aqueducs, des
souterrains, des bassins en marbre et des canalisations sur le
modèle de ceux de Marly et de Versailles.

(2) Il avait quarante et un ans. Sa femme, une Japonaise
catholique, aurait été ensuite abreuvée d'outrages et serait
morte dans la plus basse misère, quelques mois après lui
Cf. commandant E. LUNET DE LA JONQUIÈRE, *op. cit.*

(3) Petratcha était le fils de la nourrice du roi ; pour donner
à son usurpation une apparence de légitimité, il épousa la
fille unique de Phra-Narai.

il n'avait par ailleurs été qu'une étape dans la fortune du royaume de Siam qui étendait, au début du dix-huitième siècle, son hégémonie sur tous les groupements thaïs de la Ménam, de Xieng-Mai au détroit de Malacca et jusqu'au cœur du Cambodge (1).

I. — VIENTIANE

Sai-Ong-Hué, roi, 1707-1735.

Le nouveau roi de Vientiane avait à peine pris possession des domaines que ne lui contestait pas King-Kitsarath qu'il se heurta à la mauvaise volonté du Trân-Ninh qui refusa de lui payer le tribut de vassalité.

Difficultés avec le Tran-Ninh. — Deux petits-fils de Chao-Kham-Xan (2) s'y disputaient le pouvoir mais étaient d'accord pour ne pas reconnaître comme suzerain un prince qui n'était plus roi du Lan-Xang. Ong-Hué envoya le général Chao-Keo avec 4 000 hommes exiger le versement du tribut ; celui-ci occupa Xieng-

(1) Le Siam aurait sans doute élargi, dès après là scission du Lan-Xang, son action vers le Mékong si le réveil birman n'était venu, une fois encore, entraver son expansion et le conduire à deux doigts de sa perte. Voir *infra*, p. 148 et suiv.

(2) Voir *supra*, p. 117.

Kouang et traita, en l'absence du roi légitime, (Chao) Ong-Lo, avec son frère cadet (Chao), Ong-Boun, qu'il fit couronner.

Ong-Lo était allé lever des troupes dans le Muong-Khang pour organiser la résistance ; il apprit avec indignation la félonie de son frère qui l'avait, par surcroît, banni de ses États ; il attendit le départ des soldats de Chao-Keo, puis se porta sur Xieng-Khouang avec ses recrues, défit complètement les partisans d'Ong-Boun et reconquit son trône. Mais redoutant une nouvelle intervention de Ong-Hué, il dissimula sa rancœur et partit pour Vientiane faire acte de soumission (1).

Ong-Hué ne se souciait que de recevoir le tribut ; il abandonna donc incontinent son protégé, auquel Ong-Lo avait d'ailleurs laissé la vie et la liberté et reçut son « vassal » avec tous les égards dus à son rang.

Détachement de Bassac. — Son autorité ne paraît pas avoir été mieux acceptée par les provinces du Sud, si toutefois l'on ose s'en rapporter aux manuscrits sans suite ni vraisemblance qui constituent ce qu'on est convenu d'appeler les Annales de Bassac ; le prince qui

____

(1) Cf. capitaine DE PÉLACOT, *op. cit.*

gouverna ce dernier pays de 1713 à 1747,
nommé Chao-Soi-Sisamout, se serait nettement
tourné vers le Siam et le Cambodge, sans
qu'Ong-Hué ait eu les moyens de courir à son
tour les mêmes risques que jadis Setthathirath
dans une expédition hasardeuse et lointaine ;
il dut subir, impuissant, cette nouvelle conséquence de la scission pour concentrer toute son
attention sur Luang-Prabang où ses cousins
King-Kitsarath, Intha-Som et Khamone-Noi
s'agitaient « pour la couronne » (1). Mais il
mourut vers 1735, sans avoir eu l'occasion d'in-
tervenir dans les affaires de la principauté dis-
sidente (2).

ONG-LONG, ROI, 1735-1760.

Son fils Ong- Long lui succéda. Les premières années de son règne ne semblent pas
avoir été troublées par la lutte séculaire des

(1) Voir *infra* « Luang-Prabang », p. 179 et suiv.
(2) Les chroniques de Vientiane ayant été complètement
détruites lors du sac de la ville en 1828, les événements qui
marquèrent le dernier siècle d'existence du royaume ne sont
connus que par les Annales des États voisins. Le pays, vidé
de ses habitants, n'a conservé aucune tradition orale, aucun
souvenir précis de cette période de décadence. Il en résulte
que les dates mêmes des différents règnes, indiquées au cours
du présent essai ne peuvent prétendre à une exactitude rigou-
reuse ; la plupart d'entre elles ont été fixées par tâtonnement
et ne sont données que sous bénéfice d'inventaire.

Birmans et des Pégouans qui avait pris cependant une ampleur soudaine et menaçait de déborder sur les États voisins.

Réveil birman. — Dès 1727 le Lan-Na avait été envahi ; délivré miraculeusement par un prince laotien, originaire des Sip-Song-Panas (1), il devait succomber en 1740 sous les coups des Pégouans victorieux. C'est alors qu'un simple chef de village birman, Alompra, entreprit de libérer son pays ; aidé d'une poignée de « chasseurs » qu'il avait attachés à la cause de l'indépendance, il se rendit maître de Pégou, se proclama roi (1751), refoula les Chinois au nord, occupa Xieng-Mai au sud et fut inéluctablement entraîné dans une campagne contre les Thaïs de la Ménam, directement menacés par son avance au Lan-Na.

Il évita la faute initiale de Bureng-Naung en se préoccupant de prévenir toute surprise de la part des Thaïs du Mékong, avant de s'engager à fond contre les Siamois. En 1753 il dépêcha sur Luang-Prabang un de ses lieutenants qui, dans une expédition rapide, réduisit à merci le roi Intha-Som (2). Dédaigna-

____

(1) Voir *infra* « Luang-Prabang-Odyssée de Khamone-Noi », p. 185.

(2) Voir *infra* « Luang-Prabang Intha-Som », p. 194.

t-il Vientiane qui, selon toute vraisemblance, fut alors épargné? On ne sait, mais il n'est pas défendu de supposer qu'Ong-Long, tout en acceptant l'inévitable, ressentit quelque satisfaction de l'infortune de son cousin, qu'il fit peut-être des avances aux Birmans et qu'en tout cas il leur prêta son assistance par tous les moyens en son pouvoir.

Ce concours, spontané ou non, détourna l'invasion de la principauté qui aurait continué de vivre en paix si, l'année suivante, le Tran-Ninh n'avait, une fois de plus, refusé le tribut.

Nouvelles difficultés avec le Tran-Ninh (1754). — Ong-Long envoya 3 000 hommes en pirogues par le Nam-Nhiêp jusqu'à Tha-Hua. Averti de ce danger, le roi Xom-Phou, fils d'Ong-Lo (1) mobilisa 4 000 soldats qui partirent par la route de Muong-Bo et vinrent s'établir en avant de ce dernier village ; mais le désaccord, résultat d'une vieille rivalité, s'était jeté entre le commandant des troupes de Xieng-Khouang, An-Om, et l'un de ses officiers qui négocia avec Vientiane et provoqua la retraite sur la capitale par la vallée du Nam-Nhiêp.

Pressé de toutes parts, An-Om ne put dé-

(1) Voir *supra*, p. 146.

fendre Xieng-Khouang où la colonne d'Ong-Long entra sans coup férir, tandis que le roi Xom-Phou fuyait sur la route de Muong-Khang.

Sur ces entrefaites, le roi d'Annam, qui avait eu vent de la dispute, adressa à ses deux vassaux un message pour les exhorter à déposer les armes. Le roi de Vientiane parut le premier revenir à des idées de concorde, fit évacuer le Tran-Ninh et invita Xom-Phou à le venir visiter. Celui-ci flaira sans doute quelque piège et mit trois ans pour se décider à partir. Ses craintes n'étaient pas sans fondement car, arrivé à Som-Di, il fut assailli tout à coup par une centaine de soldats d'Ong-Long qui le capturèrent et le conduisirent sans égards à Vientiane (1).

Il y était depuis trois ans quand Ong-Long reçut un nouveau message du roi d'Annam le blâmant de sa conduite et lui ordonnant de rendre immédiatement à Xom-Phou sa liberté. Il garda pour lui cet ultimatum, mais s'empressa de négocier, avec une apparente générosité, la libération de son prisonnier. Le prince

(1) Suivant les Annales du Tran-Ninh, Xom-Phou aurait été mis à mort au cours de la descente du Nam-Lick, mais « la foudre ayant brisé dans les mains du bourreau l'instrument du supplice, on n'osa l'exécuter ».

du Tran-Ninh promit le tribut et put enfin reprendre le chemin de son pays (1760) (1).

Ong-Boun, roi, 1760-1778.

Ong-Boun, fils d'Ong-Long, monta sur le trône pour assister à l'impressionnante défense des Siamois contre leurs envahisseurs.

Siège d'Ayuthya par les Birmans (1760). — Après avoir culbuté les armées du roi d'Ayuthya à Rajbury, Alompra parut sous les murs de la capitale le « onzième jour de la lune croissante du cinquième mois de l'année 1760 ». Pourvu d'une puissante artillerie, il bombarda la ville qui subit de sérieux dommages, mais grièvement blessé par l'éclatement d'un canon

(1) Xom-Phou, tint ses engagements et vint jusqu'à sa mort, tous les trois ans, rendre hommage au roi de Vientiane. Le tribut de Xieng-Khouang consistait alors en des fleurs d'or, du poids de vingt ticaux, deux chevaux harnachés d'argent, mille sabres en fer du pays, mille couteaux à débroussailler, mille pelles, mille socs de charrue, des vivres de choix. (Cf. DE PÉLACOT, *op. cit.*)

C'est, d'autre part, sous le règne de Xom-Phou que les archives de la cour de Hué placent l'équipée d'un fils du roi d'Annam, Lê-Duy-Tong. Ce prince, Lê-Duy-Mat, se révolta contre la tyrannie du ministre Trinh-Giang et tint campagne au Tran-Ninh pendant plus de vingt ans ; « assiégé en 1766 dans la citadelle du Tran-Ninh, il monta avec sa femme et ses enfants sur un bûcher fait de caisses de poudre et se fit sauter».

qu'il allumait lui-même, il leva le siège le « deuxième jour de la lune croissante du sixième mois ». Sa retraite fut si brusque et si bien organisée que les Siamois crurent à une manœuvre pour les attirer dans une sortie ; lorsqu'ils voulurent poursuivre l'armée birmane, celle-ci se retirait en bon ordre avec ses prisonniers, et, comme elle arrivait à moitié route de la Salouen, Alompra expira (1).

Son fils aîné Nang-Lok prit aussitôt le pouvoir, mais l'exerça faiblement parmi les agitations et les intrigues des chefs militaires ; il mourut prématurément en 1763. Son frère Mangra, plus énergique, imposa rapidement son autorité aux lieutenants d'Alompra, réprima sévèrement des tentatives de rébellion dans Xieng-Mai et Luang-Prabang et rouvrit en 1766 la campagne contre le Siam. Il lança deux fortes armées qui dévastèrent le pays, brisèrent toute résistance, s'emparèrent de Sukhotai et vinrent camper l'année suivante devant Ayuthya.

Destruction d'Ayuthya (1767). — « L'imprenable » et fastueuse capitale, résidence de trente-quatre rois successifs, fut emportée le

(1) Le « douzième jour de la lune décroissante du sixième mois ». Cf. prince DAMRONG, *Guerres siamo-birmanes*.

7 avril 1767, incendiée et complètement détruite ; le vieux roi siamois Ekathat s'était enfui ; il fut retrouvé agonisant dans la forêt et mourut en arrivant au camp birman ; les généraux de Mangra ne laissèrent sur les lieux qu'une garnison de 3 000 hommes et rentrèrent chez eux avec plus de 30 000 captifs, toute la famille royale et 1 200 canons (1).

Le Siam semblait devoir être rayé de la carte du monde lorsqu'un homme résolu, Phia-Tak, gouverneur de Raheng, fils d'un Chinois immigré et d'une Siamoise, rassembla les débris des forces éparses, se retira dans les monts de Nakhon Najok où il opposa d'abord une farouche résistance à toutes les attaques birmanes puis réussit à en sortir pour aller recruter jusqu'au Cambodge tous les hommes de bonne volonté qu'enflammaient son ardeur et sa foi.

Fondation de Bangkok par Phia-Tak (1767). — Lorsqu'il eut ainsi constitué une véritable armée, il marcha sur les ruines d'Ayuthya, extermina par surprise le détachement birman, se fit offrir la couronne et vint établir sa capitale à Thanabury, à la hauteur de Bangkok, sur la rive droite de la Ménam, autour des forts

(1) Parmi les prisonniers, se trouvait Mgr Bigot avec ses chrétiens.

jadis construits par les Français de Louis XIV. De là il harcela sans répit les corps de troupes ennemis qui occupaient le territoire siamois et parvint, en moins de deux ans, à rejeter les Birmans jusqu'au delà de Xieng-Mai.

Siège de Vientiane par le roi de Luang-Prabang et secours birman (1771). — Ce remarquable redressement dut causer au roi de Vientiane les plus vives inquiétudes, car il avait, bien certainement, comme son père, lié partie avec les envahisseurs. A défaut de documents formels, on en trouve la preuve dans l'appel qu'il lança aux Birmans lorsqu'en 1771 le roi de Luang-Prabang l'attaqua brusquement et vint l'assiéger dans sa ville ; sa neutralité pendant les hostilités avait été sans conteste plus que bienveillante si l'on considère l'empressement que mit le roi Mangra à lui envoyer en toute hâte 5 000 hommes de renfort qui saccagèrent Luang-Prabang, délivrèrent Vientiane et taillèrent en pièces les troupes d'Intha-Som dans la plaine de Muong-Kassy (1).

Cependant les succès de Phia-Tak se confirmaient, les réactions birmanes, toujours repoussées, faiblissaient progressivement et bien-

____

(1) Voir *infra*, « Luang-Prabang Inta-Shom », p. 195.

tôt le Siam retrouva suffisamment de confiance
en sa force pour aller défendre au Cambodge
ses positions contre les progrès des Annamites.

En 1774, Luang-Prabang sollicita sa protection ; le roi de Vientiane, désormais coupé
de ses alliés, allait se trouver de ce fait dans
une situation des plus délicates ; aussi ne
s'explique-t-on pas le refus qu'il opposa à
Phia-Tak quand celui-ci demanda la main d'une
de ses filles.

Invasion et suzeraineté siamoises (1778). —
C'est du moins la version laotienne du dif-
férend qui surgit en 1778 et qui devait en-
gendrer la guerre. Certains documents siamois
rapportent, par ailleurs, qu'Ong-Boun aurait
fait assassiner dans la région d'Oubone un de
ses anciens ministres, Phra-Vor, qui s'était
mis, par l'intermédiaire du gouverneur de Bassac, sous la protection du roi de Siam (1).
L'imprudence était grave dans les deux cas et
l'offense périlleuse à l'égard d'un chef d'armées
qui depuis dix ans courait de victoire en victoire ; l'effet ne se fit pas attendre et Phia-Tak

____

(1) Cf. S. A. R. PHANUPHANTUVONGSWARDJA ; « Répression
de la révolte de Vientiane », chronique publiée dans la col-
lection *The Vajiravudh Library*, Bangkok, 1926.

chargea le général Chulalok d'aller châtier le roi de Vientiane.

Deux importantes colonnes envahirent la principauté, l'une, forte de 20 000 hommes, par voie de terre et l'autre, d'environ 10 000 hommes, par le Mékong. Cette dernière, que renforçait un contingent cambodgien, partit de Kompong-Soai et remonta le fleuve en pirogues (1), elle refoula facilement les détachements laotiens envoyés à sa rencontre et rejoignit la colonne principale à proximité même de Vientiane. Le siège de la ville dura quatre mois et quand les Siamois y pénétrèrent, Ong-Boun avait fui avec l'un de ses fils Chao-In (2).

Chulalok prit possession du territoire au nom de son souverain, l'occupa militairement, en confia l'administration à un gouverneur qui s'installa dans le palais royal, puis regagna Thanabury emmenant avec lui les enfants d'Ong-Boun et emportant le Prabang et le Prakeo.

Interrègne (1778-1782). — Quatre années passèrent, pendant lesquelles Vientiane vécut

______

(1) Cf. Moura, *Histoire du Cambodge.*
(2) Suivant le prince Damrong, Ong-Boun se serait caché à Kham-Keut, d'après S. A. R. Phanuphanthavongswardja il se serait réfugié en Annam.

sous la dépendance directe du gouvernement siamois. Mais à Bangkok, Phia-Tak se signala par des excentricités qui lui aliénèrent bientôt toute la cour ; finalement ce rude guerrier devint fou, des troubles éclatèrent, le général Chakkri, qui opérait au Cambodge, revint en hâte remettre les rebelles à la raison et raffermit le trône à son profit sous le nom de Phra-Phuti-Chao-Luong (1er juin 1782) (1).

Soumission d'Ong-Boun. — Dans son exil Ong-Boun eut connaissance de ces événements ; il apprit en outre que ses fils étaient traités avec bonté par le nouveau souverain ; alors il se décida à faire sa soumission. Le roi de Siam se montra clément, il autorisa le vieux prince à finir ses jours dans son ancienne capitale et rendit à l'aîné de ses fils, Chao-Nan, le gouvernement de la principauté.

Chao-Nan, roi, 1782-1792.
Le gouverneur siamois céda la place à Chao-Nan qui rentra dans Vientiane, y rap-

____

(1) Ce roi, appelé aussi Rama Ier, est le fondateur de la dynastie actuelle ; il transporta le siège de son gouvernement de la rive droite sur la rive gauche de la Ménam où il jeta les premiers fondements du Bangkok moderne.

portant le Prabang, à défaut du Prakeo.

Aucun incident ne marqua les premières années du règne (1), mais, en 1791, Chao-Nan, mis au courant des troubles dynastiques qui divisaient Luang-Prabang, sans roi depuis la mort de Tiao-Vong, ne put résister au désir d'en profiter pour envahir le royaume.

Expédition de Luang-Prabang (1791). — Il assiégea la capitale, la prit d'assaut (2), annexa les Houa-Phan et rentra chez lui triomphant, escorté de nombreux prisonniers.

Le Siam avait laissé faire, mais à peine Chao-Nan avait-il regagné Vientiane qu'il fut convoqué à Bangkok, déposé et remplacé par son jeune frère Chao-In.

CHAO-IN, ROI, 1792-1805.

Assisté de son cadet, l'Oupahat Chao-Anou,

----

(1) D'après les traducteurs de Pavie, Vientiane aurait été « saccagé » par les Annamites en 1790. Or, à cette époque, Tây-Son et Nguyên se livraient une lutte opiniâtre autour de Saïgon et de Qui-Nhon ; il est donc peu probable qu'ils aient eu le loisir ou l'occasion d'ouvrir une campagne au Laos. S'il y eut invasion, ce ne fut vraisemblablement qu'une échauffourée locale démesurément grossie par les chroniqueurs de Luang-Prabang qui s'abstiennent du reste de tout commentaire.

(2) Voir *infra*, p. 198 à 200.

le nouveau roi gouverna en tributaire loyal et soumis ; il participa même à l'une des dernières expéditions siamoises contre les Birmans dans la région de Xieng-Sen. Au cours des opérations, Chao-Anou, qui commandait le contingent laotien, se fit remarquer par ses qualités militaires et reçut, au retour, les félicitations du roi Phra-Phuthi-Chao-Luong.

L'Oupahat Chao-Anou. — Politique habile, l'Oupahat avait su dissimuler ses sentiments véritables et garder l'attitude déférente que les circonstances lui imposaient à l'égard du suzerain ; il s'acquit ainsi la confiance de la cour de Bangkok ; les chroniques siamoises reconnaissent son courage et les services incontestables qu'il rendit au Siam pendant près de vingt ans (1). Aussi, lorsque mourut Chao-In, fut-il immédiatement désigné pour lui succéder.

CHAO-ANOU, ROI, 1805-1828.

Ce règne, qui devait s'achever par la ruine totale et définitive de la principauté, débutait donc sous les auspices les plus favorables. Le

______

(1) Cf. S. A. R. PHANUPHANTHUVONGSWARDJA, *op. cit.*

Siam lui donna l'investiture avec éclat et Anou, en prenant le pouvoir, put affirmer une autorité dont les rois de Vientiane étaient depuis longtemps dépossédés.

Attribution du gouvernement de Bassac à Chao-Ngo (1819). — Il resserra encore son amitié avec Bangkok et consacra sa réputation de guerrier valeureux en intervenant à propos, en 1819, dans une révolte des Khas de la province de Bassac. Il réussit à obtenir du Siam, pour son fils Chao-Ngo qui avait commandé la colonne de police, le gouvernement de cette importante province. Il étendit ainsi son action jusqu'aux anciennes frontières méridionales du Lan-Xang effaçant dans une certaine mesure les conséquences néfastes des revers de 1778.

Dans les années qui suivirent, il parut consacrer uniquement son activité à l'embellissement de sa capitale, mais en réalité il n'attendait qu'une occasion pour lever l'étendard de la révolte. Dès son avènement, il avait renouvelé l'hommage au nouvel empereur Gia-Long (1) et, en 1820, entrepris secrètement de

(1) « Au 11e mois de la 4e année 1806, Chao-Anou, prince de Vientiane, envoie (à Hué) une ambassade apporter un tribut composé de deux éléphants, deux cornes de rhinocéros, 800 livres d'écorce de cannelle et une lettre dont voici le

détacher Luang-Prabang de Bangkok (1) ; après la campagne de Bassac, il avait chargé Chao-Ngo de fortifier Oubone ; un triple camp retranché avait été construit et des recrues y étaient instruites, soi-disant pour défendre le Siam contre toute attaque de l'intérieur et de l'extérieur.

A Vientiane, il gouvernait au milieu d'une cour brillante ; la ville de Setthathirath et de Souligna, bien que déchue de son ancienne splendeur, contenait encore plus, de dix mille familles et s'enorgueillissait de son palais

résumé : « L'État de Vientiane est depuis longtemps le vassal « de l'Annam et payait un tribut triennal ; la révolte des « Tayson l'a obligé de se soumettre aux Siamois qui mal- « traitent le peuple. Aujourd'hui, voyant la gloire et la puis- « sance de l'empereur Gia-Long, le prince de Vientiane de- « mande à servir de nouveau l'Annam et à payer le tribut « comme par le passé. » L'ambassade fut reçue en audience solennelle par Gialong qui l'interrogea longuement sur l'ad- ministration du pays et fut congédiée, après un mois de séjour, avec des cadeaux magnifiques... Les ambassadeurs rappor- tèrent au prince de Vientiane une lettre de Gialong conçue dans ces termes : « Votre prédécesseur Chao-In était mon « vassal, ma politique à l'égard de votre royaume a toujours « été empreinte de douceur et de bienveillance ; restez fidèle « à vos devoirs et montrez-vous toujours humain envers votre « peuple, vous répondrez ainsi à mes intentions. » La question du tribut fut réglée : il devait être versé tous les trois ans et l'époque du paiement calculée de façon que l'ambassade chargée de le porter pût saluer le roi à la fête du Têt. » (Cf. Annales de la cour de Hué.)

(1) Voir *infra*, p. 201.

royal (1) et de ses multiples pagodes dont les dorures étincelaient par-dessus les murailles de ses fortifications. En 1818, Anou avait fait édifier non loin du Prakèo désaffecté le nouveau temple de Sisaket « dans le but d'attirer la grâce du Ciel sur les âmes de ses père et mère ainsi que sur celles de tous ses parents et sur toutes les âmes qui peuplent l'Enfer et le monde (2) ». La pose de la première pierre avait eu lieu « le jeudi, neuvième jour de la lune croissante du quatrième mois de l'an Peuk-Gni » (1818) ; les travaux durèrent six ans et l'inauguration solennelle se fit « le jeudi, neuvième jour de la lune croissante du sixième mois de l'année Kap-San » (1824) au milieu d'un grand concours de population.

Inauguration du temple de Sisaket (1824). — Le roi fit, à cette occasion, d'innombrables dons aux bonzes (costumes, sandales, éventails, pointes de fer pour écrire sur lesfeuilles de latanier, nattes, matelas, services à bétel en cuivre, paniers à riz, vases, timbales, carafons, gobelets, etc...) ; il offrit aux pauvres des

(1) Au passage de la mission Doudart de Lagrée en 1867, l'amas de ses pierres écroulées s'étendait du Prakèo jusqu'aux ruines, alors encore imposantes, du Wat-Kang. (DE CARNÉ, *op. cit.*) — Voir *supra*, p. 112, la relation du P. Marini.

(2) Cf. inscription de la stèle.

pièces d'étoffe et d'abondantes gratifications
aux artisans et aux musiciens. Le peuple, portant des oriflammes et des effigies d'animaux,
fleuries et parfumées d'encens, fit en proces-
sion le tour du palais royal ; la fête dura trois
jours, dans l'allégresse générale (1).

Ce temple est le seul que les Français aient
trouvé debout à leur arrivée à Vientiane. De
la première enceinte, il reste deux thats, récemment restaurés, et un élégant pavillon-
bibliothèque carré dont la quadruple toiture
à clochetons est supportée par une gracieuse
colonnade. Trois autres pavillons ont disparu (2). Un cloître, percé d'un porche sur
chaque face, entoure le sanctuaire central dont
la galerie extérieure découvre un portique et
des fenêtres finement ouvragées sous les triples
toits en auvent. Les murs intérieurs sont enlu-
minés de fresques surmontées de multiples
alvéoles en feuilles de lotus où des milliers
de statuettes sont groupées deux par deux ;
un plafond de bois s'enjolive de caissons dorés ;
sur l'autel se dresse un Bouddha géant, entièrement recouvert de plaques d'or.

C'est dans ce saint lieu qu'Anou reçut, deux

---

(1) *Ibid.*

(2) Un pavillon de bains, un pour les prêches, un pour les
tam-tam et les gongs.

fois l'an, jusqu'en 1827, le serment de fidélité de ses sujets et vassaux ; la cérémonie se continua, après sa chute, en l'honneur du roi de Siam ; de nos jours elle se renouvelle en avril et en novembre de chaque année et la prestation de serment, accompagnée des prières des bonzes, s'adresse au président de la République française suivant la formule traditionnelle : « Que celui d'entre nous qui faillira à ce serment soit dévoré par le tigre, qu'il soit foudroyé, que son âme brûle dans les flammes ardentes... etc. (1). »

Voyage à Bangkok (1825). — Cependant Anou se tenait étroitement au courant des événements qui se déroulaient dans l'ouest de la péninsule indochinoise ; au sud les Siamois étaient aux prises avec les Annamites en territoire cambodgien, et, dans le nord, les Anglais de l'Inde étendaient leur action vers la Birmanie de façon inquiétante pour les pays thaïs du bassin de la Salouen et de la Haute-Ménam. En 1825, il se rendit à Bangkok pour assister aux funérailles du roi Phan-Dinh-

______

(1) Un monastère a été récemment construit, à proximité du cloître transformé en musée : un foyer d'enseignement religieux y a été rallumé par le chef des bonzes qui le dirige actuellement.

PARVIS DU TEMPLE DE SISAKET A VIENTIANE

Klang ; là, il apprit qu'une délégation britannique avait engagé des négociations épineuses avec le gouvernement du roi défunt et que l'intransigeance anglaise causait les plus grands embarras à la cour. Il en profita pour demander l'autorisation de rapatrier dans son pays les familles laotiennes amenées en captivité au cours du siècle précédent mais il essuya un refus catégorique (1).

Dissimulant son désappointement, il regagna, fort mécontent, sa capitale. L'année suivante, le bruit étant parvenu à Vientiane que les pourparlers anglo-siamois étaient rompus et qu'une flotte britannique allait menacer Bangkok (2), il jeta brusquement le masque et déclara la guerre.

Ouverture des hostilités avec le Siam (1826). — Le prétexte invoqué demeure assez vague ; les récits siamois le passent sous silence, accusant simplement Anou d'ingratitude et d'ambition (3). Suivant une version laotienne, Anou

------

(1) Il lui fut répondu que les familles laotiennes étaient installées au Siam depuis trop longtemps pour ne pas être devenues tout à fait siamoises. Cf. S. A. R. Phanuphanthuvongswardja, *op. cit.*

(2) En fait la mission du capitaine Burney devait obtenir pacifiquement un traité commercial ouvrant aux Anglais le port de Bangkok.

(3) Cf. S. A. R. Phanuphanthuvongswardja, *op. cit.*

avait envoyé au gouvernement de Bangkok un certain nombre de ses sujets pour effectuer des travaux de route ; la corvée ayant été jugée insuffisante, son délégué aurait répondu avec arrogance aux observations siamoises et le roi de Vientiane, informé de l'incident, aurait délibérément ouvert les hostilités.

Marche sur Korat et Bangkok. — Quoi qu'il en soit, les premières opérations furent déclanchées avec une rapidité foudroyante. Trois armées furent lancées sur Bangkok, l'une partie d'Oubone et conduite par Chao-Ngo, l'autre concentrée à Roi-Et par l'Oupahat Tissa, la troisième enfin, commandée par Anou lui-même, secondé par ses fils Chao-Pô et Chao-Ngao et qui prit Khorat pour objectif.

Ces troupes ne rencontrèrent qu'une résistance insignifiante (1) et la nouvelle de l'invasion parvenait à peine à Bangkok qu'Anou, installé déjà dans Khorat, envoyait ses avant-gardes menacer Sraboury, à trois jours de marche de la capitale.

(1) Anou aurait assuré sa marche rapide en déclarant aux populations qu'il accourait au secours du roi de Siam, attaqué par les Anglais. Cf. *ibid.*

L'émotion fut grande parmi les Siamois qui
creusèrent en ·toute hâte des retranchements
pour protéger leur ville ; un premier contingent
fut levé, qui, dans une sortie heureuse, « le
samedi du quatrième mois de la lune décroissante », parvint à rejeter l'avant-garde laotienne
dans Khorat. Ce succès donna le temps au
roi Phra-Chao-Prasat-Thong d'équiper et de
mettre sur pied une importante armée qui fut
confiée au général Phia-Bodin. Celui-ci s'avançait vers Khorat avec le gros de ses troupes
et se préparait à livrer bataille lorsqu'il apprit
qu'Anou battait en retraite.

Échec de Samrit. — Anou venait en effet
d'essuyer un échec dans la plaine de Samrit
où l'un de ses détachements escortant des
captifs avait été surpris, encerclé et détruit
par une petite troupe siamoise. Impressionné,
à tort ou à raison, par ce revers, il avait décidé de se replier vers le nord. Alors Phia-
Bodin organisa systématiquement la répression : pendant que ses lieutenants enlevaient
le camp retranché d'Oubone et capturaient,
dans Bassac, Chao-Ngo, trahi par son cousin
Chao-Houy, lui-même occupa militairement
les divers Muongs du nord-est et marcha
prudemment dans la direction de Vientiane

(sixième mois de la lune croissante de l'année 1827) (1).

Bataille de Nong-Boua-Lamphou (1827). — Anou avait reculé presque jusqu'au Mékong et couvrait sa capitale avec toutes ses forces, massées sur la rive droite du fleuve ; il fut rejoint par l'armée siamoise à Nong-Boua-Lamphou où ses troupes, bientôt débordées, ne purent empêcher Phia-Bodin de s'installer à Thong-Sompoï et d'y préparer la traversée du Mékong ; là, les Laotiens combattirent désespérément et pendant sept jours défendirent le passage, mais finalement ils durent céder à la poussée de Phia-Bodin qui recevait sans cesse de nouveaux renforts. Ce fut le désastre.

Fuite d'Anou. — Démoralisé, Anou n'attendit pas que l'ennemi ait passé l'eau ; il s'enfuit avec sa famille et quelques fidèles, livrant sa ville aux fureurs du général siamois qui s'était vanté de détruire Vientiane de fond en comble, suivant les ordres de son roi.

Il erra pendant plusieurs jours, à l'aventure, dans les forêts impénétrables qui couvraient

(1) *Chronique siamoise, op. cit.*

son pays ; les premiers, ses compagnons se ressaisirent, s'employèrent à relever son courage, rassemblèrent quelques débris de ses troupes dispersées et le pressèrent de demander du secours à tous ses voisins pour tenter un suprême effort.

Il s'adressa d'abord au roi de Xieng-Mai qui refusa net ; celui de Luang-Prabang lui offrit des consolations platoniques et quelques officiers qu'il ne devait jamais recevoir ; l'empereur d'Annam promit bien une armée, mais sans préciser la date ni le lieu de concentration ; quant au roi de Xieng-Khouang, il garda un silence prudent.

Chao-Noi, roi de Xieng-Khouang. — Ce dernier, Chao-Noi, qui jouera au cours des années qui vont suivre un rôle capital, a laissé le souvenir d'un prince détestable. Certes, il eut à faire face à une situation tragique, hérissée de difficultés qui peu à peu l'enserrèrent en un étroit réseau dont il ne put se dégager ; mais il ne fit rien pour forcer le destin et se montra, sinon poltron, du moins hésitant et dépourvu de sens politique, quand les événements exigèrent de la décision et du courage.

Il avait succédé, à douze ans, en 1791, à son

père Chao-Xieng, frère de Xom-Phou (1) ; il s'était bientôt affranchi de la tutelle du conseiller Phou-Ho-Xieng-Di que les dignitaires de son royaume lui avaient adjoint et s'était aussitôt montré despote brutal envers ses malheureux sujets qu'il accablait d'impôts et de vexations (fournitures répétées de matériaux de premier choix pour la reconstruction de son palais, levées injustifiées de soldats, rapts continuels d'enfants, car il joignait la passion des femmes à des goûts dispendieux).

Phou-Ho-Xieng-Di avait osé se plaindre au roi Anou qui avait convoqué Chao-Noi à Vientiane, mais là, le rusé compère avait séduit son suzerain par ses talents de cavalier en dressant un cheval réputé indomptable ; comblé de présents et d'honneurs, il était rentré à Xieng-Khouang et s'était empressé de faire assassiner le conseiller de son enfance.

Les résultats de la campagne siamoise de 1827 n'étaient pas faits pour lui déplaire ; la haine de Vientiane était de tradition dans sa famille. Il fit donc d'abord la sourde oreille à l'appel du roi errant ; dans un second message, Anou l'ayant mis en demeure de remplir ses devoirs de vassal, il lui annonça l'envoi de deux mille

(1) Voir *supra*, p. 149.

hommes auxquels il recommanda bien de n'arriver « qu'après la bataille ».

Anou était alors à Mahassay chez l'un de ses fils, gouverneur de la province, et mettait son ultime espoir dans les secours promis par l'empereur d'Annam. Il attendit plus d'une année : les Siamois finirent par découvrir sa retraite, ravagèrent le Camon qu'ils vidèrent de ses habitants et faillirent s'emparer de sa personne. Il eut juste le temps de franchir la Chaîne annamitique au col d'Hatrai et de se réfugier à Hué.

Anou chez l'empereur d'Annam (1828). — L'empereur Minh-Mang marqua un certain embarras de l'arrivée inopinée de son vassal jusque dans son palais. Le fils de Gia-Long était alors fortement préoccupé par une révolte qui grondait en Cochinchine (1) et ne se souciait pas d'entrer 'en lutte ouverte avec Bangkok ; il venait précisément de recevoir une lettre du roi de Siam qui n'ignorait pas la situation troublée des provinces du Sud et qui s'exprimait ainsi : « Nous avons heureusement

______

(1) Elle devait éclater en 1832 sous les ordres de Lê-Van-Khôi, à la mort du maréchal Lê-Van-Duyêt, compagnon de lutte de Gia-Long, grand ami des Français et dont Minh-Mang fit profaner le tombeau.

terminé une guerre contre Vientiane. Si Votre Majesté prenait la résolution de soutenir Chao-Anou, nous serions dans la nécessité d'envahir ses États et d'en finir avec Elle. Nous lui faisons d'ailleurs remarquer que le roi de Vientiane, notre tributaire au même titre que celui de l'Annam, nous a refusé l'obéissance et nous a, le premier, déclaré la guerre. »

Dernière tentative de résistance. — Minh-Mang n'en accueillit pas moins le fugitif avec une apparente sollicitude et mit 10 000 hommes à sa disposition.

Anou prit la route qu'avait jadis suivie Ong-Hué par Vinh, la vallée du Song-Ca, Cua-Rao, Thado et Xieng-Khouang mais les ordres avaient été si bien donnés à cette armée que la plus grande partie le quitta en chemin sous différents prétextes.

Destruction de Vientiane. — Abreuvé d'amertume, Anou parvint sous les murs de Vientiane pour ne retrouver que des ruines fumantes ; la ville avait été mise à feu et à sang ; les Siamois avaient déporté sur la rive droite du Mékong 6 000 familles, pris tous les éléphants, emmené 400 chevaux de guerre ; ils n'avaient cependant pas pu mettre la main sur

les trésors royaux cachés avec soin. Phia-Bodin
était ensuite parti pour Bangkok, laissant la
direction des affaires à Phia-Papha, poussant
vers la Ménam des foules apeurées d'hommes,
de femmes, d'enfants que suivaient de longues
files de charrettes remplies de butin et de statues arrachées aux temples renversés (1).

Comme Phia-Papha ne disposait que d'un
très faible contingent, il sortit de Vientiane,
passa le fleuve, dépêcha un messager à son
maître et s'installa à Thabo pour attendre les
événements.

Bataille de Makheng. — Suivant une version
siamoise, les « commissaires » annamites accom-
pagnant Anou auraient intercédé en sa faveur
et obtenu son pardon ; le roi de Vientiane aurait
été autorisé à se réinstaller dans la ville, puis
aurait fait massacrer par surprise tous les Siamois qui s'y trouvaient, aurait aussitôt lancé
ses troupes à la poursuite de Phia-Papha et
se serait fait écraser une fois de plus dans les
environs de Makheng (2).

Cependant le roi de Siam, à la nouvelle du
retour du rebelle, avait expédié une nouvelle
armée forte de 20 000 hommes qui atteignit à

(1) Dont le Prabang, enlevé pour la deuxième fois.
(2) Cf. PHANUPHANTHUVONGSWARDJA, *op. cit.*

marches forcées les rives du fleuve. Alors Anou comprit que cette fois la lutte était impossible et, pour ne pas attirer de nouveaux malheurs sur ses sujets, résolut de gagner la Chine ; il partit par la vallée du Nam-Song avec une seule de ses femmes et cent vingt partisans dévoués (1).

Livraison d'Anou par Chao-Noi (1831). — Le général siamois soupçonna qu'il avait fait route vers le Tran-Ninh et intima l'ordre à Chao-Noi de lui livrer le fugitif dès qu'il entrerait dans ses États.

L'alternative était fâcheuse pour le roi de Xieng-Khouang qui regretta sans doute, mais un peu tard, de n'avoir pas mieux soutenu son voisin quand, peut-être il en était temps encore : livrer Anou, c'était s'exposer aux représailles de l'empereur d'Annam, leur commun suzerain ; dissimuler sa présence dans son domaine, c'était s'attirer à coup sûr la colère immédiate du Siam.

Captivité et mort d'Anou (1831-1835). — Perdant la tête, il para au plus pressé en faisant arrêter Anou qu'il garda prisonnier à

____

(1) Cf. capitaine DE PÉLACOT, *op. cit.*

Muong-Souï jusqu'à l'arrivée de l'envoyé des
Siamois, un chef Lu, nommé Chao-Nan (1).
On mit au vaincu des fers en or et on le fit
partir sur un éléphant richement caparaçonné
pour Bangkok où il trouva une prison luxueuse
qu'on avait préparée pour le recevoir (1831).
Il y resta quatre ans et mourut dans les conditions qui restent mystérieuses (2).

Destruction du royaume de Vientiane. — De
l'ancien royaume de Vientiane, le Siam fit
purement et simplement une province siamoise,
sorte de marche militaire qu'il appela « Lao
Phoueun »; à la vérité, les soldats de Phia-
Bodin n'avaient laissé que « la terre, l'eau et
les fauves de la forêt ». En accomplissant cette
dévastation méthodique, les Siamois avaient

(1) Les Lus formaient jusqu'à la fin du dix-huitième siècle
un important groupement du royaume de Xieng-Kheng et
leur chef, le Chao-Fa, alors tributaire de la Birmanie, avait
sa résidence à Muong-Sing. Après les victoires de Phia-Tak sur
les Birmans, certaines familles Lus servirent les Siamois, les
autres s'égaillèrent dans les montagnes de Luang-Prabang et
de Xieng-Mai et le Chao-Fa s'installa à Muong-You pour rester
sous la protection du roi de Birmanie. Voir *infra*, chapitre VIII,
p. 331 (question des Sip-Song-Panas), et 355.

(2) Cf. capitaine DE PÉLACOT, *op. cit.* — Certains récits
prétendent qu'il s'empoisonna. Mgr Pallegoix rapporte qu'il
aurait été mis dans une cage de fer, exposé aux insultes de
la populace et qu'il aurait succombé aux mauvais traitements
qu'il endurait.

poursuivi un double but : repeupler leurs propres territoires que les Birmans avaient, cinquante ans auparavant, razziés de la même manière et s'assurer pour l'avenir le désintéressement de l'Annam à l'égard d'une contrée vidée de ses habitants (1). Ils parachevèrent l'organisation de leur conquête en créant dans le sud le fief héréditaire de Bassac qu'ils offrirent à Chao-Houy en récompense de sa trahison (2).

Fin de Chao-Noi (1832). — Cependant, plusieurs des fils d'Anou (dont on a retenu les noms : Chao-Phoui, Chao-Xang, Chao-Khi, Chao-Men et Chao-Nou) avaient pu parvenir jusqu'à Hué où ils avaient dénoncé la conduite de Chao-Noi à Minh-Mang qui fit incontinent citer le roi de Xieng-Khouang devant sa cour.

Chao-Noi comprit que l'heure pénible des explications avait sonné ; il n'en chercha que davantage des faux-fuyants et délégua à sa place le gouverneur de Muong-Sen auquel il remit de riches présents dans l'espoir d'amadouer le suzerain. En vain. L'empereur, furieux,

____

(1) Seuls, quelques muongs lointains, limitrophes des monts d'Annam, furent épargnés et leurs gouverneurs s'empressèrent de demander protection au puissant empereur voisin.

(2) Chao-Houy régna treize ans et mourut en 1840, à l'âge de soixante-trois ans. (Annales de Bassac.)

fit jeter le délégué en prison et chercher Chao-Noi en personne par un détachement de 1 200 hommes commandés par un général. Le prince du Tran-Ninh dut se résigner au départ avec toute sa famille et comparut devant Minh-Mang qui l'interpella sévèrement :

« Comment avez-vous pu oublier que le roi Anou était mon vassal et pourquoi l'avez-vous livré au Siam? »

Chao-Noi savait sa cause jugée d'avance, il ne risquait plus rien, aussi ne déguisa-t-il pas sa pensée et répondit-il assez insolemment :

« Je n'ai pas livré Chao-Anou ; l'armée siamoise l'a poursuivi et fait prisonnier. Vous n'ignorez pas que le roi de Siam avait menacé de sa vengeance quiconque prêterait appui à Vientiane, et vous-même ne l'avez pas secouru. Comment aurais-pu le faire, moi chef d'un petit État, quand l'empereur d'Annam trouvait l'entreprise au-dessus de ses forces? »

Minh-Mang dédaigna de relever cette impertinente réplique et se contenta de faire exécuter l'accusé en grande pompe ; il lui accorda même des funérailles magnifiques. La famille de Chao-Noi eut la vie sauve, ses enfants restèrent à Hué pendant cinq ans, puis furent exilés dans le Hatinh.

Le royaume de Xieng-Khouang eut le sort

de celui de Vientiane, il fut supprimé. Annexé
à l'Annam, il devint une préfecture de l'empire, divisée en huit huyên sous le nom de
Tran-Ninh-Phu-Tam-Vien ; un Quan-Phu prit
la direction des affaires et s'établit à Muong-
Kham, avec une garnison de 500 soldats (1).

II. — LUANG-PRABANG

KING-KITSARATH, ROI, 1707-1726.

King-Kitsarath et Intha-Som, longtemps
unis dans l'infortune et dans leur lutte opiniâtre contre Thao-Nong et Ong-Hué (2), se
brouillèrent dès après la victoire commune.

Révolte d'Intha-Som. — Jaloux de l'autorité
de son frère, mécontent du rôle effacé qui lui
était désormais dévolu, Intha-Som intrigua
contre King-Kitsarath et chargea Ong-Ek,
prince du Tran-Ninh, son « inséparable ami » (3),
de rassembler secrètement des troupes. Une
petite armée fut constituée avec les éléments
les plus disparates recrutés à Muong-Ou, à

(1) Cf. capitaine DE PÉLACOT, *op. cit.*
(2) Voir *supra*, p. 133.
(3) Ong-Ek était, d'après certaines chroniques, beau-père
d'Ong-Hué.

Diên-Biên-Phu, même en Birmanie et au Yunnan ; puis, lorsqu'il se crut en mesure d'agir, Intha-Som prit la direction des opérations et entra en révolte ouverte contre son frère.

King-Kitsarath dut entreprendre une véritable expédition ; les troupes royales parvinrent à débander les partisans d'Intha-Som et les obligèrent, après une rencontre sanglante, à retraiter en désordre le long du Nam-Ou ; Ong-Ek traversa la rivière à la nage et s'enfuit à Phoutong-Nongboua ; quant à Intha-Som il put gagner les Sip-Song-Panas d'où il surveilla les événements, attendant une occasion plus favorable.

Libre enfin d'organiser sa conquête, King-Kitsarath s'efforça de remettre un peu d'ordre dans le royaume qui en avait grand besoin. Assisté de son cousin Khamone-Noi (1), il réussit en quelques années à rendre la tranquillité à ses sujets ; Luang-Prabang, redevenue métropole royale, se repeupla lentement et, dans un État diminué, reprit la première place.

Étendue gracieusement au confluent du Mékong et de la Nam-Khane, dominée par la verdoyante colline du « Phou-Si », la ville retrouva quelque animation et se couvrit peu

____

(1) Voir p. 133.

à peu de constructions nouvelles groupées autour des antiques pagodes qui rappelaient la grandeur passée de la légendaire Muong-Swa.

« La configuration du territoire de la principauté et la topographie particulière de la contrée s'accordaient d'ailleurs pour réunir à ce confluent tous les éléments de prospérité d'une grande cité. Luang-Prabang est en effet comprise dans la zone immédiate où viennent converger sur le Mékong les trois grands cours d'eau navigables de la région (Nam-Ou, Nam-Suong, Nam-Khane) qui ont favorisé dans le passé la centralisation politique du pays ainsi que les relations commerciales avec la Chine, le Tonkin et l'Annam. Tandis qu'en amont et en aval, sur une longueur de plusieurs centaines de kilomètres, les bords du fleuve, constamment encaissés entre les montagnes, ne présentent nulle part une superficie de terrains plats se prêtant à de grosses agglomérations, ici la nature a ménagé sur les deux rives une large étendue de terres cultivables en rizières, capables de suffire à tous les besoins d'une nombreuse population (1). »

A sa mort, survenue vers 1726, King-Kitsarath laissait trois filles nées de trois femmes

____

(1) Cf. capitaine CUPET, *Mission Pavie*, t. III, p. 34.

CONFLUENT DE LA NAM-KHANE ET DU MÉKONG
A LUANG-PRABANG.

différentes qu'il avait choisies à Luang-Prabang
même, dans les familles de ses mandarins.

KHAMONE-NOI, ROI, 1726-1727.

Khamone-Noi recueillit sa succession et prit
pour épouses deux des filles du roi défunt :
Thène-Sao et Thène-Kham. Mais Intha-Som
s'agita aussitôt ; ne pouvant espérer que la
famille des Sip-Song-Panas lui prêterait son
concours contre l'un de ses enfants, il s'adressa
à de nouveaux venus dans le pays qui depuis
quelque temps s'infiltraient dans la vallée du
Nam-Ou, les « Mousseux », montagnards
chassés du Yunnan par les guerres de religion (1). D'humeur peu belliqueuse, ces fugitifs acceptèrent néanmoins, n'ayant pas le
choix, de prêter leur aide à Intha-Som, qui,
en retour, promit à leurs chefs La-Nga et Noli
de reconnaître et de confirmer dès qu'il serait
roi leur occupation de Muong-Yo et Boun-Neua.

Soumission d'Intha-Som (1726). — Mais les
Mousseux (2), bien que soutenus par Nha-No-

(1) De violentes rébellions musulmanes déchiraient alors
la Chine du Sud.

(2) Le mot « Mousseux », est celui qui se rapproche le plus
de l'appellation indigène. De taille élancée, le teint assez blanc,
les pommettes saillantes, le nez bien fait et non écrasé, le

Muong de Muong-La, échouèrent dans leur marche sur Luang-Prabang et Intha-Som n'eut d'autre ressource que de faire sa soumission. Il livra ses armes, prêta serment d'obéissance et de fidélité dans la pagode de Xieng-Thong et fut autorisé à résider dans la capitale où il s'installa avec une suite importante de Mousseux près du Vat-Visoun.

Il était bien décidé à ne pas tenir ses engagements ; le roi, d'ailleurs, ne s'en inquiéta plus et ne·le fit même pas surveiller.

Khamone-Noi paraît avoir été un très curieux homme et l'on doit regretter de ne pouvoir fixer ses traits d'un pinceau plus précis. Élevé d'abord en exil, à Vientiane, fort loin de son pays natal, puis compagnon de pérégrinations des petits-fils de Souligna, enfin roi de Luang-Prabang qu'il devait quitter pour combattre les Birmans et monter sur le trône de Xieng-Mai, ce prince-errant connut mille aventures qu'il traversa d'un cœur égal, manifestant en toute occasion, bonne ou mauvaise, une surprenante philosophie et la plus rare insouciance. Il avait une seule passion : la chasse, à laquelle il consacrait tout son temps et qui lui valut le surnom de « Ong-Nok », le

type « mousseux » a plus d'affinité avec le type indo-européen qu'avec le type de race jaune.

prince des oiseaux (à moins que ce ne fût le prince « toujours sorti »).

Coup de force d'Intha-Som (1727). — Un jour de l'année 1727 qu'il s'était éloigné de Luang-Prabang, en compagnie, disent les Annales, de Phya-Keo, Thai-Sang, Chabane, Thao-bang-Khom et Thao-bang-Houak, Intha-Som fit brusquement fermer les portes de la ville et occuper le palais. L'opération ne se fit pas sans bruit et Khamone-Noi, sur le chemin du retour, eut vent de quelque trahison ; il dépêcha Thao-bang-Houak jusqu'aux abords de la capitale pour s'informer de ce qui se passait. Lorsqu'il apprit la défection de tous ceux en qui il avait placé sa confiance, il s'arrêta, interdit, brisa une carafe d'or qu'il tenait dans ses mains, puis comme honteux d'un geste de colère qu'il n'avait su réprimer, fit demi-tour, laissant ses compagnons libres de le suivre ou non et partit tranquillement dans la direction de Xieng-Mai, où l'attendaient de nouveaux destins.

Voici comment la tradition raconte la dernière partie de la vie de cet homme bizarre :

Odyssée de Khamone-Noi. — « Les habitants de Luang-Prabang s'étaient fatigués de voir leur roi toujours absent du palais et négligeant le règlement de leurs affaires. Un jour qu'il revenait d'une longue promenade, il fut surpris de trouver les portes de son palais solidement closes. Les gens qu'il rencontra l'évitèrent ou se sauvèrent à son approche. Des enfants attroupés et qui le regardaient curieusement, lui dirent : « Vous n'êtes jamais là, les « chefs et le peuple ne sont pas contents, ils « ont fermé les portes de votre palais pour que « vous puissiez le quitter. » Khamone-Noi, alors, s'en alla tristement devant lui, entra dans la pagode de Xieng-Lec et le lendemain se mit en route vers Muong-Luoc. Arrivé au Lan-Na, il se fit bonze et prit la robe jaune dans la pagode de Xan-Phuoc.

« Dans ce même temps la contrée était sous le coup d'un grand danger ; les Birmans l'avaient envahie et menaçaient Xieng-Mai ; son roi ne savait à quel parti se résoudre lorsqu'il apprit l'arrivée du prince déchu. Il vit en Khamone-Noi un envoyé du ciel et convoqua sans tarder la population tout entière sur la rive droite du Nam-Ping. L'ancien roi de Luang-Prabang et lui seraient mis, seuls, chacun dans une barque tirée au sort et livrée au cours de l'eau ; il serait clair que si l'une d'elles remontait le courant, les génies indiqueraient ainsi que le prince qu'elle porterait serait capable de repousser l'invasion.

« Khamone-Noi entra en priant dans sa barque qui, partie vers les remous, remonta rapidement et fut ramenée à la berge, un peu en amont, cependant que celle du roi était emportée par le courant et se perdait dans les herbes en aval. Une foule immense se précipita vers Khamone-Noi, l'acclamant et l'appelant son sauveur ; il dut quitter la pagode, prendre les armes et marcher contre l'ennemi à la tête d'une cohue enthousiaste. Il ne prit aucune des précautions les plus élémentaires, atteignit l'armée birmane sans s'être préparé au combat et comme on lui demandait ses ordres pour attaquer, il répondit qu'il n'avait point à en donner, qu'il suffisait d'attendre le lendemain, jour propice. Dans la nuit on entendit un grand bruit chez les Birmans : au matin, on vit qu'ils avaient levé le camp...

« Et c'est ainsi, conclut la légende, que Khamone-Noi devint roi de Xieng-Mai. Les gens de Luang-Prabang en furent contents, ceux qui venaient pour affaires dans le pays ne manquaient pas de l'aller voir ; il ne leur en voulait pas de leur conduite passée et leur rendait tous les services qu'il pouvait. »

A la vérité le roi de Xieng-Mai était mort

lorsque Khamone-Noi arriva au Lan-Na.

Suivant un autre récit, c'est le ministre-régent qui aurait imaginé de placer sur trois coupes confiées au fleuve les noms du prince-bonze et des deux enfants du feu roi. Cette même version assure que Khamone-Noi eut un règne des plus brillants ; il se remaria et laissa une nombreuse postérité dont les Birmans devaient s'emparer plus tard, dans un retour offensif (1).

Intha-Som, roi, 1727-1776.

Parvenu à ses fins, Intha-Som se fit solennellement introniser et épousa les femmes de Khamone-Noi. Seule Thène-Sao semble avoir fait quelque difficulté pour accepter ce nouvel époux. Elle refusa d'abord tout net, puis mit comme condition que le premier fils qui naîtrait d'elle aurait la succession ; Intha-Som acquiesça et tout fut dit.

Il reçut l'année suivante une mission des Sip-Song-Panas, dont le chef, Pha-No-Muong de Muong-La, lui expliqua que son maître devait payer à la Chine un tribut de deux élé-

____

(1) Les Annales signalent par ailleurs que deux de ses petits-fils : Tia-Oun et Tiao-Thep, vinrent, au cours des guerres qui suivirent, se fixer à Luang-Prabang.

phants qu'il n'avait pu se procurer sur place et qu'il priait son voisin de vouloir bien lui fournir.

Intha-Som avait trop d'obligations vis-à-vis de ce prince pour ne pas les lui offrir gracieusement, mais il profita de l'occasion pour mettre les envoyés au courant des ennuis que lui causaient ses anciens alliés, les « Mousseux » qui, d'après lui, maltraitaient les habitants de la région et contre lesquels il ne pouvait rien en raison précisément des services qu'ils lui avaient rendus avant son accession au trône. L'ambassade des Sip-Song-Panas ne pouvait-elle demander à l'empereur de Chine de rappeler ces gens chez eux (1)?

Pha-No-Muong accepta de transmettre ce vœu à Pékin mais fit observer que des ambassadeurs, pouvant parler directement au nom du roi de Luang-Prabang, se feraient encore mieux entendre que lui-même.

(1) Les griefs d'Intha-Som contre les « Mousseux » paraissent assez peu vraisemblables si l'on en juge d'après leurs descendants actuels qui sont doux, accueillants, et hospitaliers. De mœurs patriarcales, ils avaient fui les insurrections du Yunnan et ne cherchaient alors en territoire laotien que la tranquillité qu'ils ne pouvaient trouver dans leur propre pays. Il est donc permis de voir dans les accusations d'Intha-Som à leur égard la marque de l'esprit d'ingratitude et de duplicité dont il fit preuve en maintes circonstances de sa vie agitée.

Première mission en Chine (1729). — Intha-Som reconnut la justesse de ce conseil et chargea, en 1729, Phya-Muong-Khoua, Phya-Mune et Phya-Sivongsa de se rendre auprès de l'empereur de Chine pour lui remettre, en présent, deux éléphants et lui demander le rappel des Mousseux.

Après un long voyage, la mission parvint sans encombre à Pékin ; l'accueil fut des plus courtois ; le gouvernement chinois promit de donner satisfaction mais à la condition que le roi de Luang-Prabang continuerait d'envoyer tous les cinq ans un couple d'éléphants. L'accord se fit sur cette base et les ambassadeurs rapportèrent à Luang-Prabang l'assurance que les Mousseux seraient invités à retourner dans leur pays (1).

Deuxième mission en Chine (1734). — Une seconde mission conduite également par Phya-Muong-Khoua partit cinq ans plus tard pour remettre le tribut promis, mais se heurta, en cours de route, à des bandes de pillards dits « Pavillons blancs » qui l'obligèrent à rétro-

(1) Le vice-roi de « Muong-Se-Luong » reçut l'ordre de rappeler tous les Mousseux en Chine. Cet ordre dut être assez mollement exécuté puisque les Mousseux forment aujourd'hui encore un important groupement dans la région de Muong-Sing.

grader sur Muong-La. Phya-No-Muong mit une escorte de 500 hommes à sa disposition et prévint le gouverneur chinois de Yunnan-Sen qui de son côté envoya aussitôt un détachement pour disperser les pirates dont finalement les chefs furent capturés et remis au délégué de l'empereur. Les ambassadeurs purent alors accomplir leur mission et rentrèrent à Luang-Prabang, chargés de présents pour leur roi (1).

Les chroniqueurs paraissent attacher une importance considérable à ces missions en Chine ; ils détaillent chacune d'elles avec complaisance, mentionnent les plus futiles incidents de route, les noms des envoyés, des cornacs, voire même ceux des éléphants (2). De fait, l'appui qu'Intha-Som allait chercher auprès des empereurs de Pékin présentait un intérêt

(1) Le musée Guimet possède le sceau délivré par la Chine aux « Souverains du Laos » lors de l'avènement de la dynastie tartaro-mandchoue, « en échange de celui qu'ils tenaient de celle des Mings ». (PAVIE, *A la conquête des cœurs*, p. 347.) Intha-Som renouait donc une tradition séculaire. Ce sceau, emporté par Deo-van-Tri lors du sac de Luang-Prabang par ses bandes, fut remis par celui-ci à Auguste Pavie qui le déposa à la Bibliothèque du Quai d'Orsay. — Voir *infra*, p. 295.

(2) Une troisième mission quitta Luang-Prabang en 1739 ; Intha-Som n'envoya la quatrième qu'en 1745 et la chargea de proposer à l'empereur, en raison de la longueur et des difficultés du voyage, d'accepter quatre éléphants tous les dix ans seulement. Cette proposition fut admise par le gouvernement chinois.

capital pour la principauté, dont l'isolement était alors complet dans la péninsule.

Complot de Saïa-Sane (1740). — Ce long règne de quarante-neuf ans fut tranquille à l'intérieur, si l'on excepte une tentative de rébellion, vite réprimée, d'un fils de Khamone-Noi, Saïa-Sane. Le complot fut dévoilé et Saïa-Sane, aussitôt arrêté avec ses partisans, fut exécuté au confluent de Houei-Hop (vers 1740).

Mort du prince héritier Tiao-Mang (1749). — Suivant la promesse qu'il avait faite à Thène-Sao en la prenant pour femme, le roi désigna pour lui succéder l'aîné des fils que cette princesse lui avait donnés, mais le jeune homme, nommé Tiao-Mang, tomba à l'eau au cours d'une promenade en pirogue, prit froid et mourut de congestion, à l'âge de quinze ans (1749) (1).

Difficultés avec l'Annam (1750). — Vers la même époque, Intha-Som reçut du roi d'Annam un message lui réclamant le versement du tribut. Ce monarque (2) considérait en effet

----

(1) De Thène-Sao, il eut trois fils et une fille, de Thène-Kham, deux fils et trois filles ; d'une troisième femme, Nang-Thep-Boupha, deux fils et une fille.

(2) Lê-Hiên-Tong.

l'engagement souscrit en 1696 par Ong-Hué comme valable pour tout le Lan-Xang et s'étonnait de l'abstention du roi de Luang-Prabang.

Intha-Som avait pris une part trop active aux événements qui avaient précédé et suivi la scission du Lan-Xang pour reconnaître un joug que son frère aîné ni lui-même n'avaient sollicité ; il opposa donc un refus catégorique aux prétentions du roi d'Annam et ses troupes rejetèrent hors du pays le détachement annamite du général Chiem-Thiem chargé par son maître d'aller quérir le tribut *manu militari* (1).

On peut s'étonner que l'Annam n'ait pas immédiatement réagi et soit resté sur cet échec. C'est que cet État, malgré son extension territoriale progressivement accrue depuis trois siècles, vivait alors dans une complète anarchie. Le roi régnait mais n'y gouvernait pas et les affaires du royaume étaient aux mains de dit

____

(1) Les « Biographies » citées par Ch. B. Maybon, en son *Histoire moderne du pays d'Annam*, situent cet événement en 1771, mais cette source paraît assez peu digne de crédit ; les chroniqueurs, confondant Vientiane et Luang-Prabang, ignorent manifestement l'existence à cette époque de plusieurs principautés laotiennes et relatent, sans autres explications, que « le roi du Laos réussit à s'emparer par traîtrise des soldats annamites et les envoya comme prisonniers au roi de Siam, avec leurs tambours et leurs étendards ». Ce dernier détail aurait mérité cependant quelques commentaires.

gnitaires, les Trinh au nord, les Nguyên au sud, dont les pouvoirs et les exactions évoquent singulièrement le souvenir des maires du palais de nos rois fainéants. Ce n'étaient que complots et insurrections qui paralysaient l'action du gouvernement à l'extérieur et qui déjà préparaient la terrible révolte des Tay-Son dont les auteurs devaient, en 1774, balayer l'état de choses établi (1).

Invasion birmane (1753). — Un plus sérieux danger menaçait Luang-Prabang : Alompra, vainqueur des Pégouans et du Lan-Na, avait entrepris de reconstituer le grand empire birman de Bureng-Naung et, soutenu par le roi de Vientiane, tourna, en 1753, ses armes contre

(1) De 1750 à 1776 les documents chronologiques de Luang-Prabang accusent des lacunes que les traducteurs de Pavie ont remplies de la manière la plus fantaisiste. C'est ainsi qu'ils font mourir Intha-Som en 1749 et qu'ils indiquent l'un de ses fils qu'ils nomment Intha-Prom comme le vainqueur des Annamites, — vainqueur désintéressé qui aurait renoncé au trône en faveur de son aîné Sotika-Koumane. Or, cet Intha-Prom est introuvable aussi bien dans les archives du palais royal que dans les généalogies des familles de la cour. Sans doute les Annales passent-elles sous silence la date précise de la mort d'Intha-Som, mais elles sont d'accord pour donner la couronne à son successeur Sotika-Koumane en 1776, puis à Tiao-Vong en 1781. Le règne d'Intha-Som s'en trouve considérablement allongé mais non cependant d'une manière nvraisemblable ; quoi qu'il en soit, ce prince était bien vivant en 1750 puisque son fils Tiao-Vong naquit l'année suivante.

la principauté ; son lieutenant Po-Nanor écrasa l'armée d'Intha-Som, pénétra dans Luang-Prabang et regagna le camp d'Alompra avec de nombreux otages, dont le tout jeune prince Tiao-Vong (1) ; ce dernier resta captif pendant douze ans ; à la faveur de troubles survenus en 1765 sur la frontière chinoise de Birmanie, il réussit à s'enfuir avec 600 Laotiens et rentra dans son pays.

A la mort d'Alompra, Intha-Som tenta sans succès de s'affranchir de la domination birmane en joignant ses efforts de résistance à ceux du roi de Xieng-Mai (2), il n'en fut délivré qu'après la chute d'Ayuthya par les victoires siamoises de 1768 et 1769 ; il résolut alors de tirer vengeance du roi de Vientiane, prépara longuement son expédition et parut sous les murs de la capitale d'Ong-Boun en 1771.

Siège de Vientiane. — La ville se défendit vaillamment, il dut l'investir et entreprendre un siège en règle. Ong-Boun eut le temps de demander du secours aux Birmans qui, au nombre de 5 000, marchèrent sur Luang-Prabang, s'en emparèrent une seconde fois et des-

----

(1) Cf. Chronologie des traducteurs de Pavie.
(2) Cf. prince DAMRONG, *Guerres siamo-birmanes*, 23ᵉ guerre. (1763-1764).

cendirent par voie de terre sur Vientiane. Les assiégeants levèrent précipitamment le camp pour se porter à la rencontre des renforts birmans par le long défilé rocheux qui marquait alors la limite des deux principautés.

Bataille de Muong-Kassy. — Une bataille acharnée s'engagea dans la plaine de Muong-Kassy ; la lutte se prolongeait depuis quinze jours lorsque Ong-Boun, à son tour, arriva sur les lieux avec sa garnison. Pris entre deux feux, les soldats d'Intha-Som durent capituler.

Il ne semble pas que cette défaite ait eu, immédiatement du moins, les conséquences funestes qu'on eût pu redouter pour Luang-Prabang. Les Birmans rentrèrent simplement chez eux ; ils n'en avaient d'ailleurs pas fini avec les Siamois qui les harcelaient jusque dans Xieng-Mai et Vientiane, réduite à ses seules ressources, n'était pas en état d'exploiter sa victoire pour imposer sa loi au vaincu.

Alliance avec le Siam (1774). — Intha-Som, tiré d'affaire à bon compte, s'empressa de faire des avances au nouveau roi de Siam qui venait d'installer sa capitale à Bangkok. Phya-Tak les reçut avec satisfaction et dépêcha en 1774 une ambassade chargée de sceller avec le roi de Luang-Prabang une alliance contre tout retour offensif des Birmans.

SOTIKA-KOUMANE, ROI, 1776-1781.

Suzeraineté siamoise (1778). — Cette alliance fut confirmée à l'avènement de Sotika-Koumane, fils et successeur d'Intha-Som, mais en 1778, après la guerre victorieuse menée par le Siam contre Vientiane, le roi de Luang-Prabang fut contraint d'accepter les nouvelles conditions siamoises qui équivalaient pour la principauté à une reconnaissance de suzeraineté.

Sotika-Koumane régna cinq ans à peine, son jeune frère, Tiao-Vong, l'ayant forcé d'abdiquer en sa faveur en 1781.

TIAO-VONG (1751), ROI, 1781-1787.

Tiao-Vong s'efforça de maintenir les alliances passées avec les États voisins; il consolida notamment les excellentes relations toujours entretenues par Luang-Prabang avec les Sip-Song-Panas et épousa, en 1782, une princesse de Muong-La. Il envoya la même année une ambassade porter à Pékin le tribut décennal.

Il mourut prématurément, en 1787, sans postérité.

Interrègne, 1787-1791. — Les frères de Tiao-
Vong ne purent se mettre d'accord pour dési-
gner le successeur et pendant quatre ans
Luang-Prabang fut sans roi.

Chao-Nan, fils d'Ong-Boun, en profita pour
envahir la principauté; devant le danger,
Anourout, deuxième fils de Thène-Kham et
d'Intha-Som, prit le pouvoir et organisa la
résistance ; bien que les Annales n'en parlent
pas, il dut vraisemblablement faire appel à
l'alliance siamoise et si le roi de Bangkok
n'intervint pas directement, du moins porta-
t-il son action, dans l'intérêt commun, contre
les perpétuelles incursions des Birmans sur son
propre territoire. Peut-être, au surplus, les
Siamois se gardèrent-ils de prendre position,
considérant qu'une nouvelle guerre, affaiblis-
sant les deux principautés, ne pouvait que servir
leurs desseins.

ANOUROUT, ROI, 1791-1817.
*Siège et prise de Luang-Prabang par Chao-
Nan, roi de Vientiane, (1791).* — Luang-Pra-
bang, assiégé par les troupes de Vientiane,

opposa la plus vive résistance et ne succomba que par la trahison de la veuve de Tiao-Vong.

On peut supposer que celle-ci, mécontente de l'accession au trône de son beau-frère, écouta les propositions de Chao-Nan au fait des dissensions de la famille.

La tradition populaire a conservé de cette guerre plusieurs récits qui diffèrent sur les circonstances dans lesquelles Luang-Prabang fut prise. Suivant une version, « on tirait à coups de fusil du dedans et du dehors, mais sans se joindre ». Les gens de Vientiane finissaient par manquer de vivres et se préparaient à lever le siège. C'est alors que Chao-Nan aurait fait tenir à la « sœur d'Anourout » (exactement la belle-sœur) un billet dans lequel il lui promettait de l'épouser si elle lui faisait ouvrir une porte de la ville : « Il ne tient qu'à vous, lui écrivait-il, que je sois vainqueur et que vous deveniez reine du Lan-Xang reconstitué. » Séduite par cette offre, la princesse aurait placé un serviteur de confiance à la porte de Pak-Man et fait prévenir Chao-Nan qu'il pouvait entrer. « Elle mit sa lettre dans un tube de bambou qu'elle emplit de poudre et fit partir son artifice dans le camp ennemi. Le destinataire reçut la missive, eut les clefs dans les trois jours, prit Luang-Prabang et épousa la princesse. »

Une autre version assure au contraire qu'il n'y eut ni trahison ni mariage et que la porte fut simplement forcée dans une attaque.

Quoi qu'il en soit, les troupes de Chao-Nan pénétrèrent dans la cité, firent un grand massacre d'habitants et emmenèrent en captivité à Vientiane de nombreuses familles. Anourout avait eu le temps de fuir et de se réfugier au Siam.

Perte des Houa-Phan. — Chao-Nan imposa ses conditions à Luang-Prabang mais il n'osa pousser sa conquête jusqu'au rattachement que le suzerain de la Ménam n'aurait pas toléré ; il se contenta d'annexer les cantons des Houa-Phan et d'interdire à la principauté toute relation avec le Tran-Ninh (1).

Anourout fut retenu à Bangkok jusqu'en 1793 et ne fut libéré par les Siamois que sur l'intervention de l'empereur de Chine. Il releva les ruines de sa capitale et construisit plusieurs pagodes notamment Wat-Mai. Vieux et impotent, il abdiqua en 1817 en faveur de son

______

(1) Chao-Nan ne devait pas jouir longtemps de sa victoire ; on a vu par ailleurs (p. 158) le sort que lui réservait le Siam qui le déposa et lui assigna Bangkok comme résidence.

fils Mantha-Thourath et mourut deux ans plus tard.

ANTHA-THOURATH (1775), ROI, 1817-1836. *Relations avec Vientiane et Bangkok.* — Mantha-Thourath reçut, trois ans après son intronisation, deux envoyés de Vientiane : Mun-Heua-Kham et Phalatsay, qui lui proposèrent un traité secret d'amitié. Le roi Anou, qui supportait impatiemment la tutelle siamoise, lui proposait d'oublier les querelles passées et d'unir leurs forces contre le suzerain de l'Ouest dont la puissance grandissait de façon menaçante. Mantha-Thourath accepta les deux pirogues de course que lui portaient au nom de leur maître les deux ambassadeurs, mais, un peu effrayé, refusa de s'engager (1). L'année suivante Anou revint à la charge et fit remettre sans plus de succès à son voisin, par Nak-Phoumine un éléphant « de sept coudées sellé d'un bât de guerre » (2). Et lorsque la lutte suprême s'engagea entre Vientiane et le Siam, Mantha se tint sur une prudente réserve. Les Annales lui

(1) L'une de ces pirogues est conservée dans la pagode Tioun-Khong.

(2) Ce bât figure parmi les collections de l'actuel palais royal.

prêtent en l'occurrence les réflexions suivantes :
« Si je prends parti pour l'un et qu'il ne réus-
sisse pas, l'autre portera la guerre dans mon
royaume. Je ne prendrai donc parti pour personne, et ferai bonne figure à l'égard des deux
pays. »

Il dépêcha Thao-Muong-Then à Vientiane et
son fils aîné Thao-Souka-Seum à Bangkok avec
mission de temporiser et de le tenir au courant des événements.

En 1828, Anou, vaincu, est en fuite. Alors
Mantha envoie 3 000 hommes de renfort au
général Phia-Bodin, sous la conduite de son
frère cadet, l'Oupahat Oun-Keo. Mais celui-ci,
impressionné par les dévastations des Siamois, ne peut s'empêcher de critiquer les déportations en masse des populations laotiennes ;
arrêté, ses troupes désarmées, il est conduit à
Bangkok où il devait mourir (1).

Ainsi, les tergiversations du roi de Luang-
Prabang n'aboutissaient en définitive qu'à la

____

(1) Des descendants d'Oun-Keo vivent encore aujourd'hui
à Bangkok. L'un de ses fils, Souvanna-Phouma, revint à Luang-
Prabang ; Oupahat sous le règne d'Oun-Kham, il périt en 1887,
lors du sac de la ville par Deo-van-Tri ; son fils Boun-Khong
lui succéda comme second roi sous Sakarine et Sisavang ; il
mourut en 1920 laissant de nombreux enfants dont les Tiaos
Tchittarath (décédé à Vientiane en 1928), Phetsarath, Sou-
vannarath et Kattignarath.

consommation de sa servitude à l'égard du Siam ; certaines chroniques prétendent même que les prérogatives royales lui furent alors contestées et que son autorité aurait été limitée à celle d'un simple gouverneur de province (Chau-Muong).

Ambassade à Hué (1831). — C'est peut-être pour rechercher un contrepoids à cette aggravation du joug siamois qu'il se décida à envoyer, en 1831, une ambassade offrir à l'empereur d'Annam les « fleurs d'or et d'argent », comme s'il se fût agi d'un hommage traditionnel (1). Les temps étaient bien changés depuis l'époque où son grand-père refusait brutalement le tribut au général annamite Chiem-Thiem (2) et les succès des rois de Bangkok au Laos mettaient en jeu désormais l'existence même de la fragile principauté.

Reprise des Houa-Phan. — Sa démarche auprès de Minh-Mang fit-elle réfléchir la cour siamoise? Toujours est-il qu'après l'annexion

(1) Note établie en 1889 par le capitaine Luce, d'après des archives du ministère des Rites, à Hué, pour appuyer les prétentions de l'Annam sur les territoires de la rive gauche du Mékong. Une nouvelle et dernière ambassade aurait été reçue à Hué en 1833.

(2) Voir *supra*, p. 193.

de Vientiane, celle-ci parut se départir de ses rigueurs et que Luang-Prabang récupéra les Houa-Phan. Mantha-Tourath régna six ans encore (1) et mourut le mardi, « premier jour de la lune croissante du huitième mois à six heures du soir, de l'année 1198 » (1836). Il laissait cinq fils et quatre filles (2).

A l'occasion de son incinération, le roi de Siam envoya le mandarin Tiao-Khoun-Tho-lama porter de nombreux présents rituels (3) pour affirmer tout à la fois ses sentiments ami-caux et ses droits de suzeraineté sur la princi-pauté qui constituait dès lors le dernier vestige du grand royaume Lan-Xang.

(1) E. Picanon rapporte qu' « en 1829 il repoussa Maha-Vong, roi de Xieng-Houng ». Ce renseignement laconique n'est confirmé par aucun document connu.

(2) Tiao-Soukaseum, qui succéda à son père ; Tiao-Tiantha-Koumane, qui devait également régner ; Tiao-Pho, qui devint fou et tua sa mère dans un accès furieux ; Tiao-Oun-Kham, roi en 1870 ; Tiao-Kham-Boua ; Nang-Souphanta-Boutsady ; Tiao-Ngot-Kham ; Tiao-Kham-Phong, et Nang-Thong-Thip.

(3) Deux cent quarante ticaux, trois cents parasols, trente costumes de bonzes, des pièces de soie et de calicot, etc. (Annales).

CHAPITRE VI

C'est après la chute de Vientiane que grandit l'étoile du Siam et que les desseins de ses dirigeants se révélèrent dans toute leur ampleur. Le Cambodge en complète décadence, les Birmans refoulés, les principautés laotiennes ou détruites ou soumises, la reconstitution d'un grand empire thaï au profit de Bangkok devait tout naturellement hanter l'esprit de ses rois. Mais pour réaliser ce rêve, il leur restait à consolider les récentes conquêtes sur les pays de la rive gauche du Mékong, à les élargir, du nord au sud, vers des frontières naturelles, à faire reconnaître enfin cette hégémonie par les États voisins. Or, dans l'accomplissement d'une aussi vaste tâche, ils allaient se heurter à un adversaire redoutable qu'ils connaissaient bien pour l'avoir déjà rencontré sur leur route : le souverain d'Annam.

Rivalité siamo-annamite au Cambodge. — En fait, les premiers contacts des princes siamois avec les seigneurs de Hué ne remontaient guère au delà de la fin du dix-septième siècle. Ils en étaient antérieurement séparés, non seulement par la grande barrière montagneuse de l'est, mais aussi par le Champa et le Lan-Xang ; la destruction du premier, la scission du second avaient favorisé le débordement des Annamites vers le Mékong et la ruine totale du royaume kmer (1) avait accéléré la marche progressive de ces derniers dans le delta cochinchinois. De nombreux aventuriers, vagabonds, déserteurs, bannis, malfaiteurs, chassés d'Annam, étaient venus se fixer dans ces riches terres d'alluvion, « qui leur promettaient à foison les récoltes de tous les fruits de la terre, » et les Nguyên avaient bientôt pris prétexte de l'établissement de ces « colons » pour arracher aux rois du Cambodge des morceaux de territoire, lambeau par lambeau. Ceux-ci, déjà dépouillés par le Siam de leurs provinces occidentales, n'avaient opposé qu'une très faible résistance et c'est au travers de leurs

(1) A quatre reprises, en 1357, en 1394, en 1420, en 1460, les Siamois avaient saccagé Angkor ; en 1587, ils avaient occupé les provinces du Tonlé-Sap ; au début du dix-huitième siècle, à la veille des invasions birmanes, ils exerçaient une véritable suzeraineté sur tout le Cambodge.

convulsions dynastiques que Siamois et Annamites s'étaient d'abord affrontés.

Les invasions birmanes avaient un moment paralysé l'action des rois d'Ayuthya, mais à peine Phia-Tak avait-il conjuré la catastrophe de 1767 que le nouveau roi de Thanaboury avait repris la politique traditionnelle du Siam au Cambodge et envahi une fois de plus ce malheureux pays jusqu'à Châudôc et Hàtiên (1772-1774). C'est alors que, pour la première fois, une armée siamoise s'était trouvée face à face avec une troupe annamite : les soldats du gouverneur cochinchinois Dam avaient arrêté net la marche de Phia-Tak qui, encore trop occupé avec les Birmans, avait rompu le combat et rétrogradé jusqu'à Nam-Van (Pnompenh).

La révolte des Tay-Son, en chassant les Nguyên de Cochinchine, était survenue à propos pour laisser de nouveau le champ libre aux Siamois et le général Chakkri réoccupait militairement le pays lorsqu'il avait été brusquement rappelé à Thanaboury par la folie du roi (1782).

Ayant ceint lui-même la couronne, il avait, quelques années plus tard, accueilli Nguyên-Anh fugitif et proscrit, errant d'île en île dans le golfe de Siam ; il lui avait même confié une flotte armée pour combattre les Tay-Son, mais l'héritier des Nguyên, défait à Rach-Gam, était revenu à Bangkok, découragé (1785). Avec le temps les sentiments de la cour siamoise s'étaient modifiés ; bien qu'ayant très honorablement participé à une expédition contre les Birmans, le jeune prince d'Annam avait été peu à peu traité en quasi-prisonnier, et finalement s'était enfui à Hon-Trê, de là à Phu-Quôc puis à Hà-Tiên (1787), d'où il allait, avec la poignée de Français de l'évêque d'Adran, reconquérir la Cochinchine (1).

Les Tay-Son abattus, Nguyên-Anh devenu, sous le nom de Gia-Long, chef d'un puissant empire unifié sous son autorité, avait, en 1810, répondu à l'appel du Cambodge, envahi de nouveau par le Siam ; il y avait envoyé des troupes devant lesquelles les Siamois s'étaient retirés sans combattre et, par le traité de Ba-Lich, avait établi une sorte de protectorat sur le royaume (1813).

---

(1) Cf. SCHREÏNER, *Abrégé d'histoire d'Annam*, 1906. — L'attitude du Siam, tour à tour hostile et bienveillante à l'égard de Nguyên-Anh, était moins incohérente qu'on ne pourrait le supposer : inspirée du désir évident de jouer un rôle d'arbitre dans les affaires d'Annam, elle réagissait suivant les événements. C'est ainsi qu'après avoir pris ombrage des secours étrangers reçus par le prince à partir de 1788 la cour de Bangkok lui envoya dans la suite d'importants renforts qui, grossis de montagnards laotiens (Cf. *ibid*, p. 114), vinrent participer à l'investissement de Qui-Nhon (1801).

Son successeur Minh-Mang avait retrouvé le Siam dans la violente insurrection de Khôi en Cochinchine (1832) ; après l'avoir « noyée dans le sang », il s'était attaqué au vieux général Bodin, le vainqueur d'Anou, qui avait profité des circonstances pour déposséder le roi cambodgien Neac-Ang-Chan ; il l'avait obligé à battre en retraite (1835) et l'année suivante, Ang-Chan étant mort, l'empereur d'Annam avait divisé le Cambodge en trente-trois provinces rattachées administrativement à la Cochinchine. Bodin, suivant sa coutume, avait quitté le pays en le dévastant et le dépeuplant.

SOUKA-SEUM, ROI DE LUANG-PRABANG 1798. — ROI, 1836-1850.

Les choses en étaient là lorsqu'était mort le roi de Luang-Prabang Mantha-Thourath. Son fils aîné Souka-Seum, qu'il avait désigné pour lui succéder, résidait à Bangkok depuis une dizaine d'années (1) ; il y était retenu en otage et ne reçut l'investiture du Siam qu'en 1839.

Que se passa-t-il dans la principauté pendant son absence? Mystère, et nulle chronique

(1) Voir *supra*, p. 202.

14

n'a jusqu'à ce jour confirmé l'étonnante relation de Schreïner touchant l'expédition d'un
prince de Luang-Prabang qui, pendant que le
Tonkin se soulevait à son tour contre l'autorité de Minh-Mang, aurait, vers 1836-1837,
ravagé les provinces de Thai-Nguyên, Cao-
Bàng et Lang-Son ; « vaincu, il aurait été brûlé
vif dans les bois où il s'était caché (1). »

Situation critique de la principauté. — Il
semble au contraire que le premier souci du
nouveau roi laotien ait été de ménager l'empereur d'Annam dont son père avait spontanément, et discrètement, sollicité la protection
peu d'années auparavant. Souka-Seum, que les
Annales représentent comme un prince « énergique et intelligent », avait pu, durant son long
exil, mesurer le chemin parcouru par le Siam
en un demi-siècle et méditer sur les destinées
précaires de son propre pays, — qui saura
jamais les raisons véritables pour lesquelles il
attendit trois ans la permission de succéder
au roi Manta? — Mais il n'ignorait pas non
plus les soucis que causaient à son suzerain
et les prétentions britanniques sur le bassin de
l'Iraouaddy et la double mainmise de l'An-

(1) Schreïner, *op. cit.*, p. 121-122.

nam « en tenaille » sur le Tran-Ninh et le Cambodge.

Tant de rivalités latentes, tant de compétitions non déguisées pouvaient peut-être constituer une chance suprême pour la principauté, bloquée de toutes parts. Mais il convenait, pour son chef, de suivre à l'égard de ses puissants voisins, une politique de prudence et de circonspection, en évitant à la fois la précipitation, qui avait été funeste à son cousin Anou et l'indécision de son père Mantha, sévèrement châtiée par le Siam.

Pour le moment, l'attention de Bangkok était concentrée tout entière sur les événements du Cambodge que le général Bodin n'avait pas évacué sans espoir de revanche. En 1841, l'empereur Thiêu-Tri, fils et successeur de Minh-Mang, ayant commis la maladresse d'en retirer ses troupes d'occupation, les Siamois réoccupèrent aussitôt le pays et, sous prétexte de soutenir un des frères de l'ancien roi, An-Duong, engagèrent une lutte opiniâtre qui se prolongea pendant six ans ; après des fortunes diverses, ils parvinrent à faire signer par l'empereur d'Annam un traité de paix suivant lequel leur protégé était proclamé roi du Cambodge, se reconnaissait également le vassal des deux souverains et cédait au Siam Battambang, Angkor et « le Laos méridional » (1847).

Pendant ce temps, l'insouciante population de Luang-Prabang vivait heureuse et paisible. C'est du moins l'opinion de ses annalistes qui, en confirmation de l'adage assurant que les peuples heureux n'ont pas d'histoire, commencent et terminent sur cette affirmation catégorique le récit du règne de Souka-Seum.

Migration de Méos. — C'est cependant vers cette époque que l'on doit situer la première migration de « Méos » dans la principauté; les chroniqueurs l'ont passée sous silence sans doute parce qu'elle fut en somme pacifique et qu'elle n'affecta point la tranquillité des populations laotiennes. Les nouveaux venus s'installèrent en effet sur les plus hauts sommets du Tran-Ninh et de Luang-Prabang, dans des régions complètement inhabitées, où les Khas eux-mêmes ne s'étaient jamais aventurés et qui échappaient au champ d'activité des indigènes et de leurs chefs.

Cultivateurs et caravaniers, les Méos étaient surtout de terribles abatteurs d'arbres; ils durent être poussés du Sé-Tchouen et du Yunnan vers le sud par le besoin de trouver de nouveaux territoires riches en forêt, et aussi par leur humeur indisciplinée qui supportait mal l'autorité des mandarins chinois. Ils s'établirent d'abord sur les massifs boisés des Houa-Phan et du Tonkin, puis sur ceux du Haut-Laos où ils retrouvaient les conditions d'habitat des pays froids qu'ils avaient fuis. Sans religion, sans prêtres, sans écriture, n'obéissant qu'à des sorciers qui exerçaient un prestige absolu sur leur caractère foncièrement orgueilleux et crédule, ils vécurent là, par petits groupes indépendants, dévastant la forêt pour y cultiver le pavot et n'ayant avec les groupes voisins que les relations strictement indispensables à l'écoulement de leur opium (1).

A la mort de Souka-Seum qui survint « à midi le deuxième jour de la lune décroissante du dixième mois de l'année Kot-Set (1212 = 1850), au palais de Xieng-Mène, en face de la ville de Luang-Prabang », les Méos formaient déjà de nombreux villages, vrais nids d'aigles,

(1) Au Tonkin, l'établissement des Méos rencontra plus de résistance. « Je me rappelle, écrit Deo-van-Tri dans ses *Mémoires*, avoir vu vers 1848 mon pays (Lai-Châu) envahi par les Méos dits « Pavillons blancs » ; ils troublèrent la tranquillité du pays mais mon honorable père Cam-Sinh finit par s'entendre avec eux et leur donna la liberté de s'établir où ils le voudraient sur les hauts plateaux de la région. » C'est l'année suivante que Cam-Sinh, pour tenir ses fils à l'écart de violentes dissensions de famille, confia Deo-van-Tri et son frère Cam-Heune, au roi de Luang-Prabang qui les plaça dans une pagode avec ses propres enfants. (*Revue indochinoise*, 31 août 1904.)

isolés et dispersés, qui pendant trois quarts de
siècle devaient entretenir avec les Laotiens et
les Khas des rapports méfiants, lointains, mais
dépourvus néanmoins d'hostilité systématique.

TIANTHA-KOUMANE, ROI, 1851-1869.

Les obsèques du roi défunt ne furent célé-
brées qu'à la fin de 1851 et l'intronisation de son
frère, Tiantha-Koumane, n'eut lieu qu'en 1852,
après l'avènement du nouveau roi de Siam,
Phra-Maha-Mongkut.

Ce dernier souverain, reprenant la politique
libérale des anciens rois d'Ayuthya, ouvrit
largement son pays aux étrangers. L'Angleterre, qui venait d'étendre son empire des Indes
jusqu'au Pégou, aux deltas de l'Iraouaddy et
de la Settang, en profita la première, et son
ambassadeur sir John Bowring obtint en 1855
l'avantageux traité de commerce qui devait
assurer à la langue anglaise une diffusion telle
qu'elle allait devenir à Bangkok la seconde
langue officielle.

Le roi Mongkut n'avait pourtant pas signé
cette convention par sympathie particulière,
mais sous la contrainte de l'établissement britannique en Birmanie ; aussi s'empressa-t-il de
faire des avances aux représentants des autres

puissances ; le 29 mai 1856 il accordait des avantages équivalents à la jeune République américaine et le 15 août suivant traitait avec le ministre plénipotentiaire de l'empereur des Français.

Traité franco-siamois du 15 août 1856. — La France de Napoléon III renouait ainsi avec le Siam les relations ébauchées avec la France de Louis XIV. Depuis la lointaine tragédie de Constantin Falcone, nous avions abandonné toute action sur les rives de la Ménam où, seuls, quelques missionnaires poursuivaient avec ténacité leur propagande évangélique.

Les avances du gouvernement siamois furent donc assez peu comprises à Paris, nos intérêts étaient minces à Bangkok et c'est très accessoirement que M. Charles de Montigny, rejoignant son poste consulaire à Shanghaï et chargé principalement par le comte Walewski de faire entendre au cours de son voyage à l'empereur d'Annam un langage ferme à propos de récents massacres de nos nationaux en Cochinchine, fut habilité à arrêter en outre les clauses d'un traité de commerce avec les Siamois.

Mais à peine arrivé à Bangkok, le 12 juillet, M. de Montigny eut la surprise d'être reçu avec

les plus grands honneurs, d'être comblé de pré-
venances par le roi, de constater enfin la grande
sympathie de la cour tout entière pour la
France. Mis au courant des choses et des gens
du pays par un homme de haute valeur et fort
averti, Mgr Pallegoix, vicaire apostolique, il
comprit bientôt les raisons de l'accueil dont il
était l'objet. La prépondérance britannique
menaçait d'entraver les ambitions siamoises
dans la péninsule (c'était décidément le destin
du Siam d'avoir sans cesse à lutter contre un
danger venant du Nord), et le premier ministre
n'hésita pas à se plaindre ouvertement de l'humeur envahissante des Anglais, déclarant que
son pays avait besoin d'un protecteur puissant
comme Napoléon III.

Aussi les négociations furent-elles rapidement menées et le 15 août aboutirent-elles à
la signature d'un traité établi sous le double
principe d'une amitié réciproque et du bénéfice, pour la France, du traitement de la nation
la plus favorisée.

Conséquence du traité. — Comment d'aussi
cordiales relations engagées sous d'aussi favorables auspices furent-elles presque aussitôt
compromises et se transformèrent-elles en rapports de plus en plus tendus qui nous firent

perdre en moins de deux ans tout le terrain gagné? Il est regrettable d'avoir à reconnaître que ce piteux résultat fut uniquement dû à l'ignorance et à l'inertie des ministres de l'Empire qui accumulèrent coup sur coup les pires maladresses. Dès après le départ de M. de Montigny, les Siamois s'étonnèrent de voir les intérêts français confiés au consul portugais dont l'influence était des plus restreintes et d'avoir à échanger sans aucun cérémonial avec ce modeste agent étranger les ratifications d'un traité si important à leurs yeux. Ils en conclurent qu'on les avait trompés, que la France n'était pas la grande nation qu'on leur avait dépeinte ; si bien qu'en 1858 le P. Larnaudie écrivait à M. de Montigny : « L'influence de la France à Siam est loin d'être ce qu'elle était au moment de votre départ. Le roi et les ministres sont exaspérés de n'avoir pas reçu (de Paris) de réponse à leurs lettres ; il faut avouer franchement que l'on ne conçoit rien de la manière dont le gouvernement français agit de la signature du traité. Les Anglais seuls triomphent. »

Si bien que le Siam abandonna toute velléité de s'appuyer sur la France pour faire échec à l'emprise britannique ; il dut en conséquence céder à l'Angleterre ses provinces malaises et rechercher des compensations au Cambodge ; ce dernier royaume était en train de devenir une vaste province siamoise lorsque les événements de Cochinchine vinrent brus- quement modifier une fois de plus les obstinés projets d'extension de Bangkok vers l'est.

Ce furent successivement la rupture des rela- tions diplomatiques entre la France et l'An- nam, l'occupation de Tourane et de Saïgon par l'amiral Rigault de Genouilly (1859), la prise de Mytho par l'amiral Charner (1861), celle de Bienhoa par l'amiral Bonard (1862), enfin le traité de paix du 5 juin 1862 sanctionnant les conquêtes françaises dans le delta cochinchi- nois.

Cette rapide page d'histoire, grosse de con- séquences, alors insoupçonnées pour Luang- Prabang, se déroulait trop loin des épaisses forêts laotiennes pour y trouver quelque écho. Et c'est dans l'ambiance paisible des souriants villages du Haut-Mékong que vint y mourir, en 1861, Henri Mouhot qui, le premier, révéla au monde occidental les splendeurs d'Angkor et l'existence du royaume des Millions d'Élé- phants (1).

(1) Henri Mouhot, né à Montbéliard le 15 mai 1826, orga- nisa avec le concours de diverses sociétés de géographie et de zoologie de Londres, une expédition en Indochine en vue

Voyage et mort d'Henri Mouhot à Luang-Prabang (1861). — Si le voyageur n'eut pas le temps d'entreprendre une étude du pays aussi détaillée qu'il l'avait fait pour le Siam et le Cambodge, du moins les quelques pages de son journal de route, — les dernières, — qu'il consacre à la principauté, reflètent-elles les impressions très vives qu'il ressentit durant son séjour au Laos, en dépit des sombres pressentiments qui l'empêchaient, avoue-t-il, « d'apprécier les choses et d'en jouir comme autrefois. »

C'est que depuis trois ans il parcourait inlassablement la brousse indochinoise, en butte aux fatigues, aux misères, aux privations, aux dangers de la forêt sournoise et méchante, ayant, ainsi qu'il le conte ingénument lui-même, pauvre voyageur, sacrifié sa famille, son confort, sa santé (et peut-être sa vie), « dans l'unique but d'être utile à ses semblables, de découvrir un insecte, une plante, un animal

d'y poursuivre des études d'histoire naturelle, notamment d'entomologie et d'ornithologie. Il visita Bangkok, Chantaboun, Ayuthya (1858), Oudong, Battambang et découvrit les ruines d'Angkor (1860), traversa la forêt du « Roi du feu » dans le nord du Siam et mourut à Luang-Prabang, le 10 novembre 1861. — La relation de ses voyages, publiée d'abord dans le *Tour du Monde*, parut en anglais à Londres, puis en français à Paris, en 1868, dans la « Bibliothèque rose illustrée » de la maison Hachette.

inconnu, ou de vérifier un point de latitude d'une contrée éloignée ».

Parti de Bangkok le 12 avril, il était arrivé à Paklay le 24 juin, après avoir pour la seconde fois traversé la terrible forêt du « Roi du feu », transpirant « au milieu d'une atmosphère de puanteur extrême, chaude comme une étuve chargée de miasmes putrides ». Paklay lui fut un réconfort : « Charmant village, écrit-il, très riche, plus grand et plus beau que tous ceux que j'ai rencontrés jusqu'ici ; les maisons y sont élégantes et spacieuses et tout y annonce une aisance et un bien-être que depuis j'ai remarqué dans toutes les localités où je me suis arrêté. Le Mékong y est beaucoup plus large que le Ménam à Bangkok et c'est avec un bruit pareil à celui de la mer et l'impétuosité d'un torrent qu'il se fraye un chemin entre de hautes montagnes qui semblent avoir peine à le contenir dans son lit... La vue de ce beau fleuve fit sur moi le même effet que la rencontre d'un ami ; c'est que j'ai bu longtemps ses eaux ; c'est une vieille connaissance, il m'a longtemps bercé et tourmenté. Aujourd'hui, il coule, majestueux, à pleins bords... c'est un spectacle vraiment grandiose. »

Dissuadé de remonter le Mékong par les habitants qui redoutaient qu'il ne lui arrivât

LE MÉKONG A PAKLAY

malheur dans les rapides, il reprit sa route à dos d'éléphant et parvint à Luang-Prabang le 25 juillet. « Délicieuse petite ville, remarque-t-il, qui s'étend sur un espace d'un mille carré et compte une population, non de 80 000 habitants comme le dit Mgr Pallegoix dans son ouvrage sur Siam, mais de 7 à 8 000 seulement. La situation est charmante, les montagnes qui encadrent la ville forment une vallée circulaire en amphithéâtre de 9 milles de largeur qui dut être autrefois un bassin fermé ; le paysage, fort joli, rappelle les beaux lacs de Côme ou de Genève.

« Si ce n'était le soleil de la zone torride qui brille constamment sur cette vallée ou si une douce brise tempérait la chaleur accablante qui y règne pendant le jour, cet endroit serait un petit paradis. »

Qu'eût-il dit — et quel n'eût pas été son ravissement, — s'il fût arrivé dans la riante capitale, non pas en juillet où le soleil tropical alterne en effet ses plus ardents rayons avec les cataractes des plus violentes averses, mais en décembre ou janvier, pendant ce délicieux hiver laotien qui répand sur un décor d'automne la douce fraîcheur des printemps méditerranéens? A peine put-il, au cours de ses chasses aux insectes, avoir, entre deux tornades, la vision fugitive de la flèche d'or du Phou-Si, colline sacrée au cœur de la ville, des harmonieux faubourgs, tout frissonnants dans leurs manteaux de verdure, des crépuscules embrasés sur les monts vaporeux au pied desquels serpente la capricieuse Nam-Khane, vraie rivière de diamants, au clair de lune...

« La ville, explique-t-il, est bâtie sur les deux rives du fleuve, mais le plus grand nombre des habitations est construit sur la rive gauche. La partie la plus considérable entoure un mont isolé qui a cent et quelques mètres de hauteur et au sommet duquel on a établi une pagode. »

Le 5 août il fut présenté « aux princes qui gouvernent ce petit État, et qui portent le titre de rois ». Il les dépeint (Tiantha-Koumane et son frère l'Oupahat Oun-Kham) avec un tantinet d'irrévérence goguenarde, puis aussitôt reconnaît que le roi est « complaisant et bon » pour lui (1). « Je ne sais pourquoi, continue-t-il, mais ils déployèrent en ma faveur tout ce qu'ils purent imaginer de pompe et de splendeur. »

Il relève ainsi, le premier, le trait dominant du caractère de ce peuple aimable, accueillant

____

(1) « Il se charge de mes lettres ; c'est lui-même qui les portera à Bangkok où il va, je crois, prêter son serment d'allégeance et de vassalité. »

et hospitalier ; Tiantha-Koumane ignorait certes
la qualité de son hôte, et n'avait aucune opinion sur le naturaliste Mouhot, d'ailleurs encore
assez ignoré en Europe ; ce n'était donc pas
le savant qu'il entendait honorer, mais simplement l'étranger, le voyageur dont la visite
était un heureux événement pour le royaume
et qu'il convenait de célébrer en grande pompe,
dans la liesse générale. Tous les Français qui,
depuis Pavie jusqu'à nos jours, parcoururent
la principauté, reçurent, même des plus modestes villages, une bienvenue toujours aussi
spontanée et furent reçus avec la même bonne
grâce, empressée et souriante.

Et si la mort n'était venue, quelques semaines plus tard, mettre un terme brutal à ses
courses vagabondes, peut-être le grave Mouhot
eût-il aussi, le premier, interrogé les bouddhas
impassibles sur le passé mystérieux de ce lointain pays, subi le charme infini de ses nuits
mélodieuses où les khènes égrènent leurs accords troublants et — qui sait ? — chanté la
grâce des jolies filles aux seins nus et dorés,
tissant nonchalamment, sous leurs chalets fleu-
ris, les écharpes multicolores.

Il se contente de noter rapidement : « Heureusement, ici ce n'est plus comme à Siam, je
trouve de l'aide dans les indigènes... Les

Laotiens sont paisibles, soumis, patients, sobres, confiants, crédules, superstitieux, fidèles, simples et naïfs. Ils ont naturellement le vol en horreur ; on raconte qu'un de leurs rois faisait frire les voleurs dans une chaudière d'huile bouillante ; mais depuis les ravages des dernières guerres, on commence à trouver parmi eux un certain nombre de voleurs poussés à la rapine par la misère ou par l'esprit de vengeance.

« Outre la culture du riz et du maïs, les Laotiens s'adonnent à celles des patates, des courges, du piment rouge, des melons et autres légumes... Ils vendent aux Chinois de l'ivoire, des peaux de tigre et d'animaux sauvages ; ils troquent aussi de la poudre d'or, des minerais d'argent et de cuivre, la gomme-gutte, le cardamone, la laque, de la cire, des bois de teinture, du coton, de la soie, enfin tous les produits de leur sol contre de la grosse porcelaine, des verroteries et autres petits objets de l'industrie chinoise.

« Les Laotiens ne sont pas faits pour la guerre ; soumis dès le principe aux rois voisins, jamais ils n'ont su secouer ce joug pesant.

« Ils paraissent être plus industrieux que les Siamois et posséder un esprit plus aventureux et commercial ; bien que les uns et les autres présentent de grands points de ressemblance, au physique et au moral, néanmoins les Laotiens s'en distinguent par leur dialecte et surtout par leurs coutumes qui sont plus simples et plus aimables.

« ...Leur musique est très douce, harmonieuse et sentimentale. Il ne faut que trois personnes pour former un concert mélodieux. L'un joue d'un orgue en bambou, l'autre chante des romances avec l'accent d'un homme inspiré et le troisième frappe en cadence des lames d'un bois sonore, dont les cliquetis font bon effet (1).»

Le 9 août il quitta Luang-Prabang pour continuer ses recherches entomologiques dans la vallée de la Nam-Khane ; le 15, « par une nuit splendide, » il campe sur le bord de la rivière, mais quelque « ravissant » que fût le paysage, il se sent « triste, pensif et malheureux ». « Je

_____

(1) Cet éloge de la musique laotienne est à rapprocher du jugement qu'il portait en octobre 1858 sur la musique siamoise, à propos d'une représentation théâtrale à la cour de Bangkok : « Une musique étourdissante servit d'ouverture à la pièce. L'orchestre se distingua par un bruit épouvantable et par une absence complète d'harmonie... la même phrase musicale nous fut jouée pendant cinq heures d'horloge, au grand contentement du roi et de ses courtisans. Je croirais volontiers que toute la science musicale du Siam se borne à ce terrible air, car les autres représentations auxquelles j'ai été condamné d'assister ailleurs m'ont toujours fait entendre ces notes uniques et discordantes. »

regrette le sol natal. Je voudrais un peu de vie. La solitude continue me pèse. »

Le 3 septembre, il arrive au village de Na-Le où il tue une tigresse et assiste à une chasse au rhinocéros. Rappelé le 18 à Luang-Prabang par un ordre du « Sénat » (il ne dit pas pourquoi), il fait demi-tour le 15 octobre, mais après trois jours de marche il doit s'arrêter, terrassé par un violent accès de fièvre. Le 29 il trace, d'une main tremblante, sur son carnet de route, cette exclamation suprême : « Ayez pitié de moi, ô mon Dieu !... » Le 7 novembre il tombe dans un coma, entrecoupé de délire et le 10, il expire, vers 7 heures du soir.

Sa dépouille fut inhumée le lendemain, « selon le rite européen, » par ses fidèles domestiques Phraï et Dong qui, trois mois plus tard, rapportèrent au consul de France à Bangkok, avec le récit des derniers moments de leur maître, ses collections, ses effets et ses papiers (1).

Le tombeau de Mouhot (1867). — Le pieux hommage que méritait ce précurseur, ce hardi pionnier, victime de son dévouement à la science, lui fut rendu en avril 1867 par le chef de la mission d'exploration du Mékong orga-

____

(1) Cf. édition Ferdinand de Lanoye. — Librairie Hachette et Cⁱᵉ, 1882.

nisée par l'amiral de la Grandière et qui, dès son arrivée à Luang-Prabang, éleva un mausolée sur les lieux mêmes où Mouhot tomba et où il repose. Le 24 mai, le capitaine de frégate Doudart de Lagrée (1) écrivait en Europe :

« Nous avons trouvé partout ici le souvenir de notre compatriote Mouhot qui, par la droiture de son caractère et sa bienveillance naturelle, s'était acquis l'estime et l'affection des indigènes. Tous ceux qui l'ont connu sont venus nous parler de lui en termes élogieux et sympathiques. Les regrets que devait nous inspirer la vue des lieux où s'est accomplie sa dernière lutte ont été adoucis par la consolante satisfaction de trouver le nom français honorablement connu dans cette contrée lointaine. Les serviteurs qui l'accompagnaient ont rapporté fidèlement les détails de ses derniers moments et aucune circonstance particulière ne m'a été rapportée qui puisse ajouter à l'intérêt du récit publié dans le *Tour du Monde.*

« Son corps avait été inhumé à trois kilomètres de Luang-Prabang, sur les bords du Nam-Khan, auprès du village de Naphao. J'ai

____

(1) Doudart de Lagrée, né en 1823 à Saint-Vincent-de-Mercuze (Isère).

demandé l'autorisation d'élever sur sa tombe un modeste monument qui attestât notre hommage et conservât sa mémoire dans le pays.

« Le roi a accédé à ce désir avec le plus bienveillant empressement et a voulu fournir tous les matériaux du monument. J'ai chargé M. de Laporte de faire exécuter ce travail, qui consiste en un massif de maçonnerie en briques de 1 m. 80 de longueur, de 1 m. 10 de hauteur et de 0 m. 80 de largeur. Une pierre encadrée sur l'une des faces du monument porte le nom de Henri Mouhot et la date : 1867 (1). »

Le protectorat français au Cambodge (1863) *et la mission Doudart de Lagrée* (1866-1868). — Cette mission Doudart de Lagrée avait été décidée en 1866 par le contre-amiral de La Grandière, deuxième gouverneur de la Cochinchine, à la suite de l'établissement du protectorat français sur le Cambodge, événement capital pour le Siam dont toute la politique dans la péninsule allait être profondément affectée.

Dès après la ratification du traité de 1862 avec la cour de Hué qui nous cédait les droits

(1) Le tombeau de Mouhot reconstruit successivement par le docteur Neïs en 1883 et par Auguste Pavie en 1887, est entretenu par les habitants du village de Peu-Nom.

de l'Annam sur le Cambodge, on s'était en effet rendu compte que le royaume voisin était indispensable au développement économique du delta du Mékong. L'amiral avait aussitôt fait pressentir le roi Norodom qui avait accueilli ces avances avec empressement ; mais le fils d'An-Duong, qui n'était pas encore couronné, n'avait pas la liberté d'exprimer ouvertement ses sentiments. Deux ans après la mort de son père, en 1861, il avait été chassé jusqu'à Bangkok par une révolte de son frère Sivotha ; rentré dans ses États sous la protection des armes siamoises, il subissait à Oudong une étroite tutelle de son suzerain. Alors le gouverneur de Cochinchine brusqua les événements, délégua comme agent diplomatique au Cambodge le lieutenant de vaisseau Doudart de Lagrée et, malgré les manœuvres du contrôleur siamois, fit signer par Norodom, le 11 août 1863, une convention qui plaçait son pays sous le protectorat de la France. En vain le Siam arracha-t-il à ce dernier un traité clandestin par lequel il se reconnaissait son tributaire et promettait d'aller chercher son investiture à Bangkok ; Doudart de Lagrée, dès qu'il eut connaissance de ce voyage, fit occuper militairement le palais royal et par son attitude énergique en imposa à la cour siamoise qui envoya les insignes royaux et rappela son agent (1).

Mais avant de poursuivre l'organisation méthodique de la nouvelle colonie, il importait de connaître, au delà des provinces cambodgiennes, le cours du Mékong « route commerciale, traditionnelle entre la Chine et l'empire des Khmers ». La question fut posée en 1864, dans un mémoire qui fit sensation à Saïgon, par un jeune officier de marine délégué dans les fonctions d'administrateur, Francis Garnier (2). « D'où venait ce fleuve gigantesque? Quelles régions arrosait-il? A quelles populations donnait-il accès?... La France devait à la science et à ses propres intérêts d'essayer de percer à son tour le voile épais étendu depuis si longtemps sur l'Indochine (3). »

En 1866, l'amiral de La Grandière décida « l'envoi d'une mission qu'il chargea de reconnaître le cours du Mékong aussi loin que pos-

(1) Par le traité du 15 juillet 1867 le Siam reconnut notre protectorat et renonça à toute suzeraineté sur le Cambodge ; mais son ambassade à Paris, menaçant habilement de se mettre sous la protection anglaise si nous réclamions les provinces du Grand Lac, obtint de conserver à son pays Angkor et Battambang.

(2) François *dit* Francis Garnier, né à Saint-Étienne en 1839, mort à Hanoï en 1873 dans une sortie où l'enseigne Balny d'Avricourt fut également tué.

(3) Cf. P. LEGENDRE, *Nos gloires coloniales.*

sible de son embouchure ». Le commandement en fut confié à Doudart de Lagrée qui choisit comme compagnons Francis Garnier, l'enseigne de Laporte, les médecins de marine Thorel et Joubert et le jeune attaché d'ambassade de Carné.

L'expédition quitta Saïgon le 5 juin 1866 sur les canonnières 32 et 37, visita les ruines d'Angkor, remonta jusqu'à Kratié puis continua en pirogues. Le 10 septembre elle arrivait à Bassac, passait, après mille difficultés dans les rapides de Kemmarat, devant Nong-Khay (1), important centre commercial créé par les Siamois pour remplacer Vientiane dont elle entrevit au passage les ruines impressionnantes, englouties par la végétation, et parvenait enfin, le 20 avril 1867, à Luang-Prabang.

Les explorateurs n'y séjournèrent pas très longtemps. Après avoir élevé le mausolée de Mouhot et reconnu la région, ils décidèrent de confier tous les instruments qui ne leur étaient plus absolument indispensables, leurs cartes, leurs collections botaniques et géologiques au

---

(1) Nong-Khay, établi sur la rive droite à une quarantaine de kilomètres (par le fleuve) en aval de Vientiane, détenait la plus grande partie du transit du Haut-Laos ; benjoin, cardamone, sel, tabac, peaux et laque. C'est encore aujourd'hui un marché actif relié à Vientiane par une route sillonnée de nombreux camions automobiles.

roi Tiantha-Koumane qui les fit parvenir à Saïgon « avec une scrupuleuse fidélité »; puis ils repartirent, « escortés d'une foule de fonctionnaires et de jeunes femmes qui réclamaient un souvenir quelconque de leurs hôtes : les boutons des uniformes, les plus minces galons y passèrent » (1).

Ils s'engagèrent dans les inextricables forêts du Laos birman, « coupées çà et là de rizières boueuses et de torrents débordés », pénétrèrent au Yunnan, désolé par l'insurrection des Taï-Pings compliquée de nouvelles révoltes musulmanes, et marchaient résolument vers l'ouest, en plein cœur du pays insurgé, quand Doudart, épuisé, fut contraint de s'arrêter ; il fut transporté péniblement à Tong-Tchouen, chez les missionnaires français de Dong-Chau-Phu pour y mourir, d'une crise hépathique, le 12 mars 1868. Francis Garnier prit alors le commandement de l'expédition, s'embarqua à Hang-Kéou, ramenant les restes de son chef, et rentra à Saïgon le 28 juin suivant, après une absence de deux ans.

« Voyage terrible, conclut P. Legendre, un des plus audacieux du siècle, qui devait également coûter la vie au jeune de Carné, mais

____

(1) Cf. P. LEGENDRE, *op. cit.*

qui établit de façon péremptoire la nécessité pour la France d'exercer une influence prépondérante au Tonkin, clef de la Chine ».

Reprise des relations entre Luang-Prabang et le Tran-Ninh. — Entre temps, Tiantha-Koumane avait eu l'occasion de reprendre des relations suivies avec l'ancien royaume de Xieng-Khouang.

Depuis son rattachement à l'empire d'Annam (1), ce pays vivait dans une étroite servitude ; les exactions des soldats du Quan-Phu accablaient les indigènes sans cesse rançonnés et pillés avec la plus grande dureté ; l'autorité du délégué de l'empereur y rencontrait des résistances d'autant plus vives que ce mandarin avait entrepris une politique d'assimilation brutale qui prétendait contraindre les populations laotiennes à adopter toutes les coutumes — voire même les vêtements — annamites. Les agents que le Siam entretenait secrètement dans la région n'avaient pas manqué d'exploiter l'exaspération des habitants et de pousser à la révolte un cousin de Chao-Noi (2) que l'Annam avait eu le tort de laisser résider librement au Tran-Ninh. Une

(1) Voir *supra*, p. 178.
(2) Chao-Xan.

belle nuit, le Quan-Phu fut assassiné, avec toute sa garde, dans son fortin, et la petite troupe siamoise, qui avait participé à l'attentat, s'empressa de filer vers les rives du Mékong suivie de quatre mille familles, emportant les archives « pour supprimer plus tard les prétextes à revendications » (1).

L'Annam réagit aussitôt, et réinstalla un Quan-Phu à Muong-Kham, avec 2 000 hommes, mais comprit la leçon : le nouveau délégué inaugura une administration de souplesse et de concessions, attira auprès de lui Chao-Pho, fils aîné de Chao-Noi, l'initia au gouvernement et, au bout de quatre ans, lui céda la place (1855).

Chao-Pho ne remontait pas sur le trône de ces ancêtres ; il prenait la direction des affaires avec le simple titre de mandataire de l'empereur ; mais, à l'instigation fort probable de Bangkok, Tiantha-Koumane s'avisa que le royaume de Xieng-Khouang était reconstitué et réclama le tribut.

De longues négociations s'engagèrent au cours desquelles Chao-Pho manœuvra avec assez d'habileté pour éviter tout froissement avec Luang-Prabang et tout désaveu de la part de l'Annam. Finalement le Tran-Ninh paya

____

(1) Cf. capitaine DE PÉLACOT, *op. cit.*

tous les ans à l'empereur Tu-Duc quatre-vingt-dix barres d'argent et envoya à Luang-Prabang la traditionnelle redevance triennale.

Chao-Pho rendit ainsi pendant quelques années à ses compatriotes une tranquillité relative ; Tu-Duc, aux prises avec les Français, parut se désintéresser des affaires du Tran-Ninh et déjà le souvenir des mauvais jours s'estompait dans les brumes des rizières du plateau de nouveau cultivées, lorsque apparurent les premières bandes de « Hos » dont les dévastations allaient consommer la ruine totale de l'infortunée principauté.

Premières incursions de « Hos » (1864). — Chassées de Chine par les guerres du Yunnan, ces hordes de fugitifs affamés (1) se déversèrent soudain sur l'Indochine septentrionale ; leurs invasions, commencées vers 1864, devaient déferler en vagues successives pendant plus de vingt ans sur les Sip-Song-Panas, le Tonkin, les Houa-Phan, le Tran-Ninh et jusqu'aux portes de Luang-Prabang.

D'abord inorganisées, leurs bandes se constituèrent peu à peu en contingents armés qui se firent bientôt connaître sous les noms de

____

(1) « Ho » en dialecte thaï signifie « Chinois ».

Pavillons noirs, jaunes, rouges, suivant la couleur de laurs fanions. A l'inverse des Méos, dits Pavillons blancs (1) dont l'établissement, quinze ans auparavant, avait, en définitive, été peu violent et durable, les Hos firent une guerre de brigandage qui rappelle assez bien les sinistres exploits des Grandes Compagnies disloquées par Du Guesclin : razziant les villages ou rançonnant les habitants terrorisés ou encore se mettant à leur solde pour les protéger contre d'autres bandes. Les cantons de la rivière Noire subirent, les premiers, leurs pillages, puis les chefs du pays traitèrent avec eux, les engagèrent dans leurs querelles intestines, les entraînèrent à leur suite dans le delta tonkinois au secours des Annamites contre les Français, les lancèrent enfin les uns contre les autres sur les territoires laotiens qu'ils dévastèrent jusqu'à Nong-Khay. Il fallut, pour les réduire, la double action militaire et diplomatique de la France à la suite de la première mission Pavie ; ceux d'entre eux qui ne rentrèrent pas en Chine abandonnèrent le fusil pour se faire agriculteurs, épousèrent des femmes thaïs ou khas, firent ainsi souche de métis qui, par croisements successifs

(1) Voir *supra*, p. 212 et 213.

sifs, se fondirent dans la masse de la population.

Restitution du Prabang par le Siam (1867). — Parmi les soucis que lui causaient les menaces de ces envahisseurs, Tiantha-Koumane eut la satisfaction de rendre à son peuple la statue vénérée du Prabang.

Emporté à Vientiane par Thao-Nong en 1707, ravi successivement par Chulalok en 1778 et par Bodin en 1828 (1), l'antique palladium du royaume fut enfin restitué par le roi Mongkut, en 1867, au descendant de Fa-Ngoun qui délégua l'Oupahat Oun-Kham à Bangkok pour en effectuer la reprise solennelle.

Acheminé par voie de terre jusqu'à Xieng-Mène (Luang-Prabang rive droite), il fut exposé pendant sept jours et sept nuits à l'embarcadère de Ta-Khoc-Hua où de grandes fêtes furent données en présence de toute la cour, puis transporté le 26 août sur la rive gauche et déposé à l'emplacement de l'actuel palais royal. Un temple fut aussitôt édifié pour le recevoir, mais un incendie détruisit la construction avant son achèvement et le Prabang fut placé dans la pagode de Visoun. Vingt-deux

(1) Voir *supra*, p. 47, 133, 156, 158 et 174.

LE PRABANG DANS LE TEMPLE DE VAT-MAÏ

ans plus tard, ce temple menaçant ruine, la statue fut transférée dans Wat-Maï (1).

Cette restitution devait être le dernier geste politique du monarque siamois qui mourut le 1er octobre 1868 ; l'année suivante Tiantha-Koumane le suivait dans la tombe, peu après Chao-Pho de Xieng-Khouang auquel avait succédé son frère Chao-Hung.

OUN-KHAM (1811-15 *décembre* 1895), ROI, 1872-1887.

L'Oupahat Oun-Kham, âgé de cinquante-huit ans, monta sur le trône de Luang-Prabang assisté de son cousin Souvanna-Phouma comme second roi, mais il ne reçut l'investiture du nouveau suzerain Chulalongkorn qu'en 1872 ; hésitation qui marque une fois de plus le souci qu'en toute circonstance prenait le gouvernement de Bangkok d'affirmer son emprise sur les territoires de la rive gauche du Mékong.

Arrêté désormais par l'Angleterre dans ses projets d'extension tant vers la Birmanie que dans la péninsule malaise, le Siam venait de terminer, d'une manière qu'il n'avait évi-

(1) Cf. Note du 21 février 1929 de S. E. le ministre des Cultes.

demment pas prévue dix ans plus tôt, la longue lutte poursuivie par lui pendant deux siècles contre l'Annam au Cambodge : le compromis signé en 1867 avec la France lui interdisait pour longtemps toute acquisition nouvelle dans le royaume kmer (1). Ces résultats, pour amers qu'ils fussent, ne portaient point cependant une atteinte irrémédiable à son grand dessein de reconstitution d'un empire thaï, car l'affaiblissement du souverain de Hué semblait devoir par ailleurs lui faciliter l'annexion définitive des provinces laotiennes du nord-est sur lesquelles il n'exerçait encore qu'une autorité nominale (2). Seulement il convenait de contrebattre les droits que l'Annam pouvait être amené à revendiquer un jour sur ces régions et de les occuper militairement pour mettre sans tarder davantage l'empereur Tu-Duc, et éventuellement le Quai d'Orsay, devant le fait accompli. La grande invasion du Tran-Ninh par les Hos allait lui en fournir l'occasion en 1873.

(1) Voir *supra*, note p. 231.
(2) Même sur l'ancienne principauté de Vientiane aux trois quarts dépeuplée où il avait eu la sagesse, ou la faiblesse, de laisser gouverner les anciens chefs de muongs dont il n'exigeait que le serment de fidélité et le versement des impôts, personnel et foncier, sous forme de tribut global annuel.

Invasion du Tran-Ninh par les Hos (1872). — Une importante bande de « Pavillons rouges », forte d'environ 2 000 pirates refoulés de la rivière Noire vers la fin de 1871 par les « Pavillons jaunes », s'abattit sur le plateau par Xieng-Kô qu'elle saccagea malgré la résistance désespérée des habitants et se retrancha dans l'île de Bandon, près du village de Banban. Une première colonne envoyée contre elle par Chao-Hung s'enfuit bravement dès le premier contact avec les envahisseurs ; et, comme en pays laotien tout finit par des chansons, cette panique fut aussitôt ridiculisée et mise en couplets qui se chantent encore aujourd'hui (1).

(1) Voici la traduction du premier de ces couplets :

Sanousit quitte sa pipe à opium qui est perdue.
Sisania jette sa lampe à opium.
Chao-un-Vico abandonne son gong annamite.
Tout est perdu, tout est jeté.
Ils se cachent dans la forêt, râlant de peur.
Ils ne gardent pas sur eux une épingle.
Ils se précipitent chez eux à travers les taillis
Par les chemins les plus courts.
Pendant trois jours impossible de manger.
Chao-un-Vico n'a plus face humaine (la peur a décomposé son
[visage).

« Il paraît qu'on fredonnait ce refrain sur le passage de Sanousit, de Sisania, de Chao-un-Vico quand ils traversaient les rues des villages. Le conteur qui me narrait cette histoire ajoutait naïvement : ils n'étaient pas contents du tout. » (Cf. capitaine DE PÉLACOT, *op. cit.*).

Une seconde colonne conduite par un chef incapable et poltron (1) traita lâchement avec les Hos qui s'organisèrent fortement dans leur repaire et commencèrent le pillage systématique des environs. Alors Chao-Hung demanda des secours au roi de Luang-Prabang et à l'empereur d'Annam ; Tu-Duc envoya 1 200 hommes, Oun-Kham 200, lui-même se mit à la tête de 400 Phoueuns et marcha résolument sur Bandon. Mais il commit la faute d'attaquer en ordre dispersé, sans commandement unique ; les Hos soutinrent le siège pendant quarante-huit heures, puis constatant le manque d'entente parmi les chefs alliés firent, le troisième jour, une sortie au cours de laquelle Chao-Hung fut tué. Sa mort jeta le désarroi parmi sa troupe et marqua la fin de la résistance (2).

Xieng-Kham et Xieng-Khouang furent aussitôt occupés par les Pavillons rouges, tout le Tran-Ninh envahi et dévasté, la plupart des villages brûlés, la population réquisitionnée, martyrisée par des atrocités sans nom. Si bien qu'au bout de quelques mois, les pirates ayant

(1) Phra-Phanom, cousin de Chao-Hung et stipendié par le Siam. (Cf. *ibid.*).

(2) Les Annamites regagnèrent Vinh au nombre de 700 (Cf. *ibid.*).

fait le vide absolu, ne trouvant plus rien à piller, songèrent à rançonner Luang-Prabang; ils s'étaient déjà mis en route lorsqu'un « mauvais présage » leur fit brusquement faire demi-tour et les dirigea sur Vientiane et Nongkhay.

Intervention siamoise (1872). — Ils ne rencontrèrent aucune résistance dans cette contrée dépeuplée dont les rares habitants, au seul bruit de leur approche, fuyaient terrorisés dans les forêts ; ils entrèrent sans difficulté et se fortifièrent dans l'ancienne capitale d'Anou, achevèrent d'en éventrer les ruines pour y chercher les trésors royaux (1) et de là poussèrent de rapides incursions jusque dans l'actuel muong de Borikhane.

Le gouverneur de Nongkhay, bloqué dans sa ville encombrée de fuyards, joignit ses cris d'alarme à l'appel que le roi de Luang-Prabang avait lancé à Bangkok et le gouvernement siamois dépêcha une armée qui parvint d'abord à refouler les Hos vers le nord, puis les attaqua de flanc en détachant 800 hommes pour étayer les forces qu'avait mobilisées le roi Oun-Kham. Mais la campagne si énergiquement engagée mollit bientôt devant les réactions des pirates

____

(1) Ils jetèrent bas la flèche centrale du That-Luong.

qui s'étaient enfermés dans des forts à peu près inexpugnables ; pressés d'en finir et de sauver la face, les chefs siamois composèrent avec eux et les autorisèrent à rester dans le pays contre une vague reconnaissance de la suzeraineté de Bangkok. Quant aux populations survivantes des circonscriptions purgées de Hos, elles furent « sévèrement blâmées d'avoir fui devant l'ennemi » et dirigées sur le Mékong avec leurs troupeaux. « Il partit 10 600 hommes, femmes et enfants. L'exode de ces pauvres gens à travers ce pays de famine fut lamentable ; la plupart moururent en chemin, quelques-uns parvinrent à s'enfuir. Il n'en arriva que 6 000 au Siam (1). »

Luang-Prabang avait été miraculeusement épargné, mais l'anarchie la plus violente se déchaînait aux portes mêmes de la principauté ; les « Pavillons jaunes » envahissaient les Sip-Song-Chau-Thaï, dont le chef Cam-Sinh avait lié partie avec les « Pavillons noirs » d'Ong-Liu (2) cependant que les Méos et les Khas s'agitaient à leur tour, d'abord semble-t-il, simplement pour se défendre contre les Hos, puis pour subsister, dans la confusion générale, en ravageant le pays de Dien-Bien-

(1) Cf. capitaine DE PLACOT, *op. cit.*
(2) Luu-Vinh-Phuoc, campé à Lao-Kay.

Phu jusque dans le Muong-Ngoï ; et le roi Oun-Kham, débonnaire et vieillissant, se sentait incapable, avec ses seules ressources, de calmer les mortelles inquiétudes de son peuple ; aussi les agents siamois, dont le nombre augmentait sans cesse, étaient-ils accueillis dans tout le Haut-Mékong comme les seuls protecteurs dont on pût attendre un secours efficace.

Relations avec les cantons de la rivière Noire. — Ce Cam-Sinh, d'origine chinoise lui-même, était pourtant un ami des princes de Luang-Prabang, mais il était alors trop occupé à chasser les envahisseurs de ses propres domaines pour prêter main-forte à son voisin.

Ses lointains ancêtres, mandarins militaires au Quang-Si, s'étaient établis, trois cents ans auparavant, dans le Muong-Laï qu'ils avaient pacifié pour le compte du roi d'Annam et leur autorité s'étendait autour de Lai-Chau jusqu'au Yunnan au nord, et jusqu'à Muong Thèng au sud (Dien-Bien-Phu, le berceau légendaire de la race laotienne). Ils s'étaient à cette époque pacifiquement entendus avec les rois du Lan-Xang, vraisemblablement Nokèo-Koumane ou Thammi-Karath qui venaient de

secouer le joug birman (1) et qui leur donnèrent
volontiers le commandement des Thaïs « blancs »
et « noirs » de la région contre le versement
triennal de trente-trois taëls d'argent « et un
cheval » (2). Dans la suite les relations étaient
devenues tout à fait amicales et confiantes au
point que Cam-Sinh, en lutte avec plusieurs de
ses parents vers 1850, n'avait pas hésité à confier à Souka-Seum deux de ses enfants dont
Deovan-Tri (3).

Révolte des Khas de Muong-Ngoï (1876). —
Ce n'est qu'en 1876, après avoir momentanément refoulé les Pavillons jaunes, qu'il put
envoyer quelques renforts à Oun-Kham pour
soutenir la lutte contre les Khas révoltés ; mais
à peine ceux-ci avaient-ils fait leur soumission
que Cam-Sinh était de nouveau débordé par un
retour offensif des pirates sur son territoire,
puis bientôt entraîné par son allié Liu-Vinh-
Phuoc dans la guerre d'embuscade que sou-
tenait l'empereur d'Annam dans le delta tonkinois contre les Français de Francis Garnier
et d'Henri Rivière.

(1) Voir *supra*, p. 97 et 100.
(2) Cf. Chronique de Muong-Laï remise, en 1894, par Deo-
van-Tri à Auguste Pavie.
(3) Voir *supra*, note p. 213.

Occupation siamoise (1883-1885). — Le vieux roi Oun-Kham resta donc seul en face des Hos toujours menaçants, des populations perpétuellement sur le qui-vive et des Siamois s'établissant chez lui chaque jour davantage comme en pays conquis. Ceux-ci redoublèrent d'activité lorsque l'avance française au Tonkin, malgré mille traverses, aboutit au traité de protectorat du 25 août 1883 qui posa de façon précise la question des frontières politiques de l'Annam. Les agents de Bangkok enrôlèrent aussitôt des recrues laotiennes, marchèrent sur Xieng-Kham, assiégèrent de nouveau les Hos dans leurs retranchements, mais subirent un échec si grave (1) que le roi Chulalongkorn décida l'envoi immédiat d'un important contingent pour occuper militairement tout le haut pays, au nord et à l'est de Luang-Prabang, jusqu'aux confins de la rivière Noire.

Dès son arrivée, en octobre 1885, le Chao-Meun-Vai-Voronat (2), commandant en chef des troupes d'occupation, prit possession effective de la principauté, en confia l'administration à deux commissaires ou Kaluongs placés

---

(1) Le général siamois Phya-Khon-Thay fut tué et ses troupes se débandèrent.

(2) Élevé à la dignité de « Phya » Surrissak à son retour à Bangkok en 1887. (Voir *infra*, p. 271.

auprès du roi Oun-Kham et partit lui-même en campagne, dans une marche prudente vers le Tran-Ninh et les Houa-Phans, emmenant plutôt en otages qu'en compagnons d'armes l'oupahat Souvanna-Phouma et l'un de ses fils.

CHAPITRE VII

INTERVENTION PRANÇAISE
DANS LES TERRITOIRES LAOTIENS

L'expédition siamoise avait été préparée dans un si grand secret que le comte de Kergaradec, notre représentant à Bangkok, n'en eut vent qu'après le départ des troupes du Chao-Meun. Ce mystère et cette hâte étaient le fait des conseillers britanniques du roi Chulalongkorn qui avaient vivement encouragé le monarque siamois dans cette lointaine campagne, où l'amour-propre national de la dynastie pouvait trouver des satisfactions territoriales n'affectant pas les intérêts de l'Angleterre tant malais que birmans (1). Sachant d'autre part le peu d'enthousiasme que « l'aventure tonkinoise » rencontrait à Paris, ils comptaient bien

(1) Le gouvernement anglais négociait alors pour son compte la délimitation des frontières siamo-birmanes et désirait se faire reconnaître la possession du territoire de Kareng, limitrophe de Xieng-Maï, dans la vallée de la Salouen. D'opportunes compensations vers l'Est lui semblaient évidemment de nature à faciliter l'acceptation du Siam.

qu'une rapide prise de possession par le Siam
des provinces limitrophes du Tonkin arrêterait
net les pénibles progrès de l'établissement français dans la vallée du fleuve Rouge, dont la
consolidation ne pouvait qu'entraver les projets anglais de pénétration commerciale au
Yunnan et dans les deux Khouangs. Une véritable conspiration du silence avait donc été
organisée autour de l'expédition dont l'importance et la signification ne furent dévoilées
au gouvernement français que par les énergiques protestations de la cour de Hué.

Protestation de la cour de Hué. — On était
pourtant au lendemain du sanglant guet-apens
manqué du roi Ham-Nghi et du régent Thuyêt
(tous deux alors en fuite) contre les troupes du
général de Courcy ; mais les ministres du nouveau souverain, Dông-Khanh, fidèlement rallié
au protectorat, ne manquèrent pas d'invoquer
aussitôt contre l'occupation siamoise la clause
du traité du 6 juin 1884 par laquelle la France
garantissait à l'empereur d'Annam l'intégrité
de ses États. Le Quai d'Orsay fit donc adresser
à Bangkok ses plus expresses réserves sur les
conséquences éventuelles de l'opération, mais,
fort peu renseigné lui-même sur la véritable
situation politique des pays compris entre Cor-

dillère et Mékong, il invita en même temps le gouvernement annamite à formuler ses revendications d'une manière indiscutable et précise.

Des négociations laborieuses et confuses s'engagèrent à Bangkok. Le Siam, solidement soutenu par l'Angleterre, protesta de sa bonne foi et de son unique souci de défendre contre les « Hos » des populations présentant avec lui des communautés de race, de langue et de religion, cependant que l'Annam affirmait ses droits de suzeraineté séculaire sur des principautés qui lui versaient un tribut régulier depuis le dix-septième siècle et dont les confins au delà des monts avaient été sur les demandes expresses des chefs indigènes, dès après la chute de Vientiane, convertis en « Phu » et « Huyên » directement rattachés aux divisions administratives de l'empire. Des cartes, d'ailleurs très fantaisistes, furent produites de part et d'autre, l'une dressée d'après des reconnaissances effectuées par le topographe anglais Mac-Carthy dans le Haut-Laos de 1883 à 1885, une autre établie par M. Deveria sur les indications de la cour de Hué.

Création d'un vice-consulat français à Luang-Prabang (novembre 1885). — Devant ces di-

vergences inconciliables, on décida finalement
d'y « aller voir » et le gouvernement siamois
admit l'établissement à Luang-Prabang d'un
vice-consulat français pour permettre aux deux
parties de faire délimiter sur place par leurs
représentants respectifs les territoires contestés. Le gouvernement français désigna pour
occuper ce poste un agent de la plus rare
valeur et dont l'action personnelle allait influer
profondément sur le cours des événements :
Auguste Pavie (1).

Cet homme simple et bon, qui « conquit les
cœurs » à son pays sur une superficie de territoires alors à peu près inconnus et supérieure
à celle de la France, ce « charmeur de peuples »
qui devait mourir ministre plénipotentiaire et
grand officier de la Légion d'honneur, eut les
débuts les plus modestes. Libéré en Cochinchine
comme sous-officier d'infanterie de marine, il
entra en 1868 dans l'administration des Postes
et Télégraphes qui lui confia, après la guerre
franco-allemande, la gestion du poste de Kampot, petit port cambodgien du golfe de Siam.
Il sut bientôt s'attirer la confiance des indigènes
et se passionna pour l'étude du passé glorieux
des anciens Kmers ; son enthousiasme décida

(1) Auguste Pavie, né à Dinan en 1847, mort en 1925 dans
sa propriété de La Raimbaudière.

le gouverneur Le Myre de Vilers à le charger,
en 1880, d'une mission d'études et de construction d'une ligne télégraphique entre Pnom-
Penh et Bangkok. Pendant cinq ans il parcourut le Cambodge en tous sens, rapporta de
ses voyages une abondante documentation et
les éléments d'une première carte des pays traversés, puis rentra en France avec treize jeunes
Cambodgiens pour lesquels fut créée à Paris
la future École coloniale.

Son ardent désir, maintes fois exprimé à ses
chefs, de compléter ses premiers travaux par
une exploration méthodique des régions laotiennes et d'aller « vers ces peuples du Nord
qui jadis avaient séduit Mouhot, Francis Garnier, de Carné », et plus récemment les docteurs
Harmand et Neïs (1), lui valut d'être nommé

(1) Le docteur Harmand avait été chargé, à son retour de
l'expédition du Tonkin, en 1874, d'une mission scientifique en
Indochine ; c'est au cours de cette mission dont la relation
parut dans le *Tour du Monde* (« Le Laos et les populations sauvages de l'Indochine ») qu'il parcourut, en 1877, le Bas et le
Moyen-Laos, de Bassac à Lakhône et de Lakhône à Hué,
franchissant les Kemmarat, explorant la Sé-Bang-Hien, ga-
gnant Hué par la Sé-Tchépone. Il démontrait ainsi pour la
première fois la possibilité de se rendre des rives du Mékong
à la côte d'Annam.

Le médecin de marine P. Neïs, chargé à son tour en 1882
par le ministère de l'Instruction publique d'une mission scientifique dans le Bas-Laos, avait été avisé à son passage à Sin-
gapoor, par M. Le Myre de Vilers, de l'intérêt plus immédiat

vice-consul de 2e classe à Luang-Prabang avec mission « de rechercher les voies de communication unissant à l'Annam et au Tonkin les pays dont nous revendiquions la possession ». Après trois mois et demi seulement de séjour en France il ralliait Bangkok en mars suivant, impatient de vivre son rêve ; mais il avait compté sans le mauvais vouloir des autorités siamoises.

Convention provisoire du 7 mai 1886. — Le 7 mai 1886 une convention provisoire était signée pour sanctionner la création du vice-consulat français, mais une habile rédaction reconnaissait implicitement, comme contre-partie, l'autorité du Siam sur la principauté laotienne. Le gouvernement de Bangkok se flattait d'obtenir la ratification de cet acte avant l'arrivée à son poste du représentant de la République dont le rôle se bornerait ainsi à fixer les limites du « Laos siamois ». Or, le Quai d'Orsay, rendu circonspect, réserva son

que présentait la reconnaissance des régions situées entre le Luang-Prabang et le Tonkin. Documenté par le docteur Harmand, alors consul à Bangkok, il remonta le Mékong et atteignit la plateau du Tran-Ninh, mais les incursions hos le refoulèrent sur Luang-Prabang où il séjourna pendant huit mois (1883) sans pouvoir reprendre sa marche vers l'est ; il dut se borner à regagner Bangkok par Xieng-Sen et Xieng-Maï.

acceptation jusqu'à la réception des premiers rapports de son représentant (1). De sorte que l'exequatur fut refusé à Pavie qui dut se mettre en route « en simple voyageur » après avoir attendu ses passeports pendant six mois, — le temps nécessaire au Chao-Meun pour accomplir intégralement sa mission, — et qui fut contraint d'emprunter la voie la plus longue par Xieng-Mai, où sa marche fut encore ralentie pendant deux mois par le rassemblement des éléphants nécessaire à son convoi.

PREMIÈRE MISSION PAVIE (1887-1889).

Il ne parvint à Luang-Prabang que le 10 février 1887, accompagné de huit Cambodgiens qui se révélèrent les plus fidèles et dévoués compagnons (pour la plupart recrutés cependant en un jour à Pnom-Penh) et d'un fonctionnaire siamois « chargé de l'assister dans ses rapports avec les autorités du pays ». A peine est-il arrivé que le voilà sous le charme « de ce délicat paysage subitement développé par l'action d'une lumière d'une douceur reposante ». De la rive droite où il se propose d'édifier son habitation il ne se lasse pas d'admirer « le plus

(1) Les avis de Pavie et les dramatiques événements de juin 1887 firent abandonner toute velléité de ratification.

beau site du Laos, merveilleux de couleur et d'animation, qui donne par sa nouveauté, avec son long rideau de montagnes vert sombre en arrière, un étonnement aux yeux qui saisit l'imagination ». — « Je me sens, écrit-il, tout heureux à l'idée d'habiter en ce coin ravissant devant un aussi incomparable décor (1). »

Il est accueilli cérémonieusement par les deux commissaires siamois : le gouverneur de Sukhotaï et le louang Pitsanoulep, chargés de l'administration intérieure du royaume, qui multiplient les précautions pour l'isoler du roi, des mandarins, des habitants et qui évitent de se compromettre en répondant à toutes ses questions que le véritable maître du pays seul qualifié pour lui fournir des renseignements sur ses projets de voyage vers le Tonkin, est le Chao-Meun, vainqueur des Hos, et dont le retour triomphal est proche.

En attendant l'arrivée de ce personnage tout puissant, Pavie s'installe vaille que vaille, parcourt la ville et ses faubourgs, visite les pagodes, engage, au hasard des rencontres et malgré l'étroite surveillance dont il est l'objet, des causeries familières avec les indigènes dont il gagne aussitôt la sympathie par son exquise

(1) *Mission Pavie*, « Géographie et Voyages », t. VI, p. 32.

bonhomie ; il se fait dès le premier contact un ami du Satou (1) de Wat-Mai, ravi du grand intérêt qu'il manifeste pour les coutumes et les légendes laotiennes. Il est à Luang-Prabang depuis quelques jours seulement et déjà sa pittoresque silhouette est connue de tous ; sur son passage, les visages confusément inquiets se détendent, chacun lui sourit, le salue d'un mot, involontairement attiré, confiant, conquis...

Il insiste avec tant de simplicité pour être reçu par le roi Oun-Kham que les Kaluongs n'osent différer plus longtemps l'audience qu'ils ont commis l'imprudence de ne pas lui refuser net. Le 15 février, ils le présentent au vieux monarque, âgé de soixante-seize ans, sourd, asthmatique, « à la vérité très affaibli, » auquel de toute évidence une sévère leçon a été faite et qui semble « éprouver une grande appréhension des ennuis que l'arrivée d'un agent français peut lui causer dans le moment surtout où des troupes siamoises occupent sa principauté ».

Cette réception guindée sous laquelle Pavie devine l'effort pour masquer une grande bienveillance naturelle ; le maintien embarrassé du

____

(1) Supérieur de la bonzerie.

fils aîné Kham-Souk et celui de l'Oupahat,
« princes déjà âgés, » qui bien que titulaires
des premières charges du pays, se tiennent
« humbles devant les Kaluongs, cherchant dans
leurs yeux approbation des réponses qu'ils
font » au visiteur ; les éloges qu'il recueille « tout
bas « en ville sur » ce roi chéri de son peuple »
et mis en tutelle par des agents étrangers, le
confirment dans les soupçons qu'a fait naître
en son esprit l'attitude énigmatique et réservée
des Kaluongs. Il consigne ses impressions sur
son journal de route : « Vos soldats, j'en ai de
plus en plus le doute, font campagne dans un
pays où le Siam n'a rien à voir. Même ici où
nous sommes, je sens que vos droits ne sont
pas établis... (1). »

Enfin le Chao-Meun arrive. Le 13 mars il
paraît, dans une brillante parade, entouré de
ses officiers, des princes en grand costume, et
des chefs des bonzes venus le remercier « d'avoir
sauvé le pays et assuré la paix des frontières »;
ses troupes vêtues de bleu, casquées de blanc,
défilent à l'européenne, clairons en tête sous
les arcs de triomphe dressés en leur honneur
depuis la berge jusqu'à l'entrée du camp. Jeune,
alerte, « plein d'aisance et d'aménité, » Vaï-

______

(1) *Mission Pavie, ibid.*, p. 38.

LE PÉRISTYLE DE VAT-MAÏ A LUANG-PRABANG

Voronat reçoit Pavie avec une aimable assurance, lui déclare qu'il a pleins pouvoirs et lui fait part des heureux résultats de sa campagne dans les Houa-Phans et les cantons de la rivière Noire ; d'après lui, tous ces pays sont désormais pacifiés, les bandes de Hos qu'il n'a pas chassées ont fait leur soumission et reconnu l'autorité du Siam ; comme garantie de leur fidélité il est suivi d'un grand nombre d'otages ; le « voyageur » français peut donc, puisqu'il y tient, continuer en toute sécurité sa route vers le Tonkin, bien que les pluies prochaines risquent de rendre les chemins difficiles et le climat dangereux... c'est ainsi que l'an dernier sa troupe a perdu par la fièvre le tiers de son effectif. Il ajoute qu'au cours de son séjour à Muong-Son, il a connu le grand prince annamite Thuyêt, ex-régent de l'empire dont il avoue avoir favorisé la retraite vers Muong-Lai (1) et qui lui a reconnu la possession de tous ces territoires.

Et sur une carte dressée par ses soins il indique à son interlocuteur étourdi par sa volubile éloquence, les confins siamois qu'il faut aller chercher au delà des Douze Cantons, « dépendances de la principauté de Luang-Pra-

(1) Thuyêt, après la dispersion des bandes, passa en Chine sous la protection de Deo-van-Tri.

bang dont la France ne peut manquer de reconnaître la sujétion au Siam par la Convention en ce moment soumise à la ratification de son Parlement ».

De ces déclarations, qui ont au moins le mérite d'être nettes, Pavie ne peut pour l'instant retenir que la possibilité pour lui de se remettre en route afin de poursuivre l'un des buts essentiels de sa mission : trouver une voie pratique unissant le Mékong au Tonkin.

Faux départ vers le Tonkin (avril 1887). — Il part donc le 30 mars, remonte le Nam-Ou jusqu'à Muong-Ngoi et se dirige vers la ligne de partage des eaux du Mékong et de la rivière Noire lorsque, le 17 avril, il croise des fuyards montés sur une douzaine de radeaux de bambous « frais coupés » qui lui annoncent que dans la nuit même, de nombreuses bandes armées ont pris Muong-Theng, qu'elles se préparent à marcher sur la capitale et que « tout le monde s'est sauvé dans les bois ». Il retourne à Muong-Ngoï d'où il envoie un courrier porter à Luang-Prabang cette inquiétante nouvelle ; huit jours après il reçoit la réponse du chef siamois qui l'assure qu'il ne faut attacher aucune importance à cette affaire mais que décidément la saison s'annonçant très défavorable il est prudent pour lui de regagner Luang-Prabang ou même mieux Bangkok. Et comme il persiste à vouloir repartir en avant, ses bateliers effrayés menacent de l'abandonner ; force lui est de rebrousser chemin et de rentrer à Luang-Prabang où il arrive, le 10 mai, pour y apprendre la surprenante nouvelle du départ du Chao-Meun et du premier Kaluong.

Départ des troupes siamoises pour Bangkok (mai 1887). — Ceux-ci sont partis pour Bangkok, cinq jours auparavant, avec toutes les troupes, emmenant en outre les chefs des pays conquis, les otages des bandes hos, les fils aînés du roi et de l'Oupahat, trente jeunes gens de la famille royale ou fils des premiers mandarins et plusieurs hauts fonctionnaires.

Cette retraite précipitée, dans des circonstances aussi critiques, a provoqué une vive effervescence parmi la population qui accrédite et colporte les bruits les plus alarmants ; on chuchote que l'objectif des bandes est la délivrance des fils de Cam-Sinh, déloyalement enlevés par le Chao-Meun, enchaînés sur son ordre et dirigés sur Bangkok, — qu'une vengeance terrible est à redouter de la part de leur frère aîné Cam-Oum appelé Deo-van-Tri par les

Annamites dont chacun connaît l'indomptable énergie et qui commande les Pavillons noirs à la solde de son père le grand chef de la rivière Noire, — que si Deo-van-Tri n'est pas un ennemi de Luang-Prabang où il a résidé dans sa jeunesse (1), nul ne sait jusqu'où peut aller sa colère contre les Siamois, qu'au surplus ses soldats ne sont que des Hos, cruels et pillards qui ne respectent rien... Ces craintes se précisent chaque jour davantage, la descente du Nam-Ou par les bandes est bientôt confirmée et le malaise dégénère en profonde anxiété dans la ville indéfendable sans garnison, sans chefs qui ne soient des vieillards, derrière ses murailles écroulées depuis leur lointaine destruction par les gens de Vientiane.

Sac de Luang-Prabang par Deo-van-Tri (*juin* 1887). — Pavie offre au roi ses services et ses conseils, mais le Luong-Pitsanoulep dont la situation devient fort embarrassante, les refuse assez brutalement, — et l'inévitable se produit : le 7 juin Deo-van-Tri débarque à Xieng-Thong avec 600 pirates, s'installe dans la pagode qu'il connaît bien pour y avoir étudié jadis, réclame ses frères, exige la livraison du

(1) Voir *supra*, p. 213 et 247.

trésor royal et, le 10, las de parlementer sans résultat, livre la ville à ses hommes qui la mettent au pillage, l'incendient, égorgent ceux qui n'ont pu fuir... Pavie, saisi d'inquiétude dès le premier coup de fusil, envoie aux nouvelles l'un de ses Cambodgiens, Kèo, qui parvient au palais au moment même où les pirates l'envahissent ; le brave serviteur aperçoit le vieux monarque qui se dirige en chancelant vers son trône doré pour y mourir dignement ; il le saisit, l'entraîne presque de force vers la berge, et sous la fusillade qui fait tomber plusieurs de ceux qui l'ont suivi, le hisse sur une pirogue et rejoint à toutes rames celle de son maître qu'entourent le Kaluong atterré, la reine qui brandit un sabre, figée dans une attitude quasi hiératique, le Satou de Wat-Maï, étendu, la cuisse traversée d'une balle, parmi de nombreux blessés recueillis au passage.

« Quelle scène indescriptible ! note Pavie sur son journal au lendemain de cette tragédie ; le Mékong charrie le peuple d'une ville grossie par la panique de plus de cent villages, fuyant devant 600 mauvais fusils...

« Le vieux prince, d'une voix brisée par l'émotion, dit, me prenant la main et me montrant Kèo :

« — Sans lui je serais mort, merci de l'avoir envoyé (1). »

Fuite du roi et séjour à Paklay (juin-août 1887). — Cependant les Hos, préoccupés surtout du pillage, semblent renoncer à poursuivre les pirogues qui descendent silencieusement sous la pluie qui fait rage. Et c'est l'exode lamentable de toute une population livrée aux caprices du courant et des dangereux tourbillons du fleuve. Au soir, on s'arrête à Pak-Nan ; Pavie panse les blessés, en hâte on construit des radeaux à la clarté d'un incendie subitement allumé dont les flammes dévorent les maisons de la rive ; le lendemain c'est le passage du Keng-Luong, le « rapide royal » qui engloutit nombre de pauvres gens montés sur de frêles embarcations ; et le 13 on atteint Paklay dont les habitants « sont dans les bois ou partis chercher asile chez les Khas des montagnes ».

Pavie rédige aussitôt son courrier, le confie à Kèo qui part, brûlant les étapes, vers la Ménam et Bangkok. Le Kaluong « installé à terre, a la tête perdue », ne songe qu'à repartir, croit voir à tout instant les Hos paraître à l'horizon, mais le roi ne veut pas semer plus

(1) *Mission Pavie, ibid.*, p. 91.

loin la panique dans les villages encore paisibles du Sud et déclare qu'il n'ira pas plus loin, qu'il attendra les nouvelles que ne peuvent manquer d'apporter les derniers fuyards. De fait un de ses orfèvres, épargné par miracle, arrive bientôt, qui raconte que les bandes sont reparties dès le 13 vers Pak-Ou, ne laissant derrière elles qu'une immense fumée ; pourtant les pagodes sont intactes, mais toutes les maisons des princes ont été pillées et détruites ; le second roi a été tué (1).

A ces nouvelles, Oun-Kham se répand en amers reproches contre les Siamois qu'il accuse « d'avoir occupé son royaume quand tout allait bien et de l'avoir abandonné à l'heure du danger » et s'adressant au Kaluong il ose enfin lui dire toute sa pensée :

« J'ai dû fuir presque nu ; j'ai sur moi les vêtements que m'a donnés M. Pavie à qui je dois de vivre encore ; c'est vous qui m'avez empêché de l'écouter dès son arrivée. Que ne l'ai-je fait, malgré vos mauvais conseils ! Je me confie à lui et ferai ce qu'il décidera. »

Pavie décide d'attendre à Paklay les résultats de la mission de Kèo. Il soigne le roi tombé malade après tant d'émotions et de misères ;

____

(1) Souvanna-Phouma, v. note p. 202 et p. 249.

prodigue les ressources de son dévouement à son ami le Satou de Wat-Maï dont la jambe s'ankylose et à dix-sept blessés laotiens, derniers rescapés du massacre ; par l'entremise du Satou il prend connaissance des manuscrits royaux retrouvés au complet dans la pagode de Wat-Maï (1) ; aidé de ses traducteurs cambodgiens Ngin et Som il y apprend l'histoire du Lan-Xang « qui fut un grand État longtemps indépendant, parfois suzerain du Siam et dont le vasselage ne remonte guère à plus d'un siècle ». Oun-Kham, qui se rétablit lentement, est pénétré de gratitude pour l'inépuisable bonté de son sauveur et s'offre, malgré « sa mémoire affaiblie », à compléter sa documentation :

« Interrogez-moi, lui dit-il, je vous répondrai... Notre pays n'est pas une conquête du Siam. Luang-Prabang, voulant protection contre toutes attaques, volontairement lui offrit tribut. Maintenant, par son ingérence, notre ruine est complète. Si mon fils consent, nous nous offrirons en don à la France, sûrs qu'elle nous gardera des malheurs futurs. »

Pavie qui ne savait rien, ou presque rien sur les territoires au delà du fleuve « où son rôle

(1) Un frère du Satou les apporte de Luang-Prabang le 10 juillet. (*Mission Pavie, ibid.*, p. 126.)

l'appelle », perçoit de plus en plus clairement qu'une consigne précise a été répandue depuis son arrivée pour « laisser les choses obscures à ses yeux » et peu à peu il entrevoit l'enchaînement dramatique des derniers événements dont l'incohérence l'avait confondu : les cantons thaïs de la rivière Noire dépendent sans conteste possible de l'Annam (1) ; le Chao-Meun, contrairement à son affirmation, s'était au cours de sa campagne vainement efforcé de décider Cam-Sinh à reconnaître l'autorité du Siam ; les fils du vieux chef de Muong-Laï, attirés par surprise dans un véritable traquenard, avaient payé de leur liberté le refus de leur père ; et le rude guerrier qu'était leur frère Cam-Oun avait voulu venger cet affront en frappant les Siamois au cœur de leur conquête. « C'était donc vrai ! s'écrie Pavie, ce que racontaient avec effroi ·certains habitants de Luang-Prabang quelques jours avant l'invasion ! Que ne l'ai-je su par le moindre avis lors de l'enlèvement ! j'aurais parlementé malgré l'opposition du Kaluong et j'aurais peut-être arrêté la marche des bandes. Mais le mal sera réparé autant qu'il se peut. On doit en donner la bonne assurance à toutes

(1) Voir *supra*, p. 246.

les familles. Les fils de Cam-Sinh seront délivrés. Je vais de suite faire la lettre de
réclamation. »

Cependant, à Bangkok, le consul de France
et la cour apprenaient avec stupeur par l'in-
trépide Kèo la sanglante incursion et le sac de
Luang-Prabang, dans le moment même où le
roi de Siam faisait un triomphal accueil au
Chao-Meun et à ses soldats. Toutefois la première émotion calmée, le gouvernement royal
se ressaisit et sut faire bonne contenance ; il
affecta de ne voir dans l'affaire qu'un dernier
soubresaut des bandes, imputable à Deo-van-
Tri, cet « ennemi mortel des Français » qui
s'était absolument mépris sur les intentions du
Chao-Meun ; et pour achever de sauver la face,
il chargea ce dernier, promu à la dignité de
Phya Surrissak, d'organiser immédiatement
une nouvelle expédition qui rétablirait l'ordre
dans la principauté ; il fit prier dans les termes
les plus déférents le vieux roi Oun-Kham de
venir à Bangkok arrêter en personne les me-
sures de relèvement et de restauration de son
pays ; enfin, pour marquer son désir de sincère
collaboration avec le gouvernement de la République dans la question des frontières, il
promit la mise en liberté des captifs de Muong-
Laï et chargea l'un d'eux, Cam-Sam, d'aller

porter lui-même à son père des paroles de conciliation et de paix (1).

Commission franco-siamoise et colonne Pernot
(*octobre* 1887). — Mettant à profit ces heureuses
dispositions notre diplomatie fit aussitôt adopter l'institution d'une commission « ayant pour
objet l'étude des frontières » et dont les
membres (Pavie avec deux officiers français et
trois agents siamois) se rendraient au-devant
de deux colonnes en formation au Tonkin et
confiées au colonel Pernot et au commandant
Oudri en vue de pacifier la haute région jusqu'aux cantons de la rivière Noire. De la convention du 7 mai 1886 il ne fut plus question.

Dès qu'il eut connaissance de cet arrangement, Pavie résolut de regagner au plus tôt
Luang-Prabang et dut, quoi qu'il lui en coûtât,
se séparer du vieux roi Oun-Kham. Ce dernier
n'obtempéra pas sans appréhension ni répu-
gnance à la convocation déguisée de la cour
siamoise, mais il eut dès son arrivée à Bangkok
la surprise d'être accueilli par le roi Chula-

(1) Il devait dire en réalité : « qu'aucun mal n'avait été fait
aux prisonniers, qu'on comprenait à Bangkok la destruction
de Luang-Prabang et qu'on l'excusait, que les Français, l'en
nemi commun, approchaient, qu'il fallait être unis et tout
mettre en œuvre pour leur résister. » — (*Mission Pavie*, « Géographie et Voyages », t. VII, p. 134.)

longkorn avec les plus grands égards et d'y recevoir les honneurs dus à son rang dont les Kaluongs l'avaient depuis longtemps déshabitué ; Pavie qui l'avait accompagné, le plus loin possible, depuis Paklay jusqu'à la Ménam, avait vu juste lorsque, en le quittant à Muong-Fang, il l'avait, pour le réconforter, assuré qu'au Siam « on serait bon pour lui parce que tous les efforts tendraient à lui faire oublier son ami français ». Quelques semaines plus tard, son fils aîné Kham-Souk fut autorisé à rentrer dans son pays et partit avec une petite troupe commandée par Louang Datzakorn précédant en avant-garde la nouvelle armée du Phya Surrissak.

A la fin de novembre, Pavie était de retour à Luang-Prabang et, dans l'attente des nouvelles de la marche de la colonne Pernot partie de Lao-kay vers Lai et Theng, s'installait provisoirement chez le Satou de Wat-Maï. Il reprit là sans effort ses rapports confiants avec les « bons habitants » qui le connaissaient tous et laissaient « tant voir qu'ils le trouvaient chez lui dans la bonzerie que l'on pouvait croire qu'il y était fixé depuis des années ». La « cité charmeuse » renaissait de ses cendres, des cases toutes neuves surgissaient des décombres, le marché se reformait, les vendeuses y revenaient

chaque jour plus nombreuses, Laotiennes ou
Lues de la campagne, timides femmes khas de
la forêt voisine, filles de Luang-Prabang que
Pavie reconnaissait à « l'aisance des gestes et
de l'attitude, à plus de souplesse et de distinction, à leur civilité douce et familière, à
leur coquetterie d'un charme ingénu ». Ce
« peuple aimable » se reprenait à vivre au lendemain de son malheur avec une rare insouciance, comme inconscient des incertitudes du
présent, malgré les menaces de l'avenir. « Et
chaque soir, aux feux des étoiles, un peu partout s'assemblaient des troupes de jeunes
femmes décidées, de jeunes filles turbulentes
et rieuses qui suivaient en chantant jusqu'à
l'aurore les joueurs de khène... »

S'il goûtait toute la poésie de ce nonchalant
renouveau, Pavie n'en était pas moins pressé
d'aller enfin prendre contact avec les cantons
du haut pays ; il s'impatienta bientôt de ne
recevoir aucun renseignement précis sur la
marche des colonnes dont il savait seulement
la concentration des forces du colonel Pernot
à Phong-Tho et le départ du détachement
Oudri vers Son-La. D'autre part, le retard singulier apporté par Bangkok à lui adjoindre les
trois « commissaires » promis lui faisait redouter
à juste titre des manœuvres occultes de la part

des agents siamois demeurés dans les Douze Cantons après la retraite du corps expéditionnaire du Chao-Meun.

Double action de Pavie et du colonel Pernot dans les cantons de la rivière Noire (janvier-février 1888). — Las d'attendre en vain, il se décida brusquement, le 28 janvier 1888, sur la foi de vagues bruits signalant la présence de soldats français dans la région de Muong-Laï, à partir, seul ou presque, à la rencontre du colonel Pernot. Avec un beau mépris du danger, il remonta le Nam-Ou et le Nam-Ngoua, campant dans les villages brûlés et quasi déserts, risquant d'être assailli à chaque détour de la rivière, mais recueillant de précieux renseignements sur les mouvements des bandes et sur l'état d'esprit des populations, auprès des rares habitants revenus « inquiets et mornes » près de leurs cases calcinées. C'est ainsi qu'il eut confirmation de l'arrivée à Laï de la colonne Pernot le 16 janvier après de violents engagements avec les Pavillons noirs de Deo-van-Tri qui avaient tenté de lui barrer la route et qu'elle avait rejetés vers le Nord ; au cours de ses conversations avec les chefs indigènes (aussitôt gagnés à leur tour par l'inexplicable confiance qu'inspirait partout cet extraordinaire messager de paix) il acquit la conviction que les autochtones razziés depuis si longtemps étaient tout disposés à accueillir les Français en protecteurs contre les pirates, mais qu'ils conservaient une attitude réticente par crainte de représailles siamoises si, comme ils le croyaient, nos troupes ne faisaient que passer. « Nos soldats s'éloignent, leur répondait Pavie, mais d'autres viendront ; ayez-y confiance. Vous êtes devenus sujets de la France comme les Annamites dont vous dépendiez. »

Le 17 février, il rejoignit enfin, avec quelle joie ! à Tuan-Giao, la colonne Pernot alors qu'elle tiraillait encore contre les débris d'une dernière bande. Il l'accompagna jusqu'à la rivière Noire où elle fit sans encombres sa jonction avec le détachement Oudri, lui-même solidement installé dans Son-La. Après avoir exposé par le menu au colonel le fruit de ses observations de toute une année au Laos et développé ses projets de « mission pacifique » dont il garantissait, avec une foi tenace d'apôtre, le plein succès, Pavie convint d'un plan d'action commun : création de postes à Laï-chau, à Son-La, à Van-Bu pour affirmer notre volonté de nous maintenir dans le pays, et négociations immédiates avec ceux des chefs indigènes qui avaient lié partie avec les pirates, plus spé-

cialement avec Deo-van-Tri qui ne semblait pas
être un vulgaire chef de bandes mais un adversaire intelligent et loyal jouissant d'une grande
autorité et dont la soumission serait grosse de
conséquences. Puis il rallia Luang-Prabang
afin d'y arrêter définitivement le programme
des reconnaissances à effectuer pour la « commission de délimitation » avec ses nouveaux
collaborateurs, les officiers Cupet et Nicolon,
désignés pour l'assister dans ses travaux topographiques (1).

Retour à Luang-Prabang et voyage à Hanoï
(*mars-mai* 1888). — Ceux-ci venaient de parvenir à Luang-Prabang comme il y parvenait
lui-même (le 26 mars) ; il y trouva également
le Phya Surrissak arrivé quelques jours auparavant avec sa troupe et les otages. Une douce
quiétude régnait en ville où l'on commentait
hardiment la démoralisation des bandes refou-
lées par les Français, le découragement des
agents siamois « qui ne songeaient plus qu'à

(1) Dans sa profonde satisfaction des résultats obtenus de
concert avec le colonel Pernot, Pavie était d'ores et déjà bien
décidé à « donner » le Laos à la France. Il l'indique à la date
du 23 mars sur son journal de route, dans le très curieux style
rythmé qui lui est propre : « Je dis l'idéal — dont je suis
épris — faire du Laos — un pays français — de l'assentiment
— de ses habitants. »

se ménager dans les Douze Cantons une retraite honorable », et l'on attendait joyeusement le retour dans sa capitale du bon roi Oun-Kham dont le passage « en grande pompe » venait d'être signalé à Paklay.

L'entrevue de Surrissak et de Pavie fut très courtoise, presque cordiale. Ces deux hommes, qui servaient leur pays chacun à sa manière mais avec un égal dévouement, n'avaient pu s'empêcher d'éprouver à la longue l'un pour l'autre un sentiment d'estime réciproque, Pavie jugeant avec sa bienveillance habituelle le chef siamois esclave de sa consigne mais toujours aimable et sympathique d'allures ; ce dernier attiré comme malgré lui vers l'étonnant Français dont l'humeur égale et la simple franchise en toutes circonstances lui semblaient être les manifestations d'une prodigieuse habileté et le comble de la rouerie. Pavie ne lui cacha pas les résultats de l'expédition qu'il venait d'accomplir, ni sa ferme intention de revendiquer les Douze Cantons comme dépendances de l'Annam ; quant à la fixation des frontières, elle ne lui semblait possible qu'après l'achèvement des études qu'allaient entreprendre ses adjoints et la nouvelle reconnaissance qu'il se proposait d'effectuer lui-même vers Hanoï par le nord-est à travers les régions encore occupées par les Pavillons noirs d'un lieutenant de Luu-Vinh-Phuoc, Ong-Ba, dont il escomptait la soumission.

Dans ce double but, il confia le poste consulaire à Nicolon, spécialement chargé du « secteur » de Luang-Prabang, et partit le 8 avril, accompagné de Cupet, jusqu'à Takhoa par Ngoi, Son et Muong Hett où ce dernier devait le quitter pour continuer ses opérations au Tran-Ninh. Il emmenait aussi trois des captifs de Laï (1) que lui avait remis Surrissak non sans hésitation et dont il sut en quelques jours se faire des alliés convaincus ; comme il arrivait à Hett, il fut accosté par un groupe de femmes éplorées, qui venaient lui demander la grâce de leurs époux, une vingtaine de pirates capturés les armes à la main par le poste français de Son-La et qui devaient être fusillés. Pavie dépêcha aussitôt un courrier pour inviter le chef du poste de Son-La à suspendre tout acte de guerre jusqu'à nouvel ordre ; geste de clémence qui reçut aussitôt sa récompense : Ong-Ba, prévenu, vint lui-même le remercier d'avoir sauvé la vie à vingt de ses hommes, lui offrit l'hospitalité dans son poste et lui

____

(1) Cam Houil, frère de Deo-van-Trit ; Cam Doi, son beau-frère, chef du canton de Tuan-Giao où Pavie avait rencontré la colonne Pernot, — et un talahié (capitaine) des Pavillons noirs.

remit trois émissaires de confiance chargés de porter sa soumission à Hanoï.

Le voyage s'acheva sans autre incident. Le général Bégin fit à Pavie le plus chaleureux accueil et reçut avec bienveillance les délégués chinois qui s'étaient fiés à lui ; puis sans perdre de temps et pour permettre au gouvernement de la colonie de tirer parti de la connaissance du pays qu'il venait d'acquérir, Pavie remit au général une étude politique comportant un programme complet de pacification et d'établissement progressif de notre autorité sur les cantons de la rivière Noire ; la lettre par laquelle il fut remercié de ce travail vaut d'être citée presque en entier, car elle résume éloquemment la tâche accomplie et « fait le point » en éclairant avec précision cette première étape de notre installation dans l'Indochine septentrionale :

Hanoï, le 28 juillet 1888.

Le général Bégin, commandant en chef des troupes de l'Indochine, à monsieur Pavie, vice-consul de France à Luang-Prabang, Hanoï.

Monsieur le vice-consul,

Le mémoire que vous m'avez fait l'honneur de m'adresser le 5 juillet dernier, est un document géographique et politique de la plus haute importance, il nous fait connaître la région jusqu'ici complètement ignorée, qui s'étend entre Luang-Prabang et la rivière Noire, son ethnographie compliquée, et les routes qui la traversent et que notre commerce pourra utiliser dans un avenir prochain. Grâce à votre profonde connaissance de l'Indochine et à votre infatiguable activité, ces premiers résultats ont été obtenus en moins de six mois.

Mais ce rôle d'explorateur n'a pas suffi à votre patriotisme aussi ardent qu'éclairé ; utilisant avec un remarquable esprit d'à-propos l'impression produite par la marche de la colonne Pernot jusqu'à Dien-Bien-Phu, vous avez projeté d'établir à vous seul l'influence française sur cette région convoitée par une puissance voisine et occupée militairement par les bandes d'aventuriers chinois que nous avons rejetées hors du Tonkin. Le succès a couronné une entreprise que bien des esprits eussent qualifiée naguère de chimérique. Confiants dans votre réputation de bienveillance et de loyauté, les chefs des trois bandes importantes établies sur le haut Song-Ma et sur la rive droite de la rivière Noire, se sont déterminés à entrer en pourparlers avec vous puis à vous accompagner à Hanoï pour faire des offres de soumission que j'ai acceptées.

Plusieurs indices permettent de croire que ces soumissions obtenues sans sacrifice de sang ni d'argent vont être suivies de plusieurs autres. Mais déjà celles que vous avez si habilement ménagées permettent à nos convois de circuler en sécurité tout le long de la rivière Noire, et le protectorat réalise ainsi une notable économie sur les dépenses de ravitaillement de nos postes.

Tels sont les résultats importants obtenus.....

. . . .

Signé : Bégin (1).

Extension du programme de la mission (juillet 1888). — L'autorité militaire se mit aussitôt d'accord avec le résident général Constans et le Quai d'Orsay pour charger notre consul : 1º de parachever l'organisation du pays qu'il venait d'attacher si heureusement à la cause du protectorat ; 2º de pousser ensuite ses investigations vers le sud jusque dans la région du Cammon-Camkeut où les autorités annamites avaient récemment signalé l'arrivée inopinée de soldats siamois. Le gouvernement de Bangkok, contraint par l'évidence, dut se départir de son attitude intransigeante sur la question des Douze Cantons et ne put refuser son agrément à l'élargissement de la mission de Pavie auquel furent adjoints de nouveaux collaborateurs : le commandant Pennequin, délégué dans les fonctions de résident de Sonla,

(1) *Mission Pavie*, t. VII, p. 151.

le pharmacien-major Massie, le lieutenant Messier de Saint-James, le publiciste Nicolle (1) et les colons Vâcle et Garanger.

Avec ces compagnons il repartit au début d'août pour la haute rivière Noire ; il s'était fait précéder par les délégués chinois afin d'aller prévenir les bandes du bon accueil fait à leurs demandes de soumission et par les otages de Laï envoyés vers Cam-Sinh et Deo-van-Tri (2) pour leur proposer une paix sincère et durable avec la France.

Le 5 octobre, il reçut en cours de route la soumission définitive des Pavillons noirs dont le chef Ong-Ba venait de mourir, et, quelques jours après, il fut rejoint par un autre fils de Cam-Sinh, dépêché à sa rencontre pour lui exprimer la reconnaissance éprouvée par les siens de la délivrance des trois otages mais lui dire aussi leur extrême impatience d'obtenir la libération des deux derniers frères, Cam-Sam et Cam-La, encore prisonniers des Siamois, et lui porter enfin la promesse ferme donnée par Deo-van-Tri lui-même de servir loyalement les

______

(1) Qui devait mourir d'un accès pernicieux trois mois après.

(2) Depuis sa défaite par la colonne Pernot, Deo-van-Tri s'était retiré vers le nord à Muong-Té ; il avait favorisé la fuite en Chine de l'ex-régent Thuyet, mais dans l'attente des événements il s'abstenait de tout acte de guerre.

Français si ceux-ci consentaient à rétablir sa famille dans ses droits séculaires sur le pays de Laï-chau (1).

Remise des cantons thaïs par le Siam (décembre 1888). — Le 13 décembre, il arrivait à Theng où le Phya Surrissak l'attendait pour lui remettre, au nom de son gouvernement, les cantons thaïs reconnus désormais français. Quelque amertume qu'il en eût, le chef siamois se présenta, de fort bonne grâce, « avec son cortège dans la grande salle de la citadelle où étaient assemblés les chefs indigènes »; en termes simples, il les invita à servir fidèlement les Français et leur souhaita de « jouir du repos après le malheur » et de « devenir prospères comme ils le méritaient ». Puis il libéra les derniers captifs de Laï et partit « en inspection » vers les Houa-Phans. Considérant sa tâche « militaire » comme terminée, Pavie se sépara du commandant Pennequin après lui

(1) Un « homme du peuple », ancien guide des Pavillons noirs, le Quan-Phong, rallié aux Français par rancune contre Cam-Sinh dont il n'avait pu épouser une fille « qui ne l'aimait pas », exerçait en fait l'autorité de chef indigène sur les cantons thaïs (Cf. *Mission Pavie*, t. VII, p. 211). Cette situation, qui risquait d'entraver les négociations engagées, fut dénouée en 1891 par la réconciliation du Quan-Phong et de Deo-van-Tri.

UNE RUE A LUANG-PRABANG

avoir confié l'administration des territoires virtuellement pacifiés, et partit le 26 décembre pour Luang-Prabang, où il arriva le 2 janvier 1889, ramenant dans leurs familles un certain nombre de jeunes femmes et d'enfants enlevés lors de la prise de la ville et qu'il avait pu racheter. Il retrouva la capitale en liesse sous son lumineux ciel d'hiver ; plus de douze cents maisons nouvelles y avaient été construites depuis huit mois ; dix mille Laotiens étaient revenus se grouper autour de leur vieux roi solennellement réinstallé le 2 mai précédent sur le trône de ses aïeux ; ils connaissaient les succès de Pavie dans le nord et comprenaient qu'ils leur assuraient la tranquillité ; aussi accueillirent-ils avec une faveur extrême le personnel nouveau de la mission et sans nulle contrainte ni souci de ce qu'en pourraient penser les autorités siamoises firent-ils fête à son chef qui redevint l'hôte, pour six semaines, du Satou de Wat-Maï.

Assez vite remis des atteintes de paludisme dont il n'avait pas été exempt au cours de sa dernière expédition, Pavie organisa la mise en route de Cupet, retour du Tran-Ninh, sur Muong-Son et la vallée du Song-Ca, celle de Garanger vers Xieng-Sen, Xieng-Toung et Mandalay, adjoignit Massie à Nicolon dans la direction du consulat dont la vaste maison s'achevait sur la rive droite et s'embarqua lui-même avec Vâcle pour descendre le fleuve jus-qu'à Outène.

Reconnaissance dans le Cammon et retour en France (février-mai 1889). — Le gouvernement de l'Indochine avait en effet appelé son atten-tion sur un état de choses qui venait d'être créé dans le Moyen-Laos par l'entrée en scène d'un agent siamois, le « Prat Yott », qui avait reculé les anciennes bornes indiquant les li-mites entre l'Annam proprement dit et les prin-cipautés du Mékong et s'était installé avec des soldats dans les cantons de Camkeut et de Cammon, dépendances de l'Annam... Le Siam avait jadis, par des déportations en masse, fait le vide absolu dans cette région où ses troupes avaient cherché vainement, en 1828, le roi Anou fugitif (1), puis après la ruine définitive de Vientiane, il s'était complètement désin-téressé du Cammon dont les « rescapés », à la vérité peu nombreux, avaient sollicité et obtenu de la cour de Hué leur rattachement à l'em-pire.

Vâcle et Pavie descendirent paisiblement le

(1) Voir *suprà*, p. 172.

fleuve en radeau, saluant au passage Paklay — et ses dramatiques souvenirs, — Ventiane, Nongkhay, Outène, remontèrent en pirogue la Nam-Hin-Boun jusqu'au rapide de Keng-Kiec « qui coule entre des soulèvements calcaires » et pénétrèrent à dos d'éléphant sur le plateau de Camkeut pour atteindre Vinh, puis Hanoï par le col d'Hataraï.

Dès leur arrivée dans le Cammon, ils furent confirmés par les Phou-Thaïs de la région « dans la certitude que le pays avait toujours été administré par l'Annam ». Aussi Pavie déclara-t-il catégoriquement au Pra Yott siamois qu'il trouva établi non loin de Napé, et qui s'efforçait de justifier par des incursions imaginaires de pirates à la fois sa présence et le déplacement des bornes : « Vous n'avez en rien les titres qu'il faut pour préciser la frontière ; le territoire où nous nous trouvons est annamite ; il faut vous attendre à voir avant peu nos soldats ici pour vous remplacer. Je vous recommande de les accueillir avec tous égards afin que les gens voient que nos pays sont en amitié (1). » De fait le 24 mars arrivait le capitaine de Grasse qui s'établissait à Napé et cinq jours plus tard Pavie partait pour Hanoï où il ren-

____

(1) Pavie opposait ou affectait d'opposer le gouvernement siamois « de bonne foi » à ses propres agents trop zélés.

dait compte de ses constatations ; l'autorité qui désormais s'attachait à sa personne et à ses avis était si forte qu'il fit admettre sans discussion ni délai tant par le Quai d'Orsay que par le gouvernement de Bangkok la nécessité d'organiser une nouvelle mission d'exploration qui par des études ethnographiques et des levers topographiques complets de la rive gauche du Mékong depuis le Yunnan jusqu'au Cambodge écarterait définitivement tous risques de conflits et toutes contestations futures dans le tracé de la frontière. Comme le ministère des Affaires étrangères désirait l'entretenir directement à Paris des travaux réalisés et du nouveau programme à élaborer, — que par ailleurs le gouvernement siamois avait exprimé l'avis de suspendre en son absence toute négociation, — Pavie convint avec les chefs siamois de l'observation réciproque du *statu quo* jusqu'à décision des gouvernements touchant les questions territoriales, et s'embarqua pour la France où il arriva le 12 juin (1889).

Sa campagne, après trois ans d'efforts, aboutissait en définitive à cette conclusion que les prétentions de Bangkok sur les territoires laotiens étaient partout susceptibles d'être discutées. A Vâcle qui s'était étonné que les Siamois n'aient pas invoqué au Cammon, plutôt que la fable des pirates, la question de la ligne des eaux et surtout celle de la race thaï, Pavie avait répondu par un exposé très net de son opinion sur la thèse siamoise, savoir :

« Politiquement la géographie et l'ethnographie des contrées du Siam sont du seul ressort de ses diplomates non de ses soldats, et l'évocation de ces deux prétextes, jamais précédés de réclamations, n'eût pas justifié à ses propres yeux la brusque invasion de ces territoires. L'entrée des pirates, exacte dans le nord, avait constitué un danger pressant auquel il para ; inexacte ici, il y avait vu un semblant d'excuse.

« Sa faute ou erreur étant constatée de notre côté, le bon sens voudrait qu'il se retirât comme il est venu. Il est évident qu'il n'en veut rien faire, car il a l'espoir en la discussion qu'il croit voir durer jusqu'à lassitude de notre côté.

« Pour vous édifier sur les autres points, limites et races, voici la question si on l'invoquait : la ligne des eaux ne fait règle au Siam en fait de frontière, ni côté anglais, ni côté français, elle est l'exception pour la Birmanie et pour le Cambodge, et, quant à l'Annam, le fait du rappel de la prétention qu'en ces derniers temps le Siam avait eue sur les hauts pays de la rivière Noire, celle qu'il a encore sur les mille sources des fleuves côtiers du nord de l'Annam (canton des Huapanh, région du Tran-Ninh), anéantiraient tout avis contraire, rendraient ridicule une discussion sur un tel sujet.

« Pour l'ethnographie, c'est bien autre chose ; on pourrait répondre : et les Cambodgiens, nous les rendez-vous? et aussi lui dire : Le peuple siamois est formé de Thaïs en majorité, mais quatre pays à côté de lui en comptent, chacun, un bien plus grand nombre : Birmanie et Chine, Tonkin et Laos ; Siam, le plus petit, voudrait-il prétendre à les englober? Et que dirait-il si l'un des plus forts avait la penséede tout réunir (1) ? »

Ces explications, données en confidence au futur « commissaire du gouvernement » de Luang-Prabang qui s'ignorait alors, furent développées par Pavie dès son arrivée à Paris au Quai d'Orsay qui les fit siennes. Elles devinrent la base de l'argumentation française dans les discussions ultérieures avec les représentants du Siam ; elles devaient, quelques années plus tard, recevoir enfin la consécration de leur bien-fondé par les renonciations siamoises et par la création du Laos indochinois selon le

____

(1) *Mission Pavie*, t. VII, p. 270-271.

cœur de Pavie, c'est-à-dire « de l'assentiment de ses habitants ».

DEUXIÈME MISSION PAVIE (1889-1891).

Mais en 1889 nous étions encore loin de compte. Pavie utilisa les cinq mois de son séjour en France à organiser sa nouvelle mission dont le programme et la composition furent arrêtés d'un commun accord par le ministre des Affaires étrangères Spuller et le sous-secrétaire d'État des colonies Étienne. Aux premiers collaborateurs plus spécialement chargés de la topographie, furent adjoints des spécialistes des sciences naturelles et des questions commerciales et industrielles. « Ces derniers devaient étudier la question des voies de communication terrestres et fluviales, créer des comptoirs, recueillir des échantillons, examiner les procédés commerciaux en usage, déterminer la nature et la valeur des produits du bassin du Mékong (1). » Une association fut formée sous le nom de Syndicat français du Haut-Laos qui mit à la disposition de la mission un premier envoi de quinze tonnes de marchandises.

Pavie se réembarqua le 17 novembre pour

____

(1) Cf. L. DE REINACH, *op. cit.*, p. 9.

Bangkok où il ne séjourna que quinze jours, juste le temps de reprendre contact avec notre représentant au Siam et de rouvrir les négociations avec le ministre siamois des Affaires étrangères, spécialement désigné à cet effet par le roi Chulalongkorn.

Le 23 janvier 1890, il rejoignit à Hanoï ses anciens et ses nouveaux compagnons (dont parmi ces derniers l'attaché d'ambassade Lefèvre-Pontalis, le vice-consul Lugan, le négociant Macey, le professeur Counillon, le commis des Postes de Coulgeans, le naturaliste Le Dantec et les officiers Rivière, Friquegnon, de Malglaive, Dugast et Cogniard) ; il les répartit en plusieurs groupes d'opérateurs qui se dispersèrent dès le 3 février dans le Tran-Ninh, le Cammon et la région de Stung-Treng, pendant que lui-même, avec un dernier groupe de « fervents disciples », repartait pour Luang-Prabang où il donna rendez-vous à tous les membres de la mission pour six mois plus tard, afin d'y coordonner pendant l'hivernage leurs premiers travaux.

Dûment muni, par l'intermédiaire du gouverneur général Piquet, des pouvoirs du roi du Cambodge, de ceux de l'empereur d'Annam, pour le règlement des questions de délimitation, et d'un passeport du gouvernement chinois pour lui permettre, éventuellement, de parcourir les frontières yunnanaises, il se dirigea d'abord vers Muong-Laï où l'attendait Deo-van-Tri. Le fils de Cam-Sinh fidèle à sa promesse, ses frères étant enfin tous libérés, attendait son arrivée pour se présenter à l'autorité française, « mettant son amour-propre à s'offrir à celui-là même qui avait ramené le calme dans son pays (1) ».

Pavie fit un voyage enchanteur. Si la magnifique vallée de la rivière Noire n'avait plus pour lui le puissant attrait de l'inconnu, par contre il ressentait une joie profonde à constater chaque jour les heureux changements survenus depuis son dernier passage chez les populations. « Le rôle de Pennequin (qui l'accompagnait avec Vâcle et Lefèvre-Pontalis) était là, marqué à chaque pas... plus de Pavillons aux couleurs fameuses, tous étaient partis... la tranquillité était établie au point qu'on eût cru que ce passé proche était très lointain. »

Soumission de Deo-van-Tri (avril 1890). — Le 7 avril, il rencontra Deo-van-Tri ; sous sa fière allure, l'héritier des grands feudataires des cantons thaïs ne put cacher au libérateur de

____

(1) Cf. *Mission Pavie*, « Géographie et Voyages », t. II, p. 12.

sa famille, ses sentiments d'intime émotion et de reconnaissance et Pavie comprit que cet ancien adversaire de son pays lui était désormais indéfectiblement acquis ; comme première preuve de son ralliement à la cause française, il lui remit le sceau délivré par la Chine aux souverains du Laos et dérobé par ses Hos lors du sac de Luang-Prabang (1), puis il lui fit rendre une trentaine de femmes et d'enfants de la capitale laotienne, encore captifs depuis 1887 ; enfin, dans un langage « simple et digne », il lui exprima son ardent désir de devenir un collaborateur actif et dévoué de la mission. Les jours suivants, il l'entretint longuement du passé de sa famille, du sien, de celui des cantons, de « ce qu'il voyait de bien à faire pour la prospérité générale de la région, de ses campagnes avec Luu-vinh-Phuoc, de celle vers Luang-Prabang et de sa conduite envers le régent d'Annam proscrit, pour l'infortune duquel il s'était dévoué et qui, en sûreté grâce à lui, avait tenté de le faire massacrer de crainte qu'il ne dévoilât plus tard le secret de son asile ».

(1) Voir *supra*, p. 191, note 1. Pavie écrit en son t. II, p. 21 : « Il constitue (ce sceau) un document établissant la vassalité de ce pays (Luang-Prabang) à la Chine dont les droits sur lui sont devenus nôtres. »

Pavie le décida sans peine à l'accompagner jusqu'à Theng et la vie en commun pendant cinq semaines acheva d'attacher Deo-van-Tri au chef français et à ses compagnons. Sûr de lui, certain d'avoir sa confiance, Pavie tout en chevauchant le chargea d'organiser les transports administratifs sur la rivière Noire et de préparer une exploration qu'il projeta de faire avec lui au début de l'hiver sur les confins yunnanais et jusqu'à la frontière ouest des Sip-Song-Panas pour fixer les limites des cantons thaïs du Haut-Mékong où les dernières bandes chinoises sévissaient encore.

Au départ de Muong-Lai il lui fit part de son désir d'aller saluer à Nam-Youn avec le colonel et Lefèvre-Pontalis son vieux père Cam-Sinh et sa mère tous les deux malades depuis déjà longtemps : « La famille et les gens, note Pavie, nous surent un gré infini de cette visite aux deux vieillards que la mort devait emporter peu après. » C'est là que le 12 avril, après le repas du soir, devant l'autel des ancêtres, Deo-van-Tri, entouré des siens, se leva, très ému et dit :

« Nous serons fidèles aux Français comme nous l'avons été aux rois d'Annam ; celui qui perd la mémoire des bienfaits devient malheureux. Nos os se transformeront en poussière,

AUGUSTE PAVIE

(debout, le troisième à partir de la gauche.)

mais ce qui ne périra jamais c'est le souvenir de cette visite que vous faites à notre père dans sa demeure. »

Deo-van-Tri devait tenir loyalement ce serment solennel et demeurer jusqu'à sa mort, survenue en 1908, le plus précieux des collaborateurs des Français au Tonkin, assurant la sécurité des pays dont on lui avait reconnu l'administration (1).

Séjour à Luang-Prabang (mai-juillet 1890). — Le 23 mai, le convoi de la mission abordait à Luang-Prabang, rive droite, où la maison consulaire, entre temps terminée par Massie, accueillit gaiement, au pied des collines sacrées

(1) Ainsi qu'il l'avait promis, il guida, en janvier 1891, Pavie Lefèvre-Pontalis et Vâcle dans les Sip-Song-Panas et par sa connaissance du pays, son expérience et son ascendant personnel sur les autochtones, contribua largement au succès de l'expédition ; c'est au retour (en mai) qu'il se réconcilia défi nitivement à Van Bu avec son vieil ennemi le Quang-Phong devenu le chef indigène du haut fleuve Rouge. Peu de temps après il fut fait chevalier de la Légion d'honneur. En 1894-1895, son intelligente collaboration permit à la dernière mission Pavie de délimiter en six mois la frontière de Chine et de participer à toutes les études pour l'arrangement avec l'Angleterre. Lorsqu'il mourut (à l'âge de cinquante-huit ans), il entretenait à l'École coloniale, depuis dix-huit ans, un groupe de ses fils et de ses neveux toujours renouvelé de trois en trois ans, en témoignage de dévouement et de confiance. C'est l'aîné de ces enfants qui lui succéda en 1908.

de Xieng-Mène, Pavie et ses compagnons, puis successivement les membres des autres groupes qui, fidèles au rendez-vous, arrivèrent en s'échelonnant dans le courant du mois de juin. Le commissaire siamois se mit sans plaisir apparent, mais avec une déférence de commande, à la disposition de tous ces Français dont la présence, fêtée par les Laotiens, atteignait singulièrement son propre prestige. Il facilita leurs études et leurs préparatifs avec une bonne volonté qui ressemblait à de la hâte et eut enfin le 4 juillet la satisfaction de les voir partir sur une imposante flottille de sept radeaux.

Voyages à Saïgon-Bangkok et Hanoï (octobre-décembre 1890). — Pavie, en effet, après avoir pris congé du vieux roi (devenu tout à fait impotent), de ses fils, du « bon Satou » et de la « foule sympathique », descendit sans perdre de temps le Mékong jusqu'à Saïgon, en déposant, au passage, ses différentes équipes sur les terrains affectés à chacune d'elles. De Saïgon il se rendit avec Lefèvre-Pontalis à Bangkok en octobre, pensant pouvoir entamer utilement les négociations au sujet des territoires dont l'exploration était terminée, mais dès le premier jour il comprit qu'un tel sujet d'entretien était prématuré. Sous des prétextes futiles et polis les princes siamois déclinèrent la discussion : c'est que le gouvernement royal, surpris et effrayé des résultats que nous avions obtenus et de l'influence que nous avions acquise en si peu de temps parmi les populations laotiennes de la vallée du Mékong, préparait une résistance obstinée à l'extension de nos progrès ; il ne cessait de provoquer des empiétements de la part de ses agents en violation du *statu quo* de 1889 (Pavie en fut bientôt informé par des plaintes lui arrivant de tous côtés) et formait alors sur la rive droite des détachements « destinés, aussitôt la belle saison commencée, à aller prendre possession des pays de la rive gauche où le pavillon siamois n'avait pas encore flotté ».

Pavie insista pour la stricte observation du *statu quo* jusqu'à l'achèvement des travaux de la mission et obtint seulement l'assurance (qui ne fut d'ailleurs suivie d'aucun effet) « que cette question serait examinée dans les intentions les plus conciliantes ». Convaincu qu'il n'arriverait à rien de mieux que cette fallacieuse promesse, il gagna le Tonkin, fit donner par le gouverneur général Piquet des instructions à tous nos postes-frontières « pour, qu'en évitant tout conflit, on fît le possible pour arrêter l'invasion siamoise », et le 2 janvier 1891 se mit en route avec Deo-van-Tri pour Lai et les Sip-Song-Panas.

Reconnaissance dans les Sip-Song-Panas (janvier-juin 1891). — Trois mois après il arrivait à Xieng-Houng, la capitale, y trouvait une jeune reine tout angoissée des dangers que courait le roi, son époux, en guerre sur l'autre rive du Mékong contre un de ses frères désireux de lui arracher la couronne. La réputation de Pavie l'avait précédé dans ces régions lointaines où n'était pas perdu le souvenir du passage de la mission de Lagrée, aussi son intervention fut-elle sollicitée et parvint-il, par son autorité personnelle, à réconcilier les deux adversaires. Lorsqu'il eut recueilli toute la documentation ethnographique et politique qu'il était venu chercher sur ces confins, il retourna ensuite au Tonkin en traversant le Yunnan méridional pour atteindre le fleuve Rouge à Man-Hao et le descendre jusqu'à Hanoï.

Là, il apprit que les agissements du Siam, loin de se modifier, s'aggravaient du nord au sud, entre Mékong et Cordillère : levées de troupes supplémentaires, approvisionnements d'armes et de munitions, construction de fortins, bref, de véritables préparatifs de guerre.

Pavie considéra qu'il était de toute urgence de faire arrêter, à Paris même, « une ligne de conduite en rapport avec les circonstances »; déclinant l'offre que Bangkok lui faisait de reprendre la conversation, il s'embarqua pour la France le 7 juillet 1891, emmenant avec lui quatre jeunes garçons de la famille de Deo-van-Tri, envoyés par ce dernier faire leurs études à l'École coloniale.

Affaire de Tong - Xieng - Kham (*septembre* 1891). — Peu après son arrivée, la nouvelle parvint à Paris que les plus vives difficultés s'accumulaient aux frontières annamites où les avant-postes siamois s'étaient avancés au delà de la ligne de partage de la Chaîne, « jetant le trouble chez les populations qui réclamaient avec insistance du gouverneur général l'emploi de la force pour repousser les envahisseurs ». La longanimité dont le gouvernement français avait trop longtemps fait preuve en se contentant de vagues formules de protestation avait évidemment été interprétée par Bangkok comme une indication d'indifférence ou de faiblesse et l'audace des agents siamois en l'absence de Pavie ne connut bientôt plus de bornes. C'est ainsi qu'au Tran-Ninh une troupe de trente réguliers siamois cerna le

22 septembre (1891) la maison du huyen annamite (1) de Tong-Xieng-Kham coupable de
s'être mis à notre service et d'avoir facilité
une tournée de Massie regagnant Luang-Prabang ; sept personnes furent tuées, le drapeau
tricolore insulté, son mât brisé, et le huyen,
grièvement blessé, enchaîné par les mains, fut
emmené prisonnier jusqu'à Bangkok avec sa
femme et son enfant.

Une énergique réaction s'imposait. Pour l'assurer de la façon la plus efficace et pour donner
à l'avenir à son représentant l'autorité et la
liberté d'action suffisantes vis-à-vis du Siam,
le Quai d'Orsay décida de transformer le poste
consulaire de Bangkok en un poste politique
et de remplacer le vice-consulat de Luang-Prabang (toujours resté sans exequatur du Siam)
par une « agence commerciale »; trois autres
agences semblables (à la fois comptoirs et bu-
reaux politiques, étaient en outre créées à Outène, Bassac et Stung-Treng (2). Et, pour
occuper le nouveau poste de Bangkok, nul ne
parut au gouvernement plus qualifié que Pavie ;

(1) Pavie le qualifie de « Banbien » et ses compagnons indigènes de « Chao-Muong ».

(2) Ces postes furent occupés respectivement : Luang-Prabang par M. Lugan, Stung-Treng par M. de Coulgeans et
les trois autres par les représentants du Syndicat du Haut-Laos
qui y résidaient depuis longtemps déjà.

celui-ci, alors seulement consul de 2ᵉ classe, fut
élevé, le 15 février 1892, au grade de consul
général et chargé des fonctions de ministre
résident de France au Siam.

TROISIÈME MISSION PAVIE (1892-1895).

Six semaines plus tard, Pavie débarquait à
Saïgon pour prendre au préalable l'accord du
nouveau gouverneur général de Lanessan, puis
arrivait à Bangkok le 9 juin suivant. La cour
et les ministres (avec lesquels il entretenait depuis toujours les relations personnelles les plus
courtoises) lui firent un accueil empressé et lui
manifestèrent d'abord un vif désir d'arriver à
une solution rapide des questions litigieuses.
Mais il s'aperçut bien vite que cette attitude
était toute de surface, car ses propositions les
plus conciliantes furent repoussées l'une après
l'autre. A la vérité, le Siam s'était rendu
compte que le temps travaillait pour nous et
qu'il était de son intérêt de précipiter les événements, mais seulement après s'être solidement installé dans tous les postes qu'il entendait revendiquer ; fort de l'assistance éventuelle
de l'Angleterre, il avait donc donné à ses agents
les instructions les plus fermes, voire même
provocatrices, convaincu que notre situation

en Europe « nous empêcherait de lui imposer la solution conforme à nos intérêts et aussi que la crainte de voir surgir des difficultés armées avec lui à l'approche de nos élections générales » serait de nature à nous faire accepter bon gré mal gré toutes ses conditions. Aussi manifesta-t-il une humeur nettement agressive lorsqu'il apprit que notre diplomatie, pour se dégager du côté des Anglais, avait fait des ouvertures à Londres au sujet du partage d'influence dans le Haut-Mékong (1) et chargé dans le même but notre agent à Pékin d'aborder avec la Chine la question du prolongement de notre frontière jusqu'au fleuve (2). Il réagit avec un aveuglement qui consterna Pavie, lequel s'efforçait au même moment de sauvegarder l'amour-propre siamois en suggérant, pour liquider la fâcheuse affaire du Tran-Ninh, de libérer le ban-bien à l'occasion de l'anniversaire de naissance du roi, en septembre.

Incident d'Outène et mort de Massie (septembre 1892). — En guise d'apaisement, cet

(1) Lord Salisbury reconnut à la Chambre des lords que son gouvernement n'avait rien à voir aux difficultés de frontières pendantes entre le Siam et la France. Les conseillers britanniques de Bangkok recevaient ainsi un désaveu formel.

(2) Suivant les suggestions formulées par Pavie à la suite de son voyage avec Deo-van-Tri dans les Sip-Song-Panas.

anniversaire fut marqué par l'enlèvement brutal, sur l'ordre du gouverneur de Nongkhay de deux Français : MM. Champenois et Esquilat, régulièrement établis à Outène, et qui, obligés de laisser sur leur concession tout ce qu'ils possédaient, furent expulsés sans explications et transportés, à huit jours de là, à proximité du premier poste français du Nghé-An. Presque en même temps parvenait à Bangkok la nouvelle que Massie, descendant malade de Luang-Prabang, désespéré de n'avoir pu surmonter les multiples difficultés que lui avaient suscitées les agents siamois, exaspéré des affronts qu'il avait subis, s'était donné la mort non loin de Stung-Treng.

Ces deux événements dès qu'ils furent connus à Paris provoquèrent une vive agitation dans les milieux coloniaux du parlement ; le député François Deloncle interpella violemment le gouvernement (1) qui décida, en février 1893, de faire engager par le gouvernement général

_____

(1) « ...Nous sommes dupes du Siam depuis cinq ou six ans, en voilà assez, s'écria-t-il, à la tribune... Ne craignez pas, monsieur le sous-secrétaire d'État, de marquer à Bangkok notre dessein bien arrêté de ne pas être joués plus longtemps par les bonnes mines, la diplomatie endormante, les intrigues compliquées avec lesquelles on a su paralyser les meilleures volontés de nos agents. » (Cf. citation DE REINACH, *op. cit.*, p. 13.)

de l'Indochine une action énergique sur la frontière du Siam si nous n'obtenions pas réparation immédiate pour les deux attentats de septembre 1891 et 1892.

La cour de Bangkok, après plus de deux mois de tergiversations, nous refusa finalement le 5 mai toute satisfaction malgré les tentatives réitérées de Pavie pour « sortir le Siam de ses embarras sans humiliation ». Sincèrement désolé de la rupture, notre ministre en fit peser la responsabilité sur les étrangers, notamment sur le conseiller juridique belge, M. Rolyn-Jacquemins, qui en l'occurrence aurait fait du zèle « pour prouver qu'il était en tout digne de confiance ». « Plus ardents Siamois que le roi lui-même, ajoute Pavie dans le récit qu'il fait de cette période troublée, conseillers et courtisans en arrivaient à l'exaltation... Les conseils violents furent mieux accueillis que d'autres traités de pusillanimes. A la vieille souplesse patiente et rusée des anciens Siamois, qui toujours savaient faire au feu sa part, était substituée la grande assurance d'hommes... qui allaient en hâte vers un résultat d'intimidation... Je fus, je le crois, le seul, à Bangkok, à montrer la voie invariablement. J'ai gardé l'idée que celui de qui je fus entendu en toute occurrence, prince Devawongsé (1), me connut sincère et fut convaincu, mais qu'il n'osa pas ou qu'il ne put pas soutenir ses vues. »

Occupation française de la rive gauche du Mékong (mai 1893). — Trois colonnes furent aussitôt organisées par M. de Lanessan pour occuper, au besoin par la force (2), les postes tenus « indûment » par les Siamois jusqu'à la rive gauche du Mékong : la première, sous les ordres du vice-résident Bastard et du capitaine Thoreux, eut pour objectifs Stung-Treng et Khône ; la seconde, commandée par le résident de Dong-Hoi, Dufrenil, secondé par l'inspecteur de milice Claude Garnier, franchit le col d'Ai-Lao et s'avança vers Muong-Phine ; la troisième, confiée au résident de Vinh, Luce, et à l'inspecteur Grosgurin, fut chargée d'opérer dans le Cammon.

En fixant ainsi au lit du grand fleuve la limite extrême de son occupation, le gouver-

(1) S. A. R. Devawongsé Varoprakar fut ministre des Affaires étrangères du Siam pendant plus de trente ans. Mort à Bangkok en 1924.

(2) Toutefois le gouverneur général de l'Indochine « prescrivait d'éviter, autant que possible, de livrer bataille ; il fallait, disait-il, chercher à gagner la sympathie des habitants et préférer toujours la diplomatie et les moyens pacifiques aux engagements incertains. » (Cf. L. DE REINACH, *op. cit.*, p. 16.)

nement français indiquait clairement son intention de considérer le Mékong comme devant
constituer la séparation naturelle du Siam et
de l'Indochine française. Or, au cours des âges,
on l'a vu, les principautés laotiennes avaient
toujours au contraire étendu leurs territoires à
cheval sur les deux rives et le Mékong, sur tout
son parcours, avait établi les liens séculaires
les plus intimes « entre gens des bords ». Cette
formule simpliste du « Mékong frontière » était
donc arbitraire et singulièrement inexacte, mais
quelques objections qu'ait pu présenter Pavie
à son sujet, elle fut maintenue comme appa-
raissant la solution la plus claire et la plus
séduisante de nos interminables difficultés de
délimitation.

La colonne Dufrénil-Garnier remplit sa mission sans incident ; en un mois à peine, ayant
parcouru 300 kilomètres, elle put ramener le
26 mai jusqu'aux bords du Mékong, devant
Kemmarat, les huit garnisons siamoises qui
fermaient les routes depuis Aï-Lao.

Par contre à Khône, après s'être d'abord
retirés devant les forces du capitaine Thoreux
sans opposer la moindre résistance, les Siamois revinrent brusquement à la charge, s'emparèrent par surprise du capitaine menant sans
escorte un convoi de Stung-Treng à Khône et

investirent le poste que défendit le lieutenant Pourchot ; l'île ne fut débloquée qu'en juillet.

Attentat de Keng-Kiec (2 *juin* 1893). — Dans le Cammon le résident Luce obtint du Pra Yott (1) avec une apparente résignation l'évacuation du chef-lieu et jugea qu'un détachement de vingt miliciens avec l'inspecteur Grosgurin était suffisant pour le reconduire et le protéger, car le commissaire siamois était cordialement détesté de la population qu'il molestait depuis quatre ans (2). Mais le Pra Yott avait secrètement demandé, par un courrier rapide, des renforts aux gouverneurs de Nongkhay et d'Outène et, le 2 juin, profitant d'un arrêt à Kieng-Kiec, il fit cerner la petite troupe par 300 soldats siamois, et cribler de coups de fusils la case où gisait l'inspecteur français, en proie au délire, terrassé depuis quarante-huit heures par une fièvre violente...

De cette fusillade, seuls trois miliciens purent s'échapper ; tout le reste de l'escorte fut massacré avec son chef frappé de deux balles et la maison où son corps reposait fut incendiée.

La nouvelle de cet attentat souleva en France une certaine émotion qui « décida le gouver-

(1) Voir *supra*, p. 287 et 288.
(2) Cf. *Mission Pavie*, t. VII, p. 333-334.

nement à substituer son action à celle des autorités indochinoises. Mais à ses représentations, à l'envoi de M. Le Myre de Vilers comme plénipotentiaire à Bangkok, le Siam répondit en revendiquant pour le guet-apens de Keng-Kiec le titre de combat régulier, et en mettant l'embouchure de la Ménam en état de défense » (1).

Forcement de la passe de Paknam (12 *juillet* 1893). — L'amiral Humann, commandant la division navale de Chine, fut alors appelé en hâte à Saïgon et deux navires de guerre : l'aviso l'*Inconstant* (capitaine de frégate Bory) et la canonnière la *Comète* (lieutenant de vaisseau Dartige du Fournet) furent immédiatement mis en route pour Bangkok. Le 8 juillet, Pavie informa la cour que ces deux navires venaient renforcer le *Lutin* ancré dans la Ménam depuis le mois de mars et demanda, conformément à l'article 15 du traité de 1856, qu'ils pussent mouiller à Paknam en attendant les instructions de Paris. La cour refusa, arguant que les autres nations représentées à Bangkok n'avaient chacune qu'un seul bâtiment pour la protection de leurs nationaux.

(1) Il y fit couler le 28 juin deux vieux navires à droite et à gauche de la passe de Paknam pour la rétrécir.

Le 12, l'*Inconstant* et la *Comète*, précédés du vapeur *J.-B.-Say*, des Messageries fluviales de Cochinchine, qui faisait son voyage régulier, arrivaient à la barre de la Ménam et comme ils voulaient franchir la passe de Paknam ils furent subitement canonnés par le fort de Phra-Chula, à l'ouest de l'entrée; le *J.-B.-Say*, atteint dans ses œuvres vives, dut s'échouer; alors le commandant Bory, après le dixième coup de canon, ordonna la riposte : la petite flottille, évitant les torpilles placées sur sa route et dont l'une fit explosion, força la passe du fleuve sous les bordées de sept bâtiments siamois et le feu des forts de Paknam; à 9 heures et demie du soir les deux navires, ayant eu trois tués, trois blessés et d'insignifiantes avaries, vinrent mouiller près du *Lutin* devant la légation de France, prêts à poursuivre le combat, leurs pièces braquées sur le palais royal (1). Un calme profond régnait dans la ville, mais au palais ce fut la confusion, presque l'affolement : la cour et les ministres qui s'étaient crus bien tranquilles sous la protection de leurs 63 canons Armstrong et des 2 000 hommes qui défendaient la passe, se sen-

---

(1) Les Siamois avaient eu 15 tués et 30 blessés; cinq de leurs bâtiments, commandés par des officiers européens (danois et allemands) avaient de fortes avaries.

taient soudain à la merci de deux petits bateaux français armés de 8 canons et portant à peine 200 marins.

Ultimatum du 20 juillet 1893. — Avec le soutien de ses conseillers anglais, le gouvernement siamois tenta cependant de discuter, prétendit que l'attaque de ses forts et de ses vaisseaux contre nos bâtiments résultait d'un malentendu, qu'une dépêche de son ministre à Paris l'avait assuré que les navires français s'arrêteraient à la barre, etc. Cette conversation fut interrompue le 20 par un ultimatum que le ministre des Affaires étrangères Develle chargeait Pavie de remettre au prince Devawongsé, et suivant lequel le gouvernement siamois devait faire connaître dans un délai de quarante-huit heures s'il acceptait :

1º La reconnaissance formelle des droits de l'empire d'Annam et du royaume du Cambodge sur la rive gauche du Mékong et sur les îles;

2º L'évacuation des postes siamois établis sur la rive gauche du Mékong, dans le délai d'un mois;

3º Les satisfactions exigibles pour les incidents de Tong-Xieng-Kham, du Cammon et de Paknam;

4º Le châtiment des coupables et les réparations pécuniaires dues aux familles des victimes ;

5º Une indemnité de deux millions de francs pour les dommages causés ;

6º Le dépôt immédiat d'une somme de trois millions comme garantie de ces diverses réparations.

Le Siam refusa d'abord d'accepter ces conditions et n'offrit, le 22 juillet, la cession de la rive gauche que jusqu'au dix-huitième degré, c'est-à-dire en conservant Vientiane, Luang-Prabang, le Tran-Ninh, les Hua-Phans et Muong-Sing. Alors le ministre de France amena son pavillon, chargea le consul de Hollande de la protection des intérêts français au Siam et le 26 quitta Bangkok à bord de l'*Inconstant* avec le chancelier Hardouin et le lieutenant Le Myre de Vilers (1), cependant que le commandant Reculoux, venu se joindre avec son croiseur *Forfait* aux forces françaises, déclarait le blocus et débarquait 30 hommes dans l'île de Ko-Sicham, résidence d'été du roi dont il prit possession.

Traité franco-siamois du 3 octobre 1893. — En vain les conseillers britanniques essayèrent-

(1) Fils de l'ancien gouverneur de la Cochinchine et signataire du traité de 1893.

ils de soulever l'opinion à Londres et de provoquer une intervention en faveur du Siam;
le Foreign Office, satisfait des assurances du
gouvernement français qui lui garantit l'indépendance du « Siam central », refusa net de
s'ingérer dans le conflit. Déçu par ce brusque
abandon, le roi Chulalongkorn accepta sans réserve les conditions de l'ultimatum du 20 juillet
alors que l'amiral Humann, sur la *Triomphante*,
arrivait à Ko-Sichan avec l'escadre d'Extrême-
Orient au complet. Celle-ci repartit à Saïgon
le 9 août; le 16 débarquait à Bangkok M. Le
Myre de Vilers, plénipotentiaire de la République qui signait avec le prince Devawongsé,
le 3 octobre suivant, un traité, suivi d'une convention additionnelle, basé sur les conditions
de l'ultimatum :

Le gouvernement siamois renonçait à toute
prétention sur les territoires de la rive gauche
du Mékong et sur les îles du fleuve; une zone
neutre de 25 kilomètres de largeur était créée
sur la rive droite du Mékong; réparation
nous était donnée pour les attentats de Tong-
Xieng-Kham et d'Outène; enfin tous les sujets ou ressortissants français, détenus ou
transportés sur la rive droite, devaient nous
être rendus ou être autorisés à revenir chez
eux. La France occupait Chantaboun en ga-

rantie et jusqu'à complète exécution du traité (1).

Cet acte, qui satisfaisait en somme à toutes nos exigences, semblait devoir régler une fois pour toutes la question des frontières occidentales de l'Indochine française et mettre un terme, enfin, à nos irritantes difficultés avec le Siam ; il n'en fut rien, et l'on s'aperçut, au contraire, dès après sa ratification, qu'il n'était dans sa rédaction hâtive qu'un instrument diplomatique absolument insuffisant pour éviter à l'avenir toute contestation.

Il provoqua d'abord les protestations de l'Angleterre, fondée à s'étonner de n'avoir pas été pressentie au sujet des limites septentrionales et qui, pour sauvegarder sa prépondérance dans les Sip-Song-Panas, réclama incontinent la création d'un État-tampon entre ses territoires birmans du Haut-Mékong et ceux de la rive gauche que le Siam venait de nous céder ; en outre, la clause relative à l'établissement sur la rive droite d'une bande réservée de 25 kilomètres était trop laconique et imprécise pour ne pas devenir la source de nouveaux conflits que les incertitudes et les faiblesses de notre poli-

(1) L'occupation de Chantaboun devait se prolonger jusqu'au 12 janvier 1905. Cf. *infra*, p. 349.

tique allaient au surplus multiplier ; enfin et surtout le traité créait pour le royaume de Luang-
Prabang cette situation paradoxale de le couper
en deux et d'en faire un état mi-français, mi-
siamois. On ne saurait vraiment dans ces conditions blâmer le Siam de n'avoir laissé passer
dans la suite aucune occasion de s'affranchir
d'obligations aussi mal définies alors que nous
avions toute latitude pour imposer nos conditions et tous les éléments pour élaborer un
règlement définitif.

Par surcroît, le gouvernement français omit
de compléter un acte diplomatique aussi important (quoique aussi imparfait) par une convention réglant ses propres rapports avec le roi
de Luang-Prabang suivant une procédure ana-
logue à celle précédemment adoptée à l'égard
des autres souverains protégés d'Indochine.
C'est qu'en dépit de la surabondante documentation que Pavie avait pu communiquer à Paris
sur la situation politique des territoires laotiens, notre diplomatie n'avait cessé de considérer tous ces territoires sans distinction du
nord au sud comme de simples « muongs » perpétuellement contestés entre l'Annam et le
Siam et de confondre le chef d'un État véritable descendant légitime d'une longue lignée
de rois avec les « chaumuongs » d'anciennes

principautés depuis longtemps démembrées (1).

En tout état de cause, il fallut se préoccuper immédiatement de l'exécution du traité, et de ses conséquences. Des pourparlers furent engagés avec la Grande-Bretagne qui aboutirent dès le 25 novembre à un protocole instituant une commission franco-anglaise de délimitation. Pavie, tout en restant titulaire du consulat général de Bangkok, fut désigné pour présider cette commission avec l'Anglais Scott et pour déterminer notre frontière avec la Chine du Mékong au fleuve Rouge. Comme il était également urgent de prendre possession effective des nouveaux territoires, Pavie fut en

(1) Cette lacune pèse encore aujourd'hui sur la vie politique du Laos tout entier, dont le statut légal demeure imprécis : administration directe ou protectorat? En fait, le représentant de la France administre directement les provinces dont les chefs n'étaient naguère que de simples chaumuongs, mais, pour le Luang-Prabang, il reconnaît à son roi, entre autres prérogatives monarchiques, le privilège de légiférer et de régler par voie d'ordonnances les affaires intérieures de son territoire. Cette situation de fait a bien été reconnue en 1917 par une convention conclue entre le gouverneur général Albert Sarraut et le roi Sisavang-Vong, mais cette convention, émanant du chef de la colonie seul, ne constitue en somme qu'un acte administratif d'ordre intérieur indochinois. Il serait désirable qu'un instrument diplomatique intervînt, — si tardivement que ce fût — pour, d'une part, consacrer définitivement les attributions conférées au souverain de Luang-Prabang et, d'autre part, préciser le caractère de notre administration sur le reste du Laos.

outre chargé de procéder à leur organisation et
nommé à ce titre commissaire général au Laos ;
il eut enfin la délicate mission de s'assurer que
les engagements pris par le Siam ne restaient
pas lettre morte : évacuation de la rive gauche ;
restitution des otages (trente-cinq princes laotiens étaient encore détenus à Bangkok depuis 1887) ; procès du Pra-Yott, etc. Un intéri-
maire fut chargé de gérer le poste de Bangkok
en son absence (1) et le 24 mars 1894, accompagné de Lefèvre-Pontalis qui lui était adjoint
et de MM. Caillat et Oum, nouvellement attachés à sa mission, il partit vers le Nord pour
exécuter le programme multiple qui lui était
dévolu.

(1) M. Hardouin, puis M. Pilinski.

CHAPITRE VIII

LE LAOS FRANÇAIS

Lorsque après avoir posé sur sa route, d'Ou-taradit à Xieng-Khong, les premiers jalons de l'établissement français au Laos (1), Pavie aperçut par une claire matinée de juin la flèche dorée du Phou-Si, le confluent de la Nam-Khane, et faisant rames vers son convoi, les pirogues de gala, rouge et or, au bec recourbé, envoyées à sa rencontre par le roi, avec un équipage de musiciens vêtus d'étoffes chatoyantes et multicolores, il ressentit une émotion très douce dont il nous a laissé une pénétrante analyse dans sa simplicité :

« Luang-Prabang est en vue. Avec quel contentement ému je revois, française enfin, la

(1) A Muong-Nan, installation du vice-consulat prévu par le traité ; à Xieng-Sen et à Xieng-Khong, création de deux agences commerciales ; dans la zone de 25 kilomètres, premières discussions avec les autorités siamoises qui avaient amorcé une organisation administrative et militaire destinée à être présentée au représentant de la France comme le nouveau régime résultant du traité.

LA PAGODE DE KIENG THONG, A LUANG-PRABANG

cité laotienne où pour la sixième fois j'arrive, ayant eu pour but, dans mes marches, de lui faire atteindre ce résultat ! En m'y retrouvant je sens aux saluts familiers et reconnaissants de tous combien les cœurs y sont à l'unisson du mien, tout le gré qu'on me sait de mon labeur passé ! Quel sentiment de tranquillité enchantée expriment les visages du vieux roi et de la vieille reine en me voyant revenu auprès d'eux pour assurer les conditions nouvelles faites à leur cher pays ! Quels éloquents témoignages de gratitude dans l'accueil plein de respectueuse joie que le roi leur fils et le second roi font au représentant de la France et à l'ami des Laotiens ! Combien je suis sensible au ravissement inexprimable du chef des bonzes de Wat-Maï ! Mes compagnons ressentent ma satisfaction et jouissent de mon bonheur ! »

Exécution du traité. — Installation du commissaire français à Luang-Prabang (5 juin 1894). — Il retrouvait aussi le vice-consul Lugan — qui remplaçait depuis dix-huit mois à Luang-Prabang l'infortuné Massie — et le « vieil ami » Vâcle entré peu de temps auparavant dans l'administration indochinoise, récemment arrivé pour prendre la direction des affaires intérieures du pays et que Pavie s'empressa d'installer offi-

ciellement comme commissaire du gouvernement auprès du nouveau souverain protégé.

ZAKARINE, *roi de Luang-Prabang*, 1841. —
ROI, 1894-1904.

Dès après le départ du dernier agent
siamois, Kham-Souk, le fils aîné d'Oun-
Kham, dont la santé déclinait et les facultés
baissaient rapidement (1), avait pris régulièrement le pouvoir sous le nom de Zakarine, concurremment avec son cousin Boun-
Khong, fils de Souvanna-Phouma, comme Oupahat. Il l'exerçait « d'une façon débonnaire
mais consciencieuse, peut-être aussi avec un
certain scepticisme assez excusable chez un
prince qui pendant plusieurs années avait dû
subir l'intervention des Siamois et qui voyait
la domination française débuter par le partage de son territoire et de sa capitale en deux
tronçons » (2).

A la vérité, le roi Zakarine, si détaché qu'il
fût du pouvoir, était remarquable par sa simplicité, son bon sens et son aptitude à conce-

(1) Le roi Oun-Kham mourut le 15 décembre 1895, à l'âge
de quatre-vingt-quatre ans.
(2) Cf. *Mission Pavie*, « Géographie et Voyages », t. V,
P. LEFÈVRE-PONTALIS, p. 77-78.

voir l'utilité de certaines réformes ; car il était
fort mal secondé par les mandarins du conseil
du royaume (Sénam), « gens incapables et fron-
deurs dominés par leurs intérêts immédiats et
particuliers » (1). Dans son ensemble toutefois
l'organisation politique et sociale que nous
trouvions était bonne et nous avons sagement
agi en conservant tous les rouages de l'administration indigène, en respectant les traditions, les coutumes et les mœurs des populations du Laos tout entier, dans ce qu'elles
avaient de compatible avec nos institutions (2).
Cela nous fut d'autant plus facile que tous les
muongs laotiens (dépendant ou non de Luang-
Prabang) présentaient une organisation identique et calquée en raccourci sur celle du
royaume (Sénam excepté), évident souvenir de
l'épopée de Fa-Ngoum et du grand État Lan-
Xang (3) : comme le roi, le gouverneur de

(1) Cf. *ibid.*, p. 78.

(2) C'est ainsi que nous avons été amenés à supprimer radi-
calement le trafic des esclaves qui enrichissait quelques mandarins siamois, cambodgiens, laotiens et birmans. Cf. L. DE
REINACH, *op. cit*, p. 230 et suiv.

(3) Voici quelle était dans ses grandes lignes en 1894 l'organisation politique du royaume de Luang-Prabang :

A sa tête, le *roi*, grand maître des existences (Somdet-Phra-
Chao) et le *second roi*, grand maître chargé de la conserva-
tion des biens (Chao-Maha-Oupahat).

Puis venaient les princes ministres : le *Ratsavong*, premier

province était assisté d'un Oupahat, d'un Ratsavong et d'un Ratsabout qui, comme les dignitaires de la cour, transmettaient leurs ordres aux tassengs ou chefs de canton sous l'autorité desquels se trouvaient les chefs de village (naiban). En installant les différents commissariats du gouvernement au Laos, Pavie confirma donc les autorités indigènes dans leurs prérogatives séculaires et les princes de Luang-Prabang dans

prince, ministre de la droite ; le *Ratsabout*, deuxième prince ministre de la gauche ; et les *Komakhoune*, troisième et quatrième princes, ministres du milieu et des services civils.

Les trois premiers mandarins, portant le titre de Phaya, étaient, par ordre d'importance : 1º le Phaya, *Muong-Sen*, premier mandarin de droite, chef du Sénam et chef de la justice ; 2º le Phaya *Muong-Tiane*, premier mandarin de gauche, chef du tribunal ; 3º le Phaya *Muong-Khang*, premier mandarin du milieu, chef du Service des travaux publics, des transports, etc.

Le *Senam* était composé du Phaya *Muong-Khoua*, deuxième mandarin de droite, et de quatre conseillers sous les crdres du Phaya Muong-Sen.

Les juges ou *Kromakanes*, dépendant du Phaya Muong-Sen et du Phaya Muong-Tiane, étaient au nombre de sept dont le Phaya Muong-Sai, deuxième mandarin de gauche.

Venaient enfin les mandarins chargés de la perception des impôts, du rassemblement des corvées, du transport des bambous, rotins, paillotes, pirogues pour le service du roi et les services publics, — les pages et chambellans ou *mahaleks*, les chefs militaires, les fonctionnaires chargés des menus offices à l'intérieur du palais, les trésoriers, garde-magasins, etc.

On doit remarquer la place insignifiante réservée dans cette hiérarchie aux mandarins militaires : de la puissante armée de Sam-Sène-Thai (voir *supra*, p. 56), il n'était rien resté.

leurs droits et privilèges dynastiques. Pour
marquer leur attachement absolu à la France
et pour donner plus de force à leur véhémente
protestation contre l'attribution au Siam de la
partie du royaume située sur la rive droite,
ceux-ci insistèrent pour recevoir solennellement
et le plus tôt possible, du commissaire général,
l'investiture du gouvernement de la République. C'est à son retour de Muong-Sing, huit
mois plus tard, que Pavie, après avoir fait
établir à Hanoï sur parchemin les titres du
vieux roi Oun-Kham, du roi Zakarine, de
son frère et de l'Oupahat Boun-Khong, pro-
céda le 19 avril 1895 à cette importante cérémonie.

« Tous ceux ayant part à la direction des
affaires, a-t-il écrit en achevant le récit de sa
mission, y assistèrent ; le peuple entier y fut
convié. Au nom du gouvernement de la République et par délégation du gouverneur général
de l'Indochine, je confirmai les princes dans
leurs situations dans le Laos, devenu possession française. Pieusement ils reçurent de celui
qui aimait tant leur pays la charge de continuer, sous l'autorité de la France, à le conduire avec sagesse et bonté (1). »

(1) *Mission Pavie*, « Géographie et Voyages », t. II, p. 382.

Organisation administrative provisoire (juillet-août 1894). — Pressé d'en finir avec l'organisation provisoire du pays pour aller rejoindre les missions chinoise et britannique du Haut-Mékong, il avait quitté Luang-Prabang pour le sud le 9 juillet 1894, confiant à son adjoint Lefèvre-Pontalis le soin d'installer dans le nord, avec MM. Macey et Garanger, les agences commerciales de Xieng-Khong et de Xieng-Sen et les futurs commissariats de Poukha et Muong-Ha-Hine (dans les deux Muong-Hou, en attendant la délimitation prochaine du territoire).

A son passage à Vientiane (14 juillet), il avait installé M. Lugan dans la nouvelle province constituée avec les muongs de Tourakom, Borikane, Patchoum, etc., choisi l'emplacement de la future agence commerciale de Nongkhay, puis, continuant la descente du fleuve, était entré en contact avec les chefs de la rive gauche (entre autres, au confluent du Nam-Nhiep, avec Chao-Kham-Ngon, dernier descendant de Chao-Noï et qu'il avait reconnu comme chaumuong de Xieng-Khouang).

Dans le Moyen-Laos il prit toutes dispositions pour établir l'autorité des délégués du résident supérieur en Annam sur les anciennes circonscriptions de Tran-Dinh, Cam-Lo et Quang-Dinh ; organiser la région d'Hinboun

PONT SUR LA NAM-KHANE, A LUANG-PRABANG

(Faureville) et de Song-Khone (Savannakhet); préparer enfin le voyage des agents commerciaux destinés aux postes de la rive droite : Lakhone-Panom, Ban-Mouk, Kemmarat; au confluent de la Sebanghien il fut rejoint par l'administrateur Od'endhal qui venait d'arriver à Song-Khone et s'entendit avec lui pour étendre l'administration de cette région jusqu'aux muongs de Saravane et d'Attopeu.

Dans le sud, il visita l'agence commerciale établie dès 1892 à Bassac, dont il salua le fantôme de roi (1) demeuré « sous la tutelle d'un agent siamois d'ordre inférieur ». A Khong, il rencontra le commandant Tournier, placé à la tête des troupes de Légion stationnées depuis Stung-Treng jusqu'aux îles de Khône et chargé en même temps des pouvoirs civils dans les muongs de la rive gauche en attendant l'arrivée imminente d'administrateurs de Cochinchine (ce dernier pays devant organiser les provinces laotiennes du sud aux frais de son budget). Le 9 août, il vit arriver le lieutenant de vaisseau Simon, chef d'une mission hydro-

______

(1) Chao-Kham-Souk, l'un des fils de Chao-Houy (voir *supra*, p. 168 et 177, note 2), intronisé par Bankok en 1863; son fief, démembré par le traité de 1893, n'était plus en réalité qu'une province siamoise; il devait mourir en 1899.

graphique décidée l'année précédente par
M. Delcassé pour exercer, à bord des chaloupes
La Grandière et *Massie*, un rôle de surveillance
sur les Moyen et Haut-Mékong et dans ce but :
1º transborder à Khône ; 2º franchir par tous
moyens les dangereux défilés de Kemmarat ;
3º ne s'arrêter « que là où il y aurait impossi-
bilité matérielle et absolue de passer ». Au prix
de laborieux efforts, la mission devait parvenir
le 1er septembre à Luang-Prabang et le 25 octobre 1895 à Tang-Ho, à 2 500 kilomètres de
la mer, par plus de 400 mètres d'altitude (1).
Le 13 août, Pavie arrivait à Pnom-Penh, ga-
gnait Hatien où l'attendait la canonnière *Vipère*
qui le mena le 20 à Bangkok où, à peine débarqué, il s'empressa d'informer, en même
temps que le Quai d'Orsay, le prince Devawongsé, des constatations qu'il venait de faire
tout le long du cours du Mékong : le traité
n'avait pas été porté à la connaissance des
populations, la proclamation du roi de Siam
relative au retour dans leur pays des anciens
habitants de la rive gauche du fleuve était
partout inconnue ; dans la zone réservée de la

(1) Les audacieux résultats de la mission Simon démon-
trèrent la possibilité d'organiser un service régulier de navigation de Saïgon à Luang-Prabang en utilisant, suivant les
saisons, tantôt la chaloupe à vapeur, tantôt la pirogue. Ce
qui fut fait.

rive droite, des troupes de soldats ne cessaient de circuler et des fonctionnaires siamois avaient été substitués aux autorités locales ; dans la partie du royaume de Luang-Prabang située rive droite du Mékong, la tentative de transformation en province siamoise était évidente — et nettement contraire au traité.

Sans prendre le temps de discuter, il se contenta d'invoquer le gage de Chantaboun dont l'évacuation ne pourrait nécessairement être envisagée qu'après satisfaction complète donnée à ses innombrables réclamations ; puis il s'embarqua le 3 septembre pour le Tonkin, où il organisa rapidement l'importante campagne qu'il allait entreprendre dans la haute rivière Noire et le Haut-Mékong en vue de dresser sur le terrain même la carte du pays.

Délimitation de la frontière avec la Chine (décembre 1894). — Accompagné de MM. Lefèvre-Pontalis, Caillat, Oum, du commandant Tournier, du docteur Lefèvre et de plusieurs officiers topographes, merveilleusement secondé par Deo-van-Tri qui mit tout son amour-propre à assurer, en territoire français d'abord, chinois ensuite, l'approvisionnement de ses étapes, le choix des coolies et des chevaux, les réparations

de fortune qu'exigeaient les sentiers, etc. (1),
il parvint en décembre à Muong-Le où il établit sans la moindre difficulté le tracé de la
frontière en plein accord avec les deux commissaires chinois qui, sachant son rôle dans les
cantons et la persévérance avec laquelle il en
avait poursuivi la pacification, eurent une attitude parfaitement correcte et conciliante (2).

*Question des Sip-Song-Panas (commission
franco-anglaise, janvier-avril* 1895). — Le
1er janvier 1895, il rencontrait à Muong-Sing,
la mission anglaise comme il en était convenu
avec son chef le ministre-résident Scott, à son
récent passage à Bangkok.

Pour les avoir parcourues en 1891 avec Deo-
van-Tri, Pavie n'ignorait pas que les douze
principautés échelonnées sur les deux rives du
fleuve et qui constituaient ce qu'on appelait

(1) « Jamais notre excellent auxiliaire ne s'était donné plus
de peine pour nous faire réussir. Il témoignait ainsi sa gratitude non seulement pour le passé mais aussi pour le présent,
car il savait le gouvernement français résolu à ne rien céder
à la Chine de ses territoires dont les agents chinois avaient
eu l'espoir de lui enlever une partie. Il savait qu'il nous devait
d'avoir fait la lumière sur cette question si grave pour lui
et ses populations. Il nous en aimait davantage encore, et
celles-ci rivalisaient d'entraînement vers nous avec leur chef. »
Mission Pavie, t. II, p. 298.

(2) L'accord attribuait à la France les deux Muong-Hou.

la confédération des Sip-Song-Panas avaient toujours été plus ou moins tributaires de la Birmanie, mais il savait aussi que la conquête de ce dernier pays par les Anglais en avait détaché plusieurs princes qui avaient jugé bon de se mettre sous la protection chinoise et notamment que le prince de Xieng-Kheng, descendant des anciens « Chao-Fa » de Muong-Sing, établi sur la rive droite à Muong-You (1), avait retransporté sa capitale, en 1885, dans la plaine de Muong-Sing « pour mettre le cours du Mékong entre lui et les envahisseurs. » Ce prince, « vieillard sage et perspicace, lettré au langage imagé, très supérieur à la moyenne des mandarins, » s'appliquait à faire vivre en bonne harmonie les populations variées à l'extrême, différentes d'origine, de mœurs, de langage : Lues, Younes, Yaos, Meos, Mousseux, Khas, etc., fixées sur ce plateau verdoyant, carrefour séculaire de la route des grandes caravanes. Avec un profond bon sens il comprit, le premier, qu'il ne pourrait être créé de zone intermédiaire « et que la division du pays était la solution probable ; il se fit peu à peu à l'idée du renoncement à la rive droite et même, cédant à un entraînement vers nous, il prit

____

(1) Voir *supra*, p. 176, note 1.

des dispositions d'émigration vers Luang-Prabang (1) pour le cas où rien de son pays ne nous serait attribué dans le règlement » (2).

Aussitôt réunies, les deux missions, britannique et française, se mirent au travail. Vivant côte à côte, leurs membres, après trois mois d'une existence identique, entretinrent des relations « d'une simplicité cordiale »; dressant les mêmes cartes, ils aboutirent aux mêmes constatations et jugèrent finalement que la création d'un État-tampon n'aurait d'autre conséquence que de constituer sur leurs frontières réciproques un foyer permanent d'intrigues, un vrai repaire pour les rebelles, les pirates et les détrousseurs de grand chemin. Le gouvernement anglais eut le bon esprit d'admettre les arguments de M. Scott et de ne pas s'obstiner dans ses premières prétentions; suivant déclaration du 15 janvier 1896, complétée par celle du 8 avril 1904, il finit par reconnaître le thalweg du Mékong comme démarcation entre ses possessions birmanes et le Laos français; en conséquence, le territoire de Muong-

(1) Voir *supra* les relations de Luang-Prabang avec les Sip-Song-Panas aux dix-septième et dix-huitième siècles, p. 129, 133, 180 et suiv.

(2) *Mission Pavie*, « Géographie et Voyages », t. II, p. 341.

Sing nous fut définitivement attribué dès le mois de mars 1896.

Dislocation de la mission Pavie (août-septembre 1895). — Cette heureuse entente — prélude de l' « Entente cordiale » — fut la dernière manifestation de l'activité d'Auguste Pavie en Indochine ; au reste, sa tâche était accomplie, du moins celle qu'il s'était assignée sept ans plus tôt : « faire du Laos un pays français (1). » Si l'œuvre n'était pas parfaite, elle n'en était pas moins « féconde dans ses moyens, grande et belle dans ses résultats », et si des erreurs étaient à redresser, des lacunes à combler, Pavie n'en était certes pas responsable ; c'est d'ailleurs encore à lui qu'on allait s'adresser pour tenter de remédier à des fautes qu'il n'avait pas commises. Les justes réclamations qu'il avait formulées aussi bien contre l'interprétation du traité par le Siam que contre le traité lui-même avaient en effet retenu l'at-

(1) L'œuvre géographique réalisée en outre par Pavie et ses collaborateurs était immense : les tracés d'itinéraire atteignaient un développement de plus de 30 000 kilomètres et la superficie des territoires explorés s'étendait sur environ 675 000 kilomètres carrés. Les travaux d'exploration de chacun d'eux ont été consignés dans un atlas et dix volumes traitant de l'ethnographie, de la littérature, de l'histoire naturelle des pays traversés. (Voir *in fine* du présent ouvrage l'index bibliographique.)

tention de son département qui, désireux de
parvenir à un règlement d'ensemble de toutes
les questions relatives aux frontières communes
de l'Indochine et du Siam (Cambodge et Laos),
rouvrit les négociations à Paris et y manda
Pavie pour « éclairer » les conversations qui
allaient s'engager avec les représentants du
gouvernement de Bangkok.

Pavie remit alors à la disposition de leurs
administrations respectives ses compagnons
qui, pour la plupart, rentraient également en
France (1), présenta au roi Chulalongkorn ses

(1) Étaient morts à la peine : le postier Combaluzier (au
Cambodge), le publiciste Nicolle, le pharmacien-major Massie,
les capitaines Rivière et Mailluchet.

Si Pavie fut l'âme de ses missions, on ne saurait, sans injus-
tice ni ingratitude oublier les noms de ses intrépides collaborateurs dont les rudes travaux permirent de dresser sur
des cartes presque blanches les premiers renseignements géo-
graphiques précis touchant le Cambodge, le Siam, le Laos,
une partie de l'Annam, du Tonkin et du Yunnan. Voici la
liste complète et chronologique de ces « Quarante » :

BIOT, surveillant des télégraphes (mission cambodgienne),
    1882-1883 ;
LAUNEY, commis principal des télégraphes (mission cambod-
    gienne), 1884 ;
COMBALUZIER, commis principal des télégraphes (mission cam-
    bodgienne), 1884 ;
NGIN, secrétaire cambodgien (naturalisé Français par la suite),
    1885-1895 ;
GAUTHIER, consul de France, 1887-1888 ;
CUPET, capitaine au 3e zouaves, 1887-1892 ;
NICOLON, capitaine à la Légion étrangère, 1887-1889 ;

lettres de rappel, confia le service du consulat général au secrétaire d'ambassade Defrance et s'embarqua à Saïgon le 7 septembre 1895.

Il ne devait pas revoir le Laos ; s'il revint

Massie, pharmacien-major, 1888-1892 ;

Messier de Saint-James, capitaine d'infanterie de marine, 1888 ;

Vacle, 1888-1891, ultérieurement commissaire du gouvernement au Laos ;

Garanger, 1888, 1889 et 1894, ultérieurement commissaire du gouvernement au Laos ;

Lerède, capitaine des Messageries fluviales du Tonkin, 1888 ;

Nicolle, publiciste, 1888 ;

Lefèvre-Pontalis, attaché d'ambassade, 1889-1891 ; secrétaire d'ambassade, commissaire-adjoint au chef de la mission, 1894-1895 ;

Lugan, vice-consul de France, 1889-1895 ;

Dugast, lieutenant d'infanterie de marine, 1889-1891 ;

Macey, 1889-1891 et 1895, ultérieurement commissaire du gouvernement au Laos ;

Counillon, professeur, 1889-1892 ;

Molleur, commis de comptabilité, 1889-1890, ultérieurement administrateur au Sénégal ;

Le Dantec, docteur ès sciences, 1889-1890 ;

De Malglaive, capitaine d'infanterie de marine, 1889-1892 ;

Rivière, capitaine d'artillerie, 1889-1891, 1894 et 1895 ;

Cogniard, capitaine à la Légion étrangère, 1889-1891 ;

Pennequin, commandant d'infanterie de marine, 1889-1890 ;

Friquegnon, capitaine d'infanterie de marine, 1890-1892 et 1895 ;

Donnat, capitaine d'infanterie de marine, 1890 ;

De Coulgeans, commis principal des télégraphes, 1890-1895, ultérieurement vice-consul ;

Guissez, lieutenant de vaisseau, 1890-1892 ;

Tostivint, garde principal de milice, 1890-1892 ;

Le Myre de Vilers, lieutenant de cuirassiers, 1893 ;

à Bangkok en 1896 comme ministre plénipotentiaire, ce ne fut que pour un bref séjour ; il poursuivit sa carrière hors de l'Indochine et prit sa retraite en 1905. Pendant vingt ans il vécut, retiré en Bretagne, parmi ses inoubliables souvenirs, portant en son cœur, de ses labeurs passés, la plus belle, la plus pure des récompenses qu'il a lui-même formulée comme une épitaphe : « Je connus la joie — d'être aimé des peuples — chez qui je passai ! »

Avant d'entrer dans la mort, il était presque entré dans la légende et Joseph Chailley, moderne Plutarque des coloniaux illustres a pu écrire sans « mentir » :

« L'histoire d'Auguste Pavie est à mettre entre les mains de la jeunesse ; elle est en soi un magnifique enseignement. Aux ambitieux elle peut montrer jusqu'où peut mener le désir

CAILLAT, chancelier de résidence, secrétaire particulier du chef de la mission, 1894-1895 ;

OUM, lieutenant à la Légion étrangère, 1894-1895 ;

TOURNIER, commandant d'infanterie de marine, 1894-1895, ultérieurement résident supérieur au Laos ;

SEAUVE, capitaine d'artillerie de marine, 1894-1895 ;

THOMASSIN, lieutenant à la Légion étrangère, 1894-1895 ;

MAILLUCHET, capitaine d'infanterie de marine, 1894-1895 ;

SAINSON, interprète, 1894-1895, ultérieurement vice-consul.

SANDRÉ, capitaine d'artillerie de marine, 1894-1895, ultérieurement résident au Tonkin ;

LEFÈVRE, médecin-major, 1894-1895 ;

JACOB, lieutenant d'infanterie de marine, 1895.

d'apprendre combiné avec la passion d'agir ; aux patriotes comment on peut servir son pays ; à tous comment une âme ardente peut anoblir les tâches les plus humbles et, partie du milieu le plus modeste, s'élever aux postes les plus honorés et les plus enviés (1). »

Organisation définitive (1895-1899). — L'organisation administrative de la nouvelle possession n'avait été qu'ébauchée par Pavie au cours de sa descente hâtive du Mékong ; elle fut reprise et complétée par le résident supérieur Boulloche envoyé en mission en mai 1895. Le Laos fut d'abord divisé en deux territoires ou commandements :

1º Le Haut-Laos, chef-lieu Luang-Prabang, comprenant tous les Muongs de la rive gauche situés entre le Yunnan, les États Shans britanniques, le Tonkin, l'Annam jusqu'au Cammon exclusivement, à l'exception toutefois des cantons de la rivière Noire et d'une importante portion des Houa-Phans qui furent rattachés, les premiers au Tonkin et la seconde à la province de Thanh-Hoa (Annam) ;

2º Le Bas-Laos, chef-lieu Khong, formé de tous les pays dépendant jadis de l'ancien

(1) Cité par le colonel Friquegnon. Cf. *Bulletin de l'Asie française*, novembre-décembre 1925, nº 236, p. 356.

royaume de Vientiane et compris entre la Chaîne annamitique et le Mékong depuis le Cammon jusqu'au Cambodge.

A la tête de chacune de ces divisions fut placé un commandant supérieur relevant directement du gouverneur général de l'Indochine ; chaque commandement fut lui-même subdivisé en provinces ou « commissariats » (six pour le Haut-Laos, sept pour le Bas-Laos), formés chacun du groupement de plusieurs muongs et dirigés par des « commissaires du gouvernement » auxquels étaient alors dévolues (sauf à Luang-Prabang) les attributions les plus variées et les initiatives les plus absolues : administration générale, police, impôts, travaux publics, justice, instruction publique et même, le plus souvent, assistance médicale.

En 1899, les deux circonscriptions furent réunies sous l'autorité d'un résident supérieur (1) siégeant à Savannakhet (peu de temps après à Vientiane), et le Laos unifié prit sa place dans la Fédération franco-indochinoise.

Les agences commerciales de la rive droite, dont le nombre avait été porté à dix, fonctionnèrent au complet dès 1895 ; mais les attributions des gérants avaient été si mal définies

____

(1) Cf. arrêté du gouverneur général du 6 février et décret du président de la République du 19 avril.

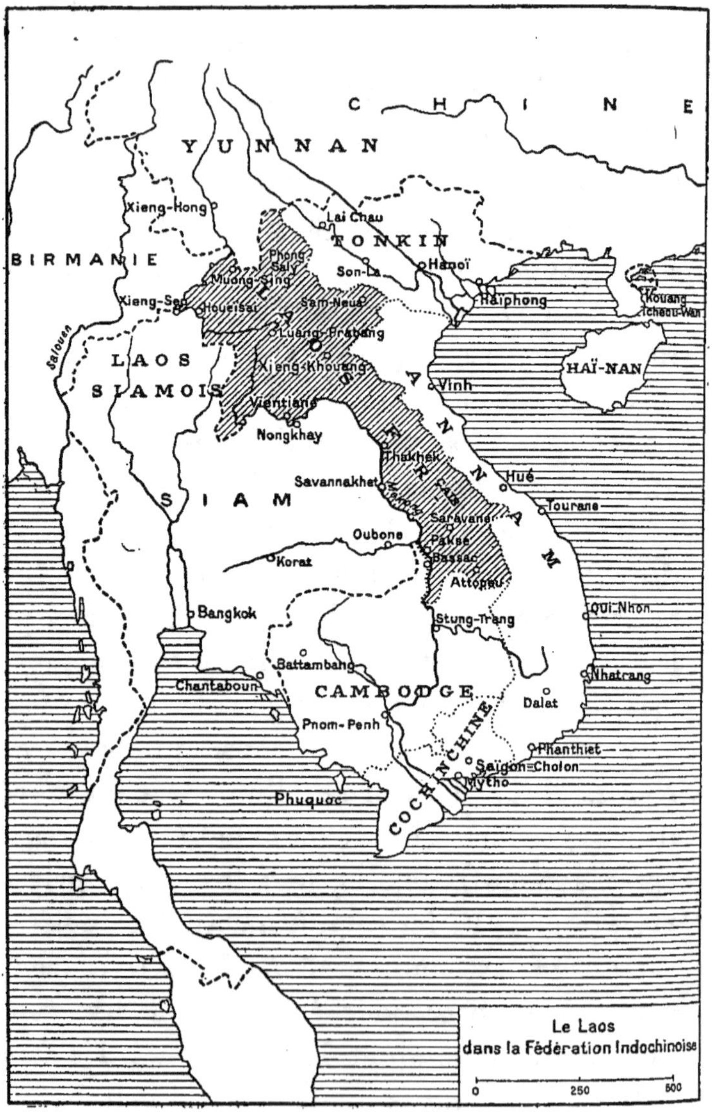

CHINE
YUNNAN
BIRMANIE
Xieng-Hong
Lai Chau
TONKIN
Phong Saly
Muong-Sing
Son-La
Hanoï
Xieng-Sen
Houeisai
Sam-Neua
Haiphong
Kouang Tcheou-Wan
Luang-Prabang
LAOS SIAMOIS
Xieng-Khouang
Vinh
HAÏ-NAN
Vientiane
Nongkhay
Thakhek
SIAM
Savannakhet
Hué
ANNAM
Saravane
Tourane
Oubone
Pakse
Korat
Bassac
Attopeu
Bangkok
Stung-Trang
Qui-Nhon
Battambang
Nhatrang
Chantaboun
CAMBODGE
Dalat
Pnom-Penh
COCHINCHINE
Phanthiet
Saïgon-Cholon
Mytho
Phuquoc
Le Laos
dans la Fédération Indochinoise
0   250   500
Saloven

que ces postes ne rendirent en fait aucun service ; on n'osa pas cependant les supprimer
officiellement, dans la crainte que les agents
de Bangkok ne tirassent argument de ce renoncement pour aggraver encore leurs agissements
auprès des populations de la zone réservée ; on
se contenta de supprimer les titulaires et d'en
confier la gérance aux commissaires du gouvernement les plus proches.

Nouvelles négociations franco-siamoises. —
Les gouverneurs siamois ne cessaient en effet
de contrevenir aux stipulations de la convention annexée au traité de 1893 et s'efforçaient
notamment d'empêcher par intimidation les
anciens habitants de la rive gauche, transportés
ou détenus sur la rive droite, de quitter la
zone réservée et de recourir aux bons offices des
agents français. A Bangkok même, le procès
du Pra Yott avait abouti à un acquittement ;
il avait fallu l'appel du procureur général
Ducos (1) envoyé spécialement au Siam pour
préparer l'instruction de l'affaire, et la constitution d'un tribunal mixte pour obtenir la condamnation du coupable ; quant à l'incident

(1) Procureur général à Hanoï ; fut dans la suite lieutenant-
gouverneur de la Cochinchine (1896-1897) et résident supérieur au Cambodge (1897-1901).

de Tong-Xieng-Kham, son règlement criminel était toujours en suspens !... Et pourtant le roi Chulalongkorn, au cours d'un voyage en Europe s'était, en 1897, longuement entretenu à Paris des conséquences du traité avec le ministre des Affaires étrangères Hanotaux, auquel il avait fait les promesses les plus rassurantes ; en 1899, le gouverneur général Doumer lui avait rendu cette visite à Bangkok et, d'après les conversations très cordiales qu'il avait entretenues avec les principaux dirigeants, il avait pu croire, en quittant le Siam, l'accord tout près d'être réalisé. Mais tous ces gestes de courtoisie n'avaient été suivis d'aucun changement dans l'attitude des agents siamois sur le Mékong et le ministre Defrance formulait à son tour de continuelles réclamations...

Convention franco-siamoise du 7 octobre 1902. — Enfin après plus de trois ans de négociations habilement terminées à Paris par les Phyas Sri et Suriya, on signa le 7 octobre 1902 un nouveau traité par lequel nous rendions au Siam sa liberté sur la rive droite du fleuve contre la remise aux autorités françaises des territoires de Melouprey et de Tonlé-Repou au Cambodge, de Bassac dans le Bas-Laos. Le roi de Luang-Prabang obtenait sa rectification de frontière réclamée depuis neuf ans, mais nous permettions au roi de Siam de garder vis-à-vis **de** notre protégé sa situation de suzerain **pour** cette importante partie de ses domaines. Quant à nos ressortissants asiatiques résidant **au** Siam, nous nous en désintéressions au point que la revision de leurs listes était laissée à l'entière discrétion des autorités siamoises.

Ce traité provoqua les protestations les plus vives et les plus justifiées de la part du groupe colonial de la Chambre : comment la haute compétence d'Auguste Pavie et les avis réitérés de nos ministres successifs à Bangkok avaient-ils pu conduire le Quai d'Orsay à conclure une convention qui ne réglait rien et qui, pour d'assez faibles satisfactions territoriales dans le sud, faisait un abandon complet de notre influence sur toute la rive droite laotienne au nord de la Se-Moun? Sous la pression du parlement, qui refusa de ratifier, les conversations durent être reprises avec un plus grand souci de « faire respecter nos droits et nos intérêts ».

Insurrection des Khas du Bas-Laos (1901-1907). — Cependant la nécessité de parvenir à une entente devenait d'autant plus désirable de part et d'autre que le Bas-Laos était depuis environ un an le théâtre d'une insurrection aussi violente que singulière des Khas des deux rives du Mékong.

Le fief de Bassac, administré par les descendants de Chao-Houy (1) au nom du roi de Siam, avait, pour ce dernier, beaucoup perdu de son importance depuis que le traité de 1893 l'avait amputé des muongs de Saravane et d'Attopeu. Toute cette région, peuplée surtout de Khas (Boloven, Alak, Nha-Heun, sur la rive gauche), n'avait été que faiblement colonisée par quelques familles Phou-Thaï et laotiennes, et la domination siamoise sur ces peuplades réfractaires à toute autorité n'y avait jamais été plus effective que celle, purement nominale, des anciens rois de Vientiane (2) ; en fait le pays était depuis fort longtemps un vaste grenier d'esclaves, « annamites généralement, que ces Khas turbulents et hardis allaient enlever de l'autre côté de la chaîne de partage des eaux » pour les troquer sur les bords du Mékong contre les buffles, gongs, métaux, tissus, dont ils avaient un besoin permanent.

La cause de la rébellion de 1901, qui prit

(1) Voir *supra*, p. 168, 177, note 2 et 328, note 1.

(2) Voir *supra*, p. 90 la campagne de Setthathirath dans Attopeu et p. 160 la première rébellion comnue des Khas de Bassac.

naissance dans la région d'Oubone et fit rapidement tache d'huile, reste fort obscure. Sans doute l'abolition de l'esclavage par le roi Chulalongkorn et l'interdiction de se livrer à ce trafic prononcée par nos premiers administrateurs ne furent-elles pas étrangères à la fureur mystique qui souleva les Khas, tacitement soutenus par les fonctionnaires laotiens subitement privés de profitables tractations. Quoi qu'il en soit, ces gens foncièrement superstitieux, enflammés par leurs sorciers « Phou-Mi-Boun », sortes de messies dans les dons surnaturels desquels ils avaient une foi inébranlable, partirent en guerre contre l'ordre établi pour imposer l'autorité de leurs meneurs qui seuls étaient dignes, à leurs yeux, de « gouverner les hommes et faire régner la justice parmi eux » (1). En mars 1901, la situation était devenue si grave sur le plateau des Bolovens que le commissaire du gouvernement à Saravane, M. Remy, fut cerné avec une quinzaine de miliciens dans la pagode de Thateng par 1 500 Khas presque tous armés de fusils à pierre et qu'il ne dut son salut qu'à une énergique résistance. « Quelques jours plus tard, le plateau tout entier était soulevé ; tous les villages

(1) Cf. J.-J. DAUPLAY, *Les terres rouges du plateau des Boloven.* Saïgon, 1929, p. 55.

sans distinction de race, avaient suivi les Phou-Mi-Boun. Ils n'avaient d'ailleurs guère d'autre alternative : les tièdes et les hésitants étaient tout simplement massacrés (1). »

Ce succès des rebelles n'eut pourtant pas de lendemain ; dès le printemps 1902, grâce à l'action résolue de l'administrateur Remy, la situation était très améliorée. « L'impuissance des Phou-Mi-Boun à réaliser le moindre miracle était reconnue par tous les insurgés, dont les trois quarts avaient fait leur soumission et réintégré leur village... Mais d'autres agitateurs, également venus du Siam (2), avaient déjà abandonné le plateau et porté leurs efforts à Savannakhet et à Vientiane. Le 19 avril 1902, vers 8 heures du matin, le commissariat de Savannakhet fut cerné par des hordes de Laotiens : bandes d'illuminés qui marchaient, chantant et jouant du khène, convaincus que les balles de nos fusils se changeraient en fleurs de frangipaniers. Il fallut bien ouvrir le feu pour dégager le chef-lieu. Ils laissèrent 150 morts sur le carreau et emportèrent probablement autant de blessés ; de notre côté les pertes se bornèrent à un milicien tué et deux

(1) Cf. J.-J. DAUPLAY, *op. cit.*, p. 60.
(2) Rejetés du territoire d'Oubone jusqu'au Mékong par les forces militaires siamoises envoyées contre eux.

blessés. Puis tout rentra dans le calme (1). »

La révolte semblait dès lors jugulée. Elle se prolongea pourtant plus que de raison par suite du manque d'entente entre les chefs des provinces intéressés qui ne surent pas arrêter un plan d'action unique « contre les chefs rebelles qui s'étaient réfugiés (avec leurs derniers partisans) dans les massifs boisés de la rive gauche de la Sékong ». Ceux-ci purent tenir dans leurs repaires pendant plus de quatre ans et ce n'est qu'en 1906-1907 que la discorde s'étant mise parmi eux, « découragés et mourant de faim », ils firent leur soumission (2).

Convention franco-siamoise du 13 *février* 1904. — Entre temps, les deux gouvernements de Bangkok et de Paris étaient parvenus à se mettre d'accord sur une cote mal taillée, dans

(1) Cf. J.-J. Dauplay, *op. cit.*, p. 62 et 64. — « Vientiane fut également travaillé par les agitateurs et les Européens y passèrent plus d'une nuit d'anxiété. En fait, l'ordre n'y fut jamais troublé. » P. 63.

(2) « Pour l'un des chefs rebelles, le fameux Bac-My, sa soi-disant soumission n'était qu'une feinte, calculée pour endormir notre vigilance, lui permettre de recruter des partisans et surtout de se procurer des armes au Siam ; tant qu'il fallut le supprimer vers la fin de 1910. Quant au Boloven-Khomadan, il ne fit jamais sa soumission, il habite encore avec ses partisans dans le massif du Phou-Luouang dans le nord-est du plateau. » Cf. *ibid.*, p. 65.

l'évident désir réciproque d'en finir avec les malentendus et de rétablir entre la France et le Siam les amicales relations d'antan reconnues plus indispensables que jamais entre voisins immédiats.

Par la nouvelle convention du 13 février 1904, le Siam confirmait ses précédentes cessions territoriales, mais renonçait en outre à toute prérogative de suzeraineté sur les territoires de Luang-Prabang situées sur la rive droite du Mékong. De son côté, la France maintenait la renonciation de 1902 à sa servitude sur la bande de 25 kilomètres mais obtenait d'y conserver sept établissements (par application de l'article 6 du traité de 1893 qui avait autorisé des relais de batellerie, dépôts de bois, etc., pour le développement de la navigation fluviale). Il était entendu que la liste de nos protégés asiatiques ne serait pas revisée, les inscriptions futures étant limitées à celles des sujets placés directement sous l'autorité de la juridiction de la France. Enfin des commissions mixtes composées d'officiers étaient prévues pour entreprendre à bref délai la délimitation de la nouvelle frontière « entre le royaume de Siam et les territoires formant l'Indochine française ».

La bonne volonté des négociateurs avait

triomphé de la complexité des intérêts en cause
et de leur enchevêtrement ; aussi les signatures
furent-elles échangées à la satisfaction générale
et les ratifications obtenues sans observation.

Les relations franco-siamoises depuis 1904. —
Les commissions mixtes commencèrent presque
immédiatement leurs travaux au Cambodge
dans une atmosphère de collaboration cordiale ; dès le début de 1905 nous pouvions évacuer Chantaboun : nous obtenions une large
zone de protection englobant Kratt dans la
région comprise entre le Tonlé-Sap et la mer ;
les opérations poursuivies ensuite au Laos nous
attribuèrent le district de Dan-Sai allongeant
vers le sud d'une centaine de kilomètres le territoire de Luang-Prabang. Mettant à profit ces
manifestations gracieuses d'un état d'esprit
sincèrement amical, le chef de la mission française, commandant Bernard, remit habilement
en question le texte même du traité et proposa l'échange de ces deux dernières cessions
contre les trois provinces cambodgiennes « ir-
rédentes » de Battambang, d'Angkor et de
Sisophon.

Traité du 23 *mars* 1907. — Le Siam entra
résolument dans nos vues, de nouvelles négo-

ciations furent engagées, qui durèrent toute
l'année 1906, et le 23 mars 1907 un traité fut
signé qui apportait enfin la solution complète
et définitive de la question des frontières.

La France acquérait les trois provinces cambodgiennes contre la remise des territoires de
Kratt et de Dan-Sai ; la limite de Bassac était
fixée aux monts Dangreck et en compensation
de ces importantes concessions le Siam obtenait l'abolition de la juridiction d'exception,
nos ressortissants asiatiques, traités par ailleurs
sur le même pied que les sujets autochtones,
devenant justiciables des tribunaux siamois.

Cet acte acheva de dissiper les nuages qui,
pendant trop longtemps, avaient obscurci les
traditionnelles bonnes relations franco-siamoises et depuis lors a développé entre le Siam
et l'Indochine française des rapports d'excellent voisinage qui ont permis à chacun des deux
pays de poursuivre en paix son évolution économique et sociale.

De remarquables efforts d'organisation intérieure, une politique extérieure sage et avisée
qui l'a conduit aux côtés des Alliés pendant
la grande guerre, ont désormais classé le Siam
parmi les États modernisés ; il en est résulté
dans le domaine international une situation à
la faveur de laquelle le gouvernement de

Bangkok a pu rechercher dans de nouveaux accords diplomatiques la consécration de son accession au rang de membre de la Société des Nations. C'est ainsi qu'il a successivement passé avec les États-Unis, le Japon, l'Allemagne, la Hollande et la France, des conventions tendant à lui donner, sous certaines garanties, sa liberté entière en matière juridictionnelle, fiscale et douanière, et par voie de réciprocité le traitement de la nation la plus favorisée.

Traité du 14 février 1925 et convention du 25 août 1926. — Le traité franco-siamois du 14 février 1925, suivi de la convention de Bangkok du 25 août 1926, spéciale à l'Indochine, ont été conclus dans cet esprit ; le Siam a de plus obtenu une amélioration notable du régime juridique du Mékong-frontière et d'un commun accord les deux parties contractantes ont admis le principe d'une zone démilitarisée de 25 kilomètres avec acceptation formelle du recours éventuel à l'arbitrage. Une « haute commission permanente franco-siamoise du Mékong », siégeant à Vientiane et présidée par le résident supérieur au Laos, a été instituée pour étudier toutes les questions soulevées par l'application du nouveau régime : définition et délimitation de la frontière fluviale ; détermination du régime applicable à la zone démilitarisée ; modification éventuelle du régime des concessions à bail précédemment accordées à la France sur la rive droite ; élaboration de règlements concernant le programme des travaux d'aménagement et d'entretien du Mékong, la police fluviale, la police de la navigation, la police sanitaire, la pêche fluviale, etc. L'exécution de ces clauses très libérales, sincèrement inaugurée en janvier 1928, permet de penser qu'une entente vraiment cordiale a été réalisée pour le plus grand profit des deux États voisins.

AVÈNEMENT DE S. M. SISAVANG-VONG, ROI DE LUANG-PRABANG, 1886. — ROI, 1904.

Le roi Zakarine était mort à Luang-Prabang, âgé de soixante-trois ans, le 25 mars 1904, au moment même où notre accord de cette époque avec le Siam lui apportait les derniers apaisements touchant l'intégrité de ses domaines. Le prince héritier Sisavang-Vong, qui venait de terminer ses études à Paris, était en route pour l'Indochine ; il fut de retour dans la capitale de son pays à temps pour assister aux cérémonies de la crémation.

S. M. SISAVANG-VONG, ROI DE LUANG PRABANG

Les Laotiens d'aujourd'hui. — Le 4 mars 1905 le nouveau souverain reçut solennellement du résident supérieur Mahé l'investiture du gouvernement de la République. Profondément attachée à la France, S. M. Sisavang-Vong exerce, depuis un quart de siècle, sous notre contrôle, et avec le plus grand loyalisme, sa haute et bienveillante autorité sur son peuple fidèle et confiant. Grâce à son prestige, à son action personnelle, grâce aussi à l'assistance précieuse que nous prêtent ses dignitaires dont certains ont la plus heureuse, la plus active compréhension de la mission civilisatrice que la France s'est assignée en Extrême-Orient, les Laotiens du royaume ont admis de bon cœur nos méthodes de rénovation sociale et de mise en valeur de leur magnifique pays ; ils s'éveillent de cette sorte de somnolence léthargique où les avaient plongés leurs calamités historiques ; ils ont repris conscience de leur personnalité politique et tout en conservant leur souriante bonhomie native, s'adaptent chaque jour davantage aux rudes nécessités de l'existence moderne dans la lutte trépidante des individus et des peuples.

Des résultats à peu près identiques ont été obtenus dans les autres parties du Laos où l'intervention de nos administrateurs s'exerce d'une manière plus directe, encore qu'elle s'appuie le plus souvent sur l'ascendant que les mandarins locaux ont conservé parmi les populations.

Rattachement du territoire de Bassac (1905). — C'est ainsi que le territoire de Bassac, rive droite, remis à la France en pleine période de troubles, a été pacifié par le « gouverneur » laotien que nous y avons installé. Rattaché en janvier 1905 à la province de Ban-Mouang, ce territoire avait été abandonné l'année précédente par l'oupahat Boua-Laphan, successeur du roi Kham-Souk (1) et qui s'était réfugié à Ban-Toung-Loung dans le district siamois d'Oubône. Très loyalement, l'un des fils de Kham-Souk, Chao-Nhouy, nous offrit ses services et prêta serment de fidélité au résident supérieur Mahé le 14 octobre 1905. Nommé gouverneur de la région, il n'a cessé, depuis lors, d'apporter à l'administration française le concours de son influence et de son dévouement (2).

(1) Voir *supra*, p. 328.

(2) La « délégation » qui avait remplacé à Bassac l'Agence commerciale fut supprimée en 1908 et le chef-lieu de la circonscription, qui prit le nom de province de Bassac, fut transféré de Ban-Mouang à Paksé.

Les Khas du Bas-Laos. — Les Khas du Bas-Laos se sont tenus parfaitement tranquilles depuis la liquidation de leur équipée de 1901 ; ils tendent même insensiblement à sortir de leur farouche isolement au fur et à mesure que des voies de pénétration rattachent leurs villages, hier encore tapis dans la brousse, au vaste réseau routier en cours d'exécution qui débloquera bientôt complètement l'hinterland laotien (1).

Les tribus montagnardes du Haut-Laos. — Par contre les tribus montagnardes du Haut-Laos se sont plus ou moins violemment agitées pendant la période 1914-1921.

Précédemment, les Lus de Muong Sing et des Sip-Song-Panas ainsi que les représentants des multiples races peuplant ces pays au relief chaotique avaient accepté sans réaction hostile l'établissement de la tutelle française ; car on ne saurait considérer comme des actes de rébellion caractérisée les méfaits du chef Lu Van-Na-Poum, qui n'était en définitive qu'un vulgaire bandit dévalisant les gens à main armée

____

(1) La question de l' « hinterland moï » indochinois mériterait d'abondants développements mais qui déborderaient du cadre de cette étude strictement limitée au récit des événements historiques.

et qui fut tué en 1910 par nos miliciens après avoir blessé l'inspecteur Nollin chargé de l'arrêter. Mais dès les premiers mois de la guerre mondiale, la frontière yunnanaise, bien connue des contrebandiers et malandrins, fut troublée par une recrudescence marquée de la piraterie ; et brusquement, en novembre 1914, des bandes chinoises, vraisemblablement encouragées par des agitateurs annamites en relation avec les Allemands expulsés d'Indochine, firent irruption dans les Muong-Hou et les Houa-Phan, incendièrent le chef-lieu Sam-Neua, dont l'administrateur Lambert fut massacré, tuèrent l'inspecteur de milice Tuyaa envoyé contre eux et jetèrent l'effroi dans toute la région.

1º *Affaire de Muong-Sing* (1914-1916). — Le Chao-Fa de Muong-Sing, Phra-Ong-Kham, fils et successeur en 1907 du prince qui s'était spontanément adressé jadis à Auguste Pavie pour échapper à la domination anglaise (1), ne partageait pas les sentiments de son père à l'égard des représentants de la France ; ses abus de pouvoir lui avaient valu d'énergiques représentations de la part du délégué du commissaire du gouvernement dont il avait juré de

____

(1) Voir *supra*, p. 331.

se venger en le faisant simplement assassiner. Comme son complot avait été découvert, il s'était enfui en Chine (2 décembre) d'où il apporta le plus actif concours aux pirates en excitant ses sujets à la révolte et en propageant de fausses nouvelles propres à discréditer le prestige français parmi les populations.

Bien que ces dernières n'aient que très mollement répondu à ces excitations il ne fallut pas moins de trois expéditions successives (colonnes Sourisseau, Friquegnon et Dussault) et deux années d'opérations pénibles et coûteuses pour rétablir l'ordre et pour réduire les bandes yunnanaises. La déchéance du Chao-Fa fut prononcée en avril 1916 — pour lui et ses héritiers — et l'ancienne principauté convertie en simple « muong »; Phra-Ong-Kham mourut en Chine en 1923 et sa famille, ayant offert sa soumission, fut autorisée à rentrer dans Muong-Sing.

2º *Rébellion Méo* (1919-1921). — Au cours de ces événements, les Méos, perchés principalement sur les sommets du Luang-Prabang et du Tran-Ninh (1), avaient gardé une attitude correcte bien que sollicités par le Chao-Fa et les

(1) Voir *supra*, p. 212.

pirates chinois ; ils n'avaient pas paru davantage prêter d'abord attention au mouvement que leurs congénères du Tonkin venaient de déclencher dans le bassin de la haute rivière Noire.

Continuant de vivre à l'écart des autres races dans un isolement jaloux, ils avaient néanmoins accusé depuis quelque temps un rapprochement notable avec l'administration provinciale qui avait réussi à les intéresser aux travaux de route. Mais, en juillet 1919, l'un des chefs de la rébellion du Tonkin, nommé Batchay, traqué par nos troupes, vint se réfugier parmi eux ; de son repaire il envoya des émissaires chargés de se livrer auprès des groupements méos du Haut-Laos à une propagande occulte en faveur d'un roi qui, « accomplissant les volontés du Ciel, devait leur apporter le bonheur, la paix et la prospérité ». Le bruit circula rapidement parmi ces tribus crédules qu'une prophétie tombée du ciel appelait tous les Méos à la révolte pour constituer un grand royaume indépendant dont la capitale serait Dien-Bien-Phu ou Muong-Heup. Au moyen d'incantations et de formules magiques, la population valide était appelée à marcher contre les Laotiens, les Khas et les Annamites et à construire le palais du souverain attendu.

En vain le roi de Luang-Prabang adressa des
messages aux chefs méos pour protester contre
ces rumeurs absurdes ; en quelques semaines
des bandes armées se formèrent, qui se mirent
à rançonner et à piller les villages du Tran-
Ninh, de Luang-Prabang et des Houa-Phan.
Nous dûmes faire occuper par nos miliciens
le poste de Muong-Heup qui fut attaqué le
15 août et repoussa les assaillants dont deux
furent tués et une dizaine blessés ; le poste de
Muong-Ngoï fut alors renforcé par des tirail-
leurs sous le commandement du lieutenant
Distanti et des détachements conduits par
des chefs laotiens battirent le pays ; mais le
23 septembre le lieutenant Distanti tombait
dans une embuscade et recevait une blessure
mortelle, en octobre nous commettions la
faute d'évacuer Muong-Heup, ce qui rehaussa
encore le prestige de Batchay et provoqua
une véritable panique parmi les populations
terrorisées.

L'affaire devenait grave. Il fallut demander
des renforts à Hanoï et à Saïgon ; une colonne
militaire fut organisée et confiée au colonel
Angeli qui ne parvint à dégager le plateau de
Xieng-Khouang et une partie des Houa-Phan
qu'après de sérieux engagements à Ban-Ban, à
la Bergerie, à Ban-Phadèng et à Pakkha (jan-

vier-mai 1920). En même temps des négociations avaient été tentées auprès des principaux
chefs rebelles pour leur ouvrir les yeux sur les
dangers et les épreuves vers lesquels ils entraînaient leurs familles ; quelques soumissions
furent ainsi obtenues mais la saison des pluies
ayant arrêté les opérations, Batchay en profita pour regrouper ses partisans à l'est du
Nam-Ou.

En décembre le commandant Dorey reprit
l'offensive et malgré les obstacles accumulés
dans un « pays hérissé de montagnes, semé
d'embûches et dépourvu de toute ressource »,
réussit à chasser les Méos « de retranchement
en retranchement », les harcelant sans répit,
les encerclant, les décimant avec une telle rapidité qu'un mois plus tard toutes leurs bandes
étaient ou détruites ou soumises, que Batchay, en fuite, était abandonné par les derniers
survivants et qu'en mars 1921 la colonne pouvait être dissoute (1).

Ainsi prit fin, presque aussi soudainement
qu'elle avait éclaté, cette surprenante insurrection, uniquement due au fanatisme de tribus
ombrageuses, superstitieuses à l'excès, obéis-

_____

(1) La retraite de Batchay ne fut découverte qu'en octobre 1922 ; surpris par les Khas dans les environs de Muong-
Heup, il fut tué par ceux-ci le 17 novembre.

sant aveuglément (comme les Khas du Sud aux Phou-Mi-Boun), à des chefs s'imposant à elles par des pratiques de la plus basse sorcellerie. Il est en effet démontré que les Méos n'avaient subi l'influence d'aucune propagande extérieure et que leur révolte ne revêtit à aucun moment le caractère d'une manifestation antifrançaise. Aussi leur agitation n'eut-elle aucune répercussion sur les autres éléments ethniques du Laos, de cœur — et de fait — avec nous dans la répression.

Ils ont repris en paix dans leurs solitudes escarpées leurs travaux agricoles (culture du pavot principalement) ; un statut administratif spécial leur a donné l'autonomie cantonale et communale qu'ils réclamaient en dehors des intermédiaires laotiens ou annamites. Si peu fréquents que fussent leurs rapports avec les populations des vallées et des plaines, il est bien certain que l'antagonisme de races (exploité par les meneurs au cours de la révolte), entretenait parmi leurs groupements un état d'esprit méfiant et dépourvu d'aménité à l'égard des autorités indigènes. La réforme accomplie paraît avoir donné de bons résultats ; de même que pour les tribus encore insoumises du Bas-Laos, une politique prudente, évitant de heurter de front leurs cou-

tumes et leurs préjugés, apprivoisera peu à peu
ces derniers représentants d'un autre âge que
l'ouverture des voies de communication achè-
vera d'incorporer dans la grande famille indochinoise.

FIN

BIBLIOGRAPHIE

Annales du Laos (Luang-Prabang-Vientiane-Tran-Ninh et
Bassac). Hanoï, 1926.

AYMONIER (E.). *Voyage dans le Laos.* Paris, 1895-1897.

AYMONIER (E.). *Histoire de l'ancien Cambodge.* Paris, 1920.

BONVALOT (G.). *Marco-Polo; les chercheurs de route.*

CABATON. *Le Laos et les Néerlandais au dix-septième
siècle.* Paris, 1913.

CARNÉ (DE). *Voyage en Indochine et dans l'empire chinois.* Paris, 1872.

CŒDÈS (G.). « Une recension pâlie des Annales d'Ayuthya ». *Bulletin de l'École française d'Extrême-Orient,*
1914, t. XIV, n° 3.

CŒDÈS (G.). *Le Royaume de Dvaravati.*

CŒDÈS (G.). « Documents sur la dynastie de Sukhodaya ». *Bulletin de l'E. F. E. O.,* 1917, t. II.

CŒDÈS (G.). « A propos des anciens noms de Luang-
Prabang ». *B. E. F. E. O.,* 1918, n° 9.

CŒDÈS (G.). « Documents sur l'histoire politique et reli-
gieuse du Laos occidental ». *Bulletin de l'E. F. E. O.,*
1925, nᵒˢ 1-2.

CROIZIER (Marquis DE). *Notice des manuscrits siamois de
la Bibliothèque Nationale.* Paris, 1887.

DAMRONG (Prince). *Guerres siamo-birmanes.* Bangkok, 1920.

DEFERT (E.). « Une exposition des arts appliqués laotiens
à Luang-Prabang ». *Revue indochinoise,* 1916, nᵒˢ 5-6.

Finot (L.). *Traduction de la stèle de Saifong.*

Finot « Recherches sur la littérature laotienne. » *Bulletin de l'E. F. E. O.*, 1917, t. V.

Fournereau. *Le Siam ancien*, 1895-1908.

Garnier (Francis). *Voyage d'exploration en Indochine.* Paris, Hachette, 1885.

Gosselin. *Le Laos et le protectorat français.* Paris, 1900.

Grehan (M. A.). *Le Royaume de Siam*, par M. A. Grehan (Phra Siam Dhuranuraka), consul de Sa Majesté le Suprême roi de Siam. Publication ornée de portraits et vues dessinées par Riou. Paris, 1869.

Grousset (R.). *Histoire de l'Asie.* Paris, 1922.

Grousset (R.). *Histoire de l'Extrême-Orient.* Paris, 1929.

Guignard (Th.). « Note géographique, historique et ethnographique. » (Introduction au *Dictionnaire laotien-français.*) Hongkong, 1912.

Harmand (Dr). « Notes sur les provinces du bassin méridional du Se-Moun (Laos et Cambodge siamois), 1877 ». *Bulletin de la Société de Géographie de Paris.*

Harmand (Dr). « Le Laos et les populations sauvages de l'Indochine 1879-1880 ». *(Tour du monde).*

Harvey (G. E.). *History of Burma.* (Avec 5 cartes historiques), 1925.

Lefèvre (Dr). *Le Haut-Laos.* Paris, 1898.

Lefèvre (Dr). *Un voyage au Laos.* Paris 1898.

Lefèvre-Pontalis (P.). *Les Younes du royaume du Lan-Na ou de Pape.* Leide, 1910.

Lefèvre-Pontalis (P.). « La lutte des Thaïs contre les Birmans au seizième siècle ». *Revue indochinoise*, 1914, t. XXII, nos 7-8.

Lemire (Ch.). *La France et le Siam.* Nos relations de 1662 à 1903 ; le traité du 7 octobre 1902. Paris, 1903.

Lunet de la Jonquière. *Le Siam et les Siamois.* Paris, 1906.

LUNET DE LA JONQUIÈRE. « Vieng-Chan ». *Bulletin de l'E. F. E. O.*, 1901.

MANSUY (H.). *Contribution à l'étude de la Préhistoire de l'Indochine*. Mémoires du Service Géologique de l'Indochine, 1920, 1923 et 1925.

MARINI (P. DE). *Histoire nouvelle et curieuse des royaumes de Tunquin et de Laos. Contenant une description exacte de leur origine grandeur et estendue; de leurs richesses et de leurs forces, des mœurs et du naturel de leurs habitants; de la fertilité de ces contrées et des rivières qui les arrosent de tous costez et de plusieurs autres circonstances utiles et nécessaires pour une plus grande intelligence de la Géographie.* Traduit de l'italien de P. de Marini Romain. A Paris, chez Gervais Clouzier, 1666.

MARTINI (P.). *Relation de divers voyages curieux.* A Paris, chez Sébastien Marbre-Cramoisy, 1666.

MASPERO (G.). *Saifong, une ville morte.* Hanoï, 1903.

MASPERO (G.). « Le royaume de Vieng-Chan ». *Revue indochinoise.* Hanoï, 1904.

MASPERO (G.). *L'empire Kmer* (histoire et documents). Pnom-Penh, 1904.

MASPERO (G.). *Le royaume de Champa.* Paris, Van Oest, 1928.

MASPERO (G.). *Un empire colonial français : l'Indochine.* Paris, 1929-1930.

MAYBON (Ch. B.). *Histoire moderne du pays d'Annam* (1592-1820). Paris, 1920.

MOUHOT (H.). *Voyages dans les royaumes de Siam, de Cambodge, de Laos et autres parties centrales de l'Indochine;* relation extraite du journal et de la correspondance de l'auteur par Ferdinand de Lanoye. Paris, 1868.

MOURA (J.). *Le royaume du Cambodge.* Paris, 1883 (2 v.).

NEÏS (D[r]). « Voyage dans le Haut-Laos ». *(Tour du monde)*, 1885.

Neïs (D^r). « Voyage au Laos (1883-1884) ». *Bulletin de la Société de Géographie de Paris*, 1885.

Orléans (Prince H. d'). « Sur le Haut-Mékong ». *Revue de Paris*, 1896 (1er décembre, p. 711-742).

Pallegoix (Mgr). *Description du royaume Thaï ou Siam.* Paris, 1854.

Pavie (A.). *Mission Pavie :* Indochine, 1879-1895 : Études diverses. t. I à III ; Géographie et voyages, t. I à VII et Atlas. Paris. 1898-1919 (11 vol.).

Études diverses :

    I. Pavie (A.). *Recherches sur la littérature du Cambodge, du Laos et du Siam* (1898).

    II. Pavie (A.). *Recherches sur l'histoire du Cambodge, du Laos et du Siam* (1898),

    III. Pavie (A.). *Recherches sur l'histoire naturelle de l'Indochine orientale* (1904).

Géographie et voyages :

    I. Pavie (A.). *Exposé des travaux de la Mission :* introduction, première et deuxième périodes, de 1879 à 1889 (1901).

    II. Pavie (A.). *Exposé des travaux de la Mission :* troisième et quatrième périodes, de 1889 à 1895 (1906).

    III. Cupet (cap.). *Voyages au Laos et chez les sauvages du Sud-Est de l'Indochine* (1900).

    IV. de Malglaive et cap. Rivière. *Voyages au centre de l'Annam et du Laos et dans les régions sauvages de l'Est de l'Indochine* (1902).

    V. Lefèvre-Pontalis (P.). *Voyages dans le Haut-Laos et sur les frontières de Chine et de Birmanie* (1902).

    VI. Pavie (A.). *Passage du Mékong au Tonkin,* 1887-1888 (1911).

VII. Pavie (A.). *Journal de marche*, 1888-1889. — *Événements du Siam*, 1891-1893 (1919).

VIII. Pavie (A.). *Atlas, notices et cartes* (1903).

Pélacot (Capitaine de). « Le Tran-Ninh historique ». *Revue indochinoise*. Hanoï, 1896.

Pelliot (P.). « Le Fou-Nan ». *Bulletin de l'E. F. E. O.*, 1903, t. III.

Pelliot (P.). « Deux itinéraires de Chine en Inde à la fin du huitième siècle. » *Bulletin de l'E. F. E. O.*, 1904, t. IV.

Phanuphantuvongswardja (S. A. R.). *Répression de la révolte de Vientiane*. Bangkok, 1926.

Reinach (L. de). *Le Laos*. (Édition posthume.) Paris, 1911.

Robequain (Ch.). « Deux villes du Mékong : Luang-Prabang et Vieng-Chan ». *(Cahiers de la Société de Géographie de Hanoï*, 1925).

Schreiner (A.). *Abrégé de l'Histoire d'Annam*. Saïgon, 1906.

Schmidt (P. W.). « Les peuples Mon-Kmers ». *Bulletin de l'E. F. E. O.*, 1907, n°s 3-4.

Tournier (Colonel). *Le Laos français*. Hanoï, 1900. (Notice rédigée par le personnel administratif du Laos sous la direction du résident supérieur Tournier.)

Truong-Vinh-Ky. *Cours d'histoire annamite*. Saïgon, 1877-1879.

Van Wusthof. *Histoires singulières qui se sont passées dans les royaumes du Cambodge et au pays du Laos, aux Indes orientales depuis l'année 1635 jusqu'en l'année 1664 avec le voyage des Néerlandais du Cambodge en remontant la rivière de Laos, à Vinejan, la Cour de S. M. le roi de Laos*, etc... Harlem, 1769.

Verneau (R.). « Les récentes découvertes préhistoriques de l'Indochine ». *Comptes rendus de l'Académie des Sciences*, 1924.

INDEX ALPHABÉTIQUE DES NOMS CITÉS

TABLE DES MATIÈRES

CHAPITRE VI

EXPANSION SIAMOISE

CHAPITRE VII

INTERVENTION FRANÇAISE
DANS LES TERRITOIRES LAOTIENS

CHAPITRE VIII

LE LAOS FRANÇAIS

PARIS

TYPOGRAPHIE PLON

8, rue Garancière

1931

A LA MÊME LIBRAIRIE

En Indo-Chine (1894-1895). *Cambodge, Cochinchine, Laos, Siam méridional,* par le comte DE BARTHÉLEMY. In-16 avec gravures........... 12 fr.

En Indo-Chine (1896-1897). *Tonquin, Haut-Laos, Annam septentrional,* par le comte DE BARTHÉLEMY. In-16 avec 20 gravures, 5 cartes et un portrait de l'auteur..................................... 18 fr.

Au Pays Moï, par le comte DE BARTHÉLEMY. In-16 avec 17 gravures hors texte et 2 cartes..................................... 18 fr.

Le Royaume d'Annam et les Annamites. Journal de voyage par J.-L. DUTREUIL DE RHINS. In-16 avec 2 cartes et 15 gravures hors texte. Prix..................................... 18 fr.

Dans l'incendie tropical. *Angkor, Java, Birma India* (octobre 1912-mars 1913), par Marcel GENLIS. In-16..................... 15 fr.

L'Expansion française au Tonkin. **En territoire militaire,** par le capitaine DE GRANDMAISON, avec une lettre du général GALLIENI. In-16 avec une carte. Prix..................................... 15 fr.

(Couronné par l'Académie française, prix Furtado.)

La Colonisation française en Annam et au Tonkin, par JOLEAUD-BARRAL, membre de la Société de géographie commerciale. In-16 avec cinq gravures hors texte, des photographies dans le texte et trois cartes. Prix..................................... 15 fr.

Les Régions Moï du sud indo-chinois, *Le Plateau de Darlac,* par Henri MAITRE, des Services civils d'Indo-Chine. In-16 avec un portrait et une carte..................................... 15 fr.

(Couronné par la Société de géographie commerciale de Paris, prix Armand Rousseau.)

Les Grands animaux sauvages de l'Annam. *Leurs mœurs, leur chasse, leur tir,* par Fernand MILLET, inspecteur des forêts, conseiller technique de la chasse en Indo-Chine. In-8° carré avec 63 photographies hors texte, 18 croquis dans le texte et une carte en dépliant.................. 36 fr.

Chine et Extrême-Orient, par le baron DE CONTENSON. In-16...... 15 fr.

De Java au Japon par l'Indo-Chine, la Chine et la Corée, par A. MAUFROID. In-16..................................... 18 fr.

Hinterland Moï, par Paul PATTÉ, avec une introduction de M. le général F. Canonge et une lettre-préface de M. le lieutenant-colonel Adam de Villiers. In-16 avec une carte et 26 illustrations hors texte.......... 18 fr.

La Chasse en Indo-Chine, par Lucien ROUSSEL. In-16 avec 19 gravures hors texte..................................... 18 fr.

L'Aile de feu. Roman, par Jeanne LEUBA. In-16.................. 12 fr.

Gaou-Tieng. Roman, par Richard BOURDET. In-16................. 12 fr.

Sous le ciel de jade. Roman, par Yvonne SCHULTZ. In-16.......... 15 fr.

PARIS (FRANCE). TYPOGRAPHIE PLON, 8, RUE GARANCIÈRE. — 1930. 39742.